國體論史

清原貞雄編述

内務省神社局
大正十年發行

國體論史

日本立法資料全集 別巻 1240

信山社

國體論史

內務省神社局

緒言

言ふことは易く而かも實蹟を擧ぐるは甚だ難し、就中人心の機微を制し思想を動かさんとするが如き殊に然りとす。近時思想界の動搖に際して、或は危險思想の防遏といひ、或は其の善導といふが如きこと盛に識者の間に唱道せられ、消極、積極の兩方面より之が對應の方策を講ずるもの多種多岐殆ど屈指に遑あらず、其の極めて緊急の事なるは識者を待つて後知るべきにあらずと雖、實際に當りて克く其の目的を達するは容易の業にあらず、正當なる思想の根底に依據し、且つ非常の覺悟と渾身の熱誠とを以て之に當るにあらざれば到底其の功を期すべからず、而して爰に單に正當なる思想と稱するも、そは各種の思想問題に對しては、固より之に相應して夫々適切の對策を樹つべきはいふまでもなし。

此の多種にして多様なる思想問題の中、國民の對國家觀念乃至國民道德の問題の如き殊に最も重大なるものなり、之に對して施すべき措置亦種々あるべしと雖も、就中、我國體の淵源を明かにし、國民をして國體に關する理解を徹底せしむる如きは最も緊要にして且つ最も有效なる方法なりとす。此に於て本局は囑託淸原文學士をして、主として德川時代以降現今に至るまでの間、諸學者の我國體に關する所論を調査の上序に從て之を編述せしめ、併せて國體觀の問題に關係ある諸種の事實を叙せしめたり。期する所之に依て我國體の由來を理解せしめ、且つは古來の學者が國體に關して如何なる解釋を施したるかに就ての概要を知らしむると共に、國民思想の指導に當らんとするものゝ爲めに亦聊參考資料たらしめんとするに外ならず。

大正九年十二月

内務省神社局

凡例

國體なる語の内容は極めて廣汎なり。　試に近く明治天皇の詔勅に現はれたる所に依て拜察するも、或は國家の名分といふ如き意味に用ゐられ(明治元年八月奥羽に下し給へる勅語)或は國政、國の秩序などいふ意味に用ゐられ(二年正月毛利敬親を徵する勅語)、或は國風(思想上の)などいふ意味に用ゐられ(二年九月刑律を改撰するの勅語)、或は國の精神の意味に(四年九月服制を改むるの勅語)、其の他、國の組織(九年九月元老院議長熾仁親王に國憲起草を命ずる勅語)、國の建て方(十五年一月陸海軍人に下し給へる勅語)等種々樣々の意味に用ゐられたり。　從て古來の學者が國體なる問題を論究するに當りても多種多樣にして一定の範圍の定まれるものなきに似たり。　今此の篇を成すに當りては成るべく廣き意味に採りて、出來得る限り種々の見方に據る國體論を網羅することに努めたり。

　此の篇啻に我國體に關する諸學者の見解を知らしむるを目的としたるにのみ止まらず、兼て思想指導者たるべき人々の參考資料に供せんと欲したるものなるが故に、諸學者の論旨を指示せるの外勉めて其の本文を摘要し讀者をして直ちに先哲先輩の思想に接せしめん事を圖れり。篇中一々其の出所を掲げあるを以て、更に進で深く先進學者の遺芳を汲まんと欲するものは、夫々其の原書、原文に遡りて研鑽せられんことを望む。

大正九年十二月

編者誌

國體論史

目次

前論

本論

(一) 徳川時代前期 一〇―四〇

(二) 徳川時代後期 四一—一三三

(三) 明治時代第一期

(明治初年より八、九年に至る)

(四) 明治時代第二期

（明治八、九年より十八、九年に至る）

(五) 明治時代第三期

(明治二十年頃より二十八、九年に至る)

なり 二〇三、 敬神尊王愛國は我同胞の公德 二〇三、
久米邦武の祭天古俗說 二〇三、
「神道」(雜誌)、綱領 二〇三、深江遠廣「神祇官復興すべきの梗概」二〇四、三神勅は本朝國體の神髓 二〇四、
長野義虎、愛國篇 二〇四、愛國教會 二〇五、

(六) 明治時代第四期 二〇六—二三〇

(明治二十九年頃より四十二、三年に至る)

日清戰役と國民の自覺 二〇六、
湯本武比古「日本倫理學」二〇六、言擧せぬは我邦上古の美風 二〇六、「大日本教會」其主義 二〇七、柴田峽治、大日本教 二〇七、穗積八束、國民教育愛國心 二〇八、國體及び國民道德の基礎は祖先教に淵源す 二〇八、人は信仰に依って動作す 二〇九、祖先崇拜の淵源 二〇九、家を合して國を成す 二〇九、國は統治權に依りて保護せらるゝ民族の團體 二〇九、皇位は天祖の靈位 二一〇、日本の主權は神聖なるが故に敬愛せらる 二一〇、
日本主義(雜誌)、主義綱領 二一〇、綱目十箇條 二一一、木村鷹太郎、日本主義國教論 二一一、先づ國

教を定めよ 二二一、國民精神統一 二二一、國家主義に害ある宗教を厳禁せよ 二二一、國教の基礎條件 二二二、湯本武比古「日本主義を主張す」二二三、「日本人」「紛々たり帝國主義」二二四、皇國主義即帝國主義 二二四、高山林次郎「日本主義を賛す」二二五、日本主義とは何ぞ 二二五、宗教は國家の利益と背戻す 二二六、君臣一家は我國體の精華 二二六、「基督教の逢迎主義」二二七、宗教の俗化 二二八、日本國民の敬天の思想は皇室の上に萃まる 二三〇、我國體と新版圖 二三一、日本の國體は君臣の特殊なる關係より來る 二三一、皇室は宗家にて臣民は末族 二三一、新版圖に臨むは權力關係の外なし 二三一、「國粹主義と日本主義」二三三、日本主義の二大制約 二三三、姉崎正治「日本主義に促す」二三三、早稲田文學記者 二三三、中島徳藏 二三三、釋雲照「佛教對日本主義」二三三、佛教は非國家非世界主義 二三四、

大日本實行會 二三四、

久米邦武の非國體論 二三四、

加藤弘之「日支兩國國體の異同」二三五、林甕臣「帝國教典」二三五、日本は天賦の君主國體 二三五、帝國教憲 二三五、鳥尾小彌太「人道要論」二三六、神體の姿 二三六、王民は一國の體 二三七、小柳一藏「人道原論」二三七、宇宙道義の三大原則 二三七、湯本武比古「日本倫理史稿」二三九、日本の國體は我國家主義の倫理思想を胚胎す 二三九、杉田敏定「國體精華」二四〇、惟神神道 二四〇、大倭魂 二四〇、宮西

べき神とせざる可らず 二五一、 井上哲次郎「國體は漸次發達す」二五二、 加藤弘之、迷想的宇宙觀 二五三、 基督教徒に提出せる二問 二五四、 基督教徒窮す 二五四、 我邦の倫理教育と基督教 二五五、

有馬祐政、日本國道論 二五五、 日本人には祖先崇拜の觀念强盛なり 二五五、 忠孝一途 二五六、 廣池千九郎、伊勢神宮 二五七、 我國體の依て來る所七箇條 二五七、 我國體の完成と伊勢神宮との關係 二五七、 三大時期に於ける三大要素 二五八、 佐藤鐵太郎、帝國國防史論 二五八、 主人なき世界は魑魅罔兩の巣窟となる 二五八、 我國體は家族制度の轉化にあらず、絕對位を中心として確立したる神來の理想的國體なり 二五九、 佐々木高行、國體の淵源 二五九、 萬世一系主義は自然的出現 二六〇、 日本に於ける無上の權威は皇室 二六〇、

(七) 明治時代第五期 二六一―三一一

(明治四十三年頃より明治の終に至る)

大逆事件と南北朝問題 二六一、

國體研究會 二六一、 岡澤鉦次郎「國體と皇位」二六二、 皇位の標準 二六二、 國體は國家の體質 二六三、 奥田

(八) 大正初期 三一一—三三三

(大正の初より歐洲大戰の起るまで)

(九) 現・代 三二四—三七二

(歐洲大戰勃發以後)

內三一七、亘理章三郎、國民道徳序論 三一七、國體の廣狹二義 三一七、市村光惠、帝國憲法論 三一七、國體の區別は統治權の總攬者の區別 三一八、國體の三種 三一九、大隈重信、我國體の精髓 三一九、小野德吉、國民道徳の原理 三一九、忠君愛國併立の國體 三二〇。千家尊福、國家の祭祀 三二〇、深作安文、國民道徳要義 三二〇、我國は自然的國家 三二〇、大權の獨立 三二一、我國體成立の淵源五項 三二二、佐伯重夫、國體講演護國の叫 三二二、塚本清治、敬神思想の根本及國體との關係 三二二、家族本位の國家 三二三、植木直一郎、國體の基礎 三二三、建國思想の行はるゝ所以 三二四、小野清秀、神道哲學 三種の國體 三二四、白鳥庫吉「國體と儒教」三二六、建國の悠久が堅固の原因 三二六、皇室の神聖と國體の尊嚴も亦其原因 三二七、儒教と國教との異同點 三二七、國體の淵源 三二七、市村瓚次郎「國體と忠孝」三二八、國體の定義 三二八、河野省三「我が國體」三二八、國體觀察の三方面 三二九、歷代の詔勅 三二九、三種の神器 三二九、國民の精神 三二九、國民道徳史論 三二九、神勅は皇統連綿の本源 三三〇、神國とは神祇の建設せる國 三三一、西川玉壺「皇統萬世一系の內容と其新しき理解」「我國體の第一事實と其最先前提事實」三三一、岡泰雄、日本神祇史 三三二、國體の完美は神祇道に基く 三三二、日本は一家族の發展したる國家 三三二、氏族 三三三、國體の基礎は孝心なり 三三三、神祇道は國體の神髓 三三四、加藤玄智、我國體と神道 三三四、天皇は神 三三五、總合家族制 三三五、帝王唯有德說 三三六、佐伯重夫、國體論纂 三三七、筧克彥「御國體の意義」三三七、金子堅太郎「五條の御誓文の由

(十)餘論

目次 終

國體論史

前論

徳川時代以前に於ける國體觀念の發達

國體なる語の意義

國體に關する學說の沿革を研究するに當り先づ國體なる語は如何なる意味に用ゐられしか、更に、支那に於て國體なる語は如何なる意義に用ゐられしかを見る事は無用の業にあらざるべし。

支那に於ける用例

抑も支那に於て國體の語の最も早く見えたるは管子にして、其君臣篇に、四正五官國體とあり、四正は君臣父子を云ひ、五官は五行の官を云ふ、即ち君臣父子五行の官は即ち國家を組織する骨子なりといふ意味なり、次に春秋穀梁傳に大夫國體とあり、註に國體とは君の股肱たるをいふとあり、即ち國を支ふるの器といふ意味なり、是等は今玆に論ぜんと欲する國體とは關係なし、漢書成帝紀、陽朔二年の詔に、「儒林官四海淵源、宜皆明古今、溫故知新、通達國體、故謂之博、」とあり、又色厲內荏而墮國體亂朝廷序、不宜處位、とあり、晉書に、明達國體、朝廷制度、多所經綜とあり、舊唐書に、帝王所重國體、所切人情、苟得其體、必臻大和、如失其情、是由小利とあり、是等人に依りて各其解釋を異にすと雖も大體に於て國家の組み立てを指せるものに似たり。

日本に於て用ゐたる「國體」なる語

然れども是等は我邦に於ける國體なる語の直接規範となれるものとは思はれず、我邦に於て現今用ゐる所の國體なる語は德川時代學者の用ゐたる意味を繼承せるものにして、上述支那に於て用ゐられたるものと頗る內容を異にせり、されど我邦にて單に國體なる語の見えたるは頗る古き事にして早く既に出雲國造神賀詞の中に「國體」といふ字あり「クニガタ」と讀めり、されどこは國の狀態、有樣等いふ意味に用ゐたり、即今云ふ國體なる語とは關係あるなし、德川時代に入りて所謂儒家神道の唱道者の我國家を論ずるに當り國體なる語を用ゐる事多く殊に水戶學派の人々に至りて最も盛に用ゐたり、是等は皆現今用ゐらるゝ所の國體なる語と略同一內容を有す。

斯く其用語の一般に認識せられたるは比較的新しきものなりと雖も、同一の觀念の起り、且つ之が言明せられたるは頗る古きものなり、即ち、外國に對して我邦の成立の特色、國家組織の優秀等を認めて其觀念を言語に現はしたる事は古來甚だ其場合多し、其特色優秀と稱するは主として我邦が神國なる事、皇統連綿として國に二君なき事等なり。

我國が神國なりとの觀念

我國が神國なりとの觀念は國民固有のものなる事は建國に關して我祖先の遺せる神話之を明證して今更論議の餘地なし、すべて國を治むるに祭政一致の制を採るも此思想より來る、其外、日本書紀九、神功皇后九年三韓征伐の條に

神功皇后三韓征伐條

新羅王於ㇾ是戰々栗々、厝ㇾ身無ㇾ所、則集二諸人一曰、新羅之建國以來未三嘗聞二海水淩一ㇾ國、若天運盡國爲ㇾ海乎、是言未ㇾ訖之間船師滿ㇾ海旌旗耀ㇾ日鼓吹起ㇾ聲、山川悉振、新羅王遙望以爲、非常之兵將滅二己國一讋焉失志、乃今醒之曰、吾聞東有二神國一謂二日本一、亦有二聖王一謂二天皇一、必其國之神兵也、豈可ㇾ擧ㇾ兵以拒一ㇾ乎、即素旆而自服……

とあるもの、新羅王をして言はしむと雖も、實は我國民の觀念を述ぶるに新羅王の口を藉りしものなるべし、大化改新に當りて何事も其範を支那に取りしが獨り神祇官を八省を上位に置きしは之亦神國なる思想より來れるものなり、三代實錄、貞觀十一年十二月十四日新羅の賊船の來る事を聞召して其祈攘に對する伊勢神宮への告文に、

貞觀十二年神宮への告文

日本朝波所謂神明之國奈利神明之助護利賜波何乃兵寇加可二近來一岐

石清水八幡告文

と云ひ、二十九日石清水八幡への告文にも、

若賊謀已就天兵船必來倍久在波境內爾入給須之天逐還漂沒米給比我朝乃神國止畏憚來禮留故實乎澆太之失比賜不奈

宇佐八幡宮告文

とあり、十二年二月十五日宇佐八幡に奉れる告文にも

傳聞彼新羅人波我日本朝止久岐世時與利相敵比來多利而今入來境內天奪取調物天無憚悍之氣量其意況爾兵寇之萠自此而生加我朝久無軍旅天專忘警備多利兵亂之事尤可愼恐然我日本朝波所謂神明之國奈利神明之助護賜波何乃兵寇加可近來岐

とあり絕對に神明に依賴して疑はず。

小右記長元四年八月二十三日條に見えたる宣命草文の中にも、本朝波神國奈利の語あり、玉葉亦所々に此語あり、保元物語一、新院御謀反露顯竝調伏事附內府實能意見事の條に「吾國邊地粟散の界といへども神國たるに依て」の語あり、源平盛衰記一、清盛捕化鳥の條に「日本は是神國也、伊弉諾伊弉冉尊の御子孫、國の政を助給ふ」と見え同書六、小松重盛が父清盛を諫むる條に「日本はこれ神國也神は非禮を受給はず」云々の語あり、果して史實なるや否やを知らず、假令盛衰記著者の造言とするも重盛

に假托して其思想を吐露せるに外ならず、同二十九、三箇馬場願書事の條に「日本秋津洲は本是神國也」とあり、吾妻鏡元暦二年五月二十四日にある源義經の書狀にも「我國神國也、神不可稟非禮」の語見え、其外大神宮諸雜事記、東大寺要錄、玉蘂承久二年四月十三日の條、平戸記仁治三年正月十九日の條、撰集抄九、內侍所御事の條、續後撰和歌集に收めたる土御門院御製の歌、風雅和歌集十九神祇の中にある慈鎮の歌等に或は「當朝は神國なり」「神の國」「我朝者神國也」「日本は神のみ國」等の語見え、貞永年中始めて武家法制の定めらるゝや第一に神社の崇敬すべきを述ぶ、又文永弘安蒙古襲來事件の際に當りて文永七年正月、我太政官より蒙古中書省に贈るべき牒文に、

文永七年蒙古への牒文

凡自天照皇大神耀天統至日本今皇帝受日嗣聖明所覃莫不屬左廟右稷之靈得一無貳之盟……故以皇土永號神國……（本朝文集所收）

とあり、蒙古の兵船覆沒を以て國民は專ら神明の加護と確信せり。

菅家遺誡

又世に菅家遺誡なるものあり、果して菅原道眞の自ら遺せるものなりや否やは今詳にする能はずと雖も我國の神國にして我皇民の神孫なるを明にし我國體の尊嚴に及ぶ。

本朝之綱敎者以敬神明爲最上神德之微妙豈有他哉、凡本朝者天照太神之裔國

而天孫瓊々杵之尊臨位之地、嘗禘祭之法無可因漢土之法

凡神國一世無窮之玄妙者不可敢而窮知雖學漢土三代周孔之聖經革命之國風深可加思慮也

神皇正統記

と、北畠親房は神皇正統記を著して曰く、

大日本は神國なり天祖はじめて基をひらき、日神ながく流を傳へ給ふ、我國のみ此事あり、異朝には其たぐひなし、此ゆゑに神國といふなり、神代には豐葦原の千五百秋の瑞穗國といふ、天地開闢のはじめより此名あり、天祖國常立尊陽神陰神にさづけ給ひし勅に聞えたり、天照太神天孫尊にゆづりましゝにも此名あればば根本の號なりとは知るべし。

と述べて我邦の神國なるを明にし、更に進みて萬世一系の國體自ら他と異なるを論じて

北畠親房の國體論

唯我國のみ天地ひらけし初めより今の世の今日に至るまで日嗣を受給ふ事よこしまならず、一種姓の中におきてもをのづから傍より傳へ給ひしすら猶正にかへる道ありてぞたもちましましける。

と云ひ、「是れしかしながら神明の御誓あらたにして餘國にことなるべきいはれな

り」と結べり。又同書應神天皇の條に、「この國は神國なれば神道にしたがひては一日も日月を戴くまじきいはれなり」とあり。太平記三十五、北野通夜物語事の條にも「我朝は神國の權柄」と見え、一條兼良が將軍義尙の請に任せて治世の要道を說きたる樵談治要の第一に「神をうやまふべき事」と題して

樵談治要

我國は神國也、天地開けて後天神七代地神五代あひ繼給ひて萬のことわざをはじめ給へり、又君臣上下各々神の苗裔にあらずと云ふことなし、是によりて百官の次第をたつるには神祇官を第一とせり。

秀吉の對明通告

と云へり、豐臣秀吉が明使に對して告報せる條目第一條に、夫れ日本は神國なり、神即ち天帝、天帝即ち神なり、全く差なし、之に依りて國俗風度天德を崇め、天に體し地に則り言あり令あり」と云へるも又同一觀念に基くなり。之等今一々擧ぐるに及ばず。

國民的自覺

此「我邦は神國にして我皇室は神統を承く」との信念は、古來國民が外に對して常に國威を損せざるべき毅然たる覺悟となり、皇統萬世一系に對する國民的自覺となる。

應仁天皇二十八年九月高麗王使を遣して朝貢せしむるや、其表文中、高麗王敎日

菟道稚郎子、伊企難

本國一の語あり、太子菟道稚郎子其表を讀みて怒りて高麗の使を責め其表を破り給へる事あり、雄略天皇七年の條に新羅王不レ事二中國一の語あり、伊企難が新羅に捕へられて猶降服せず、新羅の將逼つて褌を脫して日本に向つて、日本將我臗脽を嚙へと叫ばしめんとするや却て新羅王我臗脽を嚙へと叫びたるが如き、又道鏡非望を起せるとき、和氣清麿、宇佐八幡の神託を受けて歸り、奏して、

和氣清麿の復命

我國家開闢以來君臣定矣、以レ臣爲レ君未二之有一也、天之日嗣必立二皇儲一無道之人宜二早掃除一、

と云へる如き又此國民思想の顯現に外ならず、大化二年改新の勅を煥發し施政の方針を宣明し給ふや、中大兄皇子、詔を體し奉答して曰く、

中大兄皇子大化改新の詔勅の奉答

天に雙日なく國に二王なし、是故に天の下を兼ね併せて萬民を使ふ可きは唯天皇のみ

ど、以て皇上の神聖に對する理解を表明せるなり、

師錬

降りて鎌倉の末、釋師錬が其著元亨釋書にも我國の皇統連綿として萬世替る事なき所以を論ず、曰く、

吾れ國史を讀むに邦家の基自然に根ざす也、支那の諸國未だ嘗て有らず、是れ

三種神器

吾の吾國を稱する所以なり、其れ所謂自然とは三種神器なり、三器とは神鏡神劍神璽なり、此三つのもの皆自然の天成に出づる也、初め天照太神の天宮に在すや、其孫瓊々杵尊を召して曰く、葦原の中つ國は吾が孫胤の統御地なり、寶祚の隆まさむこと天地の與無窮るべきものぞと、即ち八咫鏡、八坂瓊、草薙劍を以て之に授けたまふ、及天兒屋根命等五神を陪從と爲して告曰く、吾璽三器五神を從へて下土に降り、斯民を照臨めよ、今爾ち離索んとす、故此鏡を付く、此の鏡は是れ吾が面を照す具なり、我が面常にこの中にあり吾爾此の鏡を持てば常に我を面る也、未だ嘗て須臾も離さゞれ、今我れ汝に付く、汝其れ斯の鏡を汝の居に置け、斯の鏡又能く汝が國祚を鎭めん、其の劍と瓊と皆然り、汝夫れ往け、愼めや、是を以て言へば我が國は東方海極の域なりと雖も其統御の靈なるや天地の開闢と兆を同じうするか、然らずんば三種神器何ぞ鑄創の先に出でて天より降らんや、是れ我が國運の自然なる者なり、彼の支那は中國と稱し文物の國と云ふも初めより信器なく、夏に至りて始めて九鼎を鑄て國器となせり、皆人工にして天造に非ず、我が國小なりと雖も基を開くの神なる、器を傳ふるの靈なる、日を同じうして語る可らざるなり、(中略)我國一種系連綿遐無窮なる者天造自然の器の致す所乎、是に因て

萬世一系

言へば千萬世の後と雖も擾奪の虞有らざるなり、(中略)國有りて以來蠻夷の擾奪に嬰らざる者未だ吾が國の純全なる如きは有らざるなり。

と、又北畠親房が皇統の一系を力論したるが如き皆我國體の依て定まる所を明かにせるものといふべきなり。

本論

(一)徳川時代前期

國體論勃興の理由

上述の如く我國が神國として國民的自覺、外國に對する我邦の優秀、即ち我國の國體の特異なる點等を確認する事は古へより歷史上顯著の事實なるが、之が學者の議題となり詳細に之を研究するの風を生じたるは徳川時代を待たざる可らず、而して其然る所以は勿論徳川時代に一般の學問發達して我古代建國の體制漸く明になれる事は其一般的原因なるが更に、儒家が徒に支那を尊びて自國を卑下せる態度に激發せられ、又徳川幕府の繁榮に反して京都朝廷の甚しき式微を對照して理論以外感情的に尊王の思潮を培へるものあり、特に其京都輦轂の下にありし學者の間に其淵源を見たり。

藤原惺窩千代もと草

德川時代初期に於て學問の先魁をなせるものは藤原惺窩にして其著「千代もと草」に皇祖皇宗の民を愍み給ひ、之れ皇統連綿たる所以なるを述べて「天照大神は日本のあるじなれども宮作はかやぶきなり、御供は黑米なり、家居をかざり給はず、食にめづらしきものをとゝのへずして天下の萬民をあはれみ給ふなり、神武天皇其おきてを守りて道をおこなひ給ふによりて後白河法皇まで幾千年といふ數をしらず、代々子孫に天下をゆづりてさかえ給ふなり」と云ひ、又我神道も其仁を旨とする點に於て儒學と異なる所なきを論じて「日本の神道も我心をたゞしうして萬民をあはれみ慈悲を施すを極意とし堯舜の道もこれを極意とするなり、もろこしにては儒道といひ、日本にては神道といふ、名はかはりて心は一つなり」といへり。

儒道と神道

林羅山

林羅山亦惺窩に學びて儒學の棟梁たり、又我が神道を研究して本朝神社考の著あり、佛徒の跋扈を惡み、神佛の習合を斥け、我國の神國にして、之によりて我國體の不拔なる所以を說く、即ち神社考の序文に曰ふ、

本朝神社考序

それ本朝は神國なり、神武帝天に繼いで極を建てし已來相續き相承けて皇緒

絶えず、王道こゝに弘まる、これ我が天神の授くる所の道なり、中世寖く微にして佛此隙に乘じて彼の西天の法を移して吾が東城の俗を變ず、王道既に衰へ神道漸く廢る

倭賦

と更に倭賦を作りて我神州の優秀を詠ず曰く、

惟吾邦之靈秀兮、神聖之所二挺生一環以二太洋海一兮、耀二暘谷之明明一名レ茲曰二日本一兮、固自然之嘉名兮、或謂君子居レ之兮、宜風俗之浮直、泰伯讓而來兮、少康之子止而不レ復、或謂不死之國兮、亦氣運之純淸、天神陟（ノボツテ）而在レ上兮、（下略）

山鹿素行

と、素行山鹿甚五右衞門亦羅山に學びて別に一家をなせる人、世に兵法家を以て聞ゆと雖も自ら任ずる所は儒敎にあり、其後世德敎の上に影響を殘せる事は有名な

中朝事實

る元祿の復讐事件に依りて世に普く知らるゝ所なり、中朝事實を著して我邦政敎の淵源する所を明にす、我國を以て中朝と稱すること他の儒者の未だ云ひ能はざ

我國を中國中華と稱す

りし所にして素行の識見既に尋常ならざるを見るべく、其序に我國を稱して中華と云ひ中國と稱して其國土の優秀、皇統不朽聖治の他に異なる所以を述ぶ、曰く、

恒に蒼海の窮りなきを見るもの、其大を知らず、常に原野の畦無きに居るもの其廣きを知らず、久くして狃るゝなり、豈唯海野のみならんや、愚なるもの中華文

明の土に生れて未だ其美を知らず、専ら外朝の經典を嗜み嘐々として其人物を慕ふ、何ぞ其れ放心なるや、何ぞ其れ喪志なるや、抑奇を好むか將異を尙ぶか、夫れ中國の水土萬邦に卓爾す、而人物は八紘に精秀す、故に神明の洋々、聖治の緜々、煥乎たる文物、赫乎たる武德以て天壤に比すべきなり、今歲冬十有一月皇統の事實を編し兒童をして焉を誦せしむ、其本を忘れざらしむと云ふのみ。

本論中國章に於て、我邦を以て中國となすべき所以を論じて曰く、

天神伊弉諾尊伊弉冉尊に謂て曰く、豐葦原千五百秋瑞穗の地あり、宜く汝往て循（シラ）すべしと、乃ち天瓊戈を賜ふ。

謹みて按ずるにこれ本朝の水土を謂ふの始なり、初め既にこの稱あり、則ち其の水土の美は議せずしてこれを知るべし、蓋し豐は庶富の言なり、葦原は草味の稱なり、千五百は衆多の義、秋瑞穗は百穀盛熟の意なり、天神の靈通ぜざるなし、故に水土の沃壤、人物の庶富教化の以て施すべきを知りたまふ、夫れ其の機を知るの謂か、二神これに從ひ以て其功を遂ぐ、其の繫る所全く天神に在り、懿なるかな、本朝開闢の義、悉く神聖の靈に因る、これ乃ち實に天これに授け人これに與するなり、故に皇統は億兆の系ありて終に天壤と窮りなし。

中國の稱

皇祖高皇産靈尊遂に皇孫天津彦火瓊々杵尊を立てゝ葦原中國の主と爲さんと欲す、これ本朝を以て中國となすの謂なり、これより先き天照大神天上に在して曰く、葦原中國に保食神ありと聞くと、然れば即ち中國の稱往吉より既に此あるなり。

と云ひて、以下我國が中國なる所以を縷說せり、更に皇統章に於て皇統の無窮、天照大神の天孫降臨の神勅に依りて永久に定まるを論じ、其他、神器章、神敎章、神治章、神知章等を設けて我邦の神國たる所以を明かにせり、後、事に依りて幕府の忌彈に觸れて赤穗に幽せらるゝや自ら筆を採りて配所殘筆を著はす、中に我國の他に同じからざる所を說きて優秀なる國體の淵源する所を述ぶ曰く、

配所殘筆

本朝は天照大神の御苗裔として神代より今日まで其正統一代も違候事無之、（中略）民やすく國平に、萬代の規模立て上下の道明かなるは是れ聰明聖知の天德を奉ぜるにあらずや、況や勇武の道を以ていはゞ三韓を平らげて本朝へ貢物をあげしめ、高麗をせめて其王城をおとし入れ日本の府を異國に設けて武威を四海にかゞやかす事上代より近代まで然り、本朝の武勇に異朝までも恐れ候得共終に外國より本朝を攻取候事はさて置一箇所も彼處へ奪はるゝ事なし、されば

日本の三德

武具馬具劔戟の類兵法軍法戰略の品、彼國の非レ所レ及、是れ武勇の四海にまされるにあらずや、今此三德を以て本朝と異朝とを一々其しるしを立て校量せしむるに、本朝はるかに優れり、まさしく中國といふべき所分明なり、是れ更に私に云ふにあらず、天下の公論なり。

と、

山崎闇齋

當時別に僧侶より出でゝ朱子學に入り、更に神道を修めて皇國の爲めに萬丈の氣を吐けるものを山崎闇齋となす、闇齋の朱子學及び其神道說に就きては今爰に論ぜず、德川時代に於て國體に對する國民の自覺を喚起せる點に於て闇齋の如きは實に其一大原動力と稱するも不可なし、先哲叢談（巻三）に見えたる有名なる逸話

逸話

に、嘗て羣弟子に問ふに、方今彼の邦、孔子を以て大將となし孟子を以て副將軍となし數萬騎を率ひて我邦を攻めば我黨孔孟の道を學ぶもの如何すべきやを以てし、弟子等答ふる能はざるや、吾黨身に堅を被り手に鋭を執りて一戰し、孔孟を擒にし以て國恩に報ゆべし、之れ即ち孔孟の道なりと云へりとあるは其人となりをよく表はせるものにして、其學すべて此立脚地に立つ、されば其門に學ぶもの一は其儒學を傳へ一は其神道を傳へたるの差あれども、何れも其國家主義の上に立ち我國

體の尊嚴を高唱せる點に於ては即ち一なり、德川時代に於ける國體闡明の重鎭ともいふべき水戶學の如き又其本源を爰に發せりと稱せらるゝもの所以あるなり。

崎門の三傑

淺見絅齋
靖獻遺言

其門人中最も著名なるものを淺見絅齋、佐藤直方、三宅尚齋となし、之を崎門の三傑と稱す、淺見絅齋は有名なる靖獻遺言を著はして最有力なる勤王鼓吹者たり、「關東の地を踏まず、諸侯に仕へず」と誓ひ「もし時を得ば義兵をあげて王室を佐くべし」とて靖獻遺言を作れりと云ふ(文會雜記卷二)其劈頭に曰ふ、

今日此書を編みて義に志し學を勉むるの士と共にせんと欲するものは道衰へ學廢れ、人倫の道明かならざればなり、是を以て、俗、日に漓く、所謂聖賢の敎なるものは固より嘗て不滅と雖も能く之を究め知りて實を踏む者鮮し、忠孝の大節に至りては最も知りて信ずる者難し、親に事ふるものは猶ほ天性の恩愛を以つて賊害の罪に至る者或は少し、君に事ふるに至りては其上下相離れ貴賤相待の禮、平生は失はざるものありと雖も、亂離反覆の際、君を棄て敵に降り、恩を忘れ義に背きて拜跪奔趨して但た後にならんを恐るゝ者往々相踵ぎて其間忠義を奮ひ命を殞し節に趨く者ありと雖も、君臣の義に於て鍊達講磨する所或は精しからざれば心私なしと雖も義に戾り忠を失ふものなり。

と、此精神を以て全力を以て盡忠報國の鼓吹に努めたるなり。されば其自ら講ぜる靖獻遺言講義にも、當時の儒者輩が徒に唐土を尊びて自ら卑しうするを攻撃して我皇國の尊むべき所以を力説す、曰く、

扨中國夷狄と云ふ事あるに付き唐の書に日本をも夷狄と云置を見て、とぼけた學者はあら口惜しや恥しや、我は夷狄に生れたげなとて、我と作り病をして嘆くが、扨て〱淺間敷見識ぞ、我が生れた國程、大事な中國が何處にあらうぞ、國が小くとも何が違ふぞ、同じ日月を唐人の指圖を受けもせずに戴て居る國に、唐人が夷狄と書て置た程にとて、最早剝げぬ樣に覺て居るは、人に唾をかけられて得拭はずに泣て居ると同じ事ぞ、其でも聖人も夷狄と云ふたと云ふけれども、其は唐の聖人は唐からはさう言ふ筈、日本の聖人は又此方を中國にしてあちらを夷狄と云ふ筈ぞ、其ですればあふかと云へば其が義理といふものぞ、大義を知らぬ者は其で迷ふ、易い事、人にも親があり、我にも親がある、人の親の頭ははらるゝとも我が親の頭ははられぬ樣にするが子たるものゝ義理ぞ、直に其あちらの親といふ親の子も又面々に我が親の頭をはらせぬ樣にするぞ、是がすれあふ樣なれども其で義理は立つ者ぞ、其でも日本は小國じやと云ふ、其ならば身代のよい者の

親を見て手前其より輕き身代の親ならば役に立たぬ親父よとて何處ぞへ捨てようか、是一つで合點のいた事ぞ、或人曰く、其でも日本より昔は遣唐使を遣はされて此方より貢物を遣られたからは日本は下手では無いかと、其は無作とした事ぞ、此ぞ大義を辨へぬと云ふものにて、其は大義を辨へぬ誤で、我國は天地開闢以來餘所の國の蔭にて立ちたる國にてなし、神代以來、正統に少しも紛なし、唐の書をよみてなじめば何所となく唐人氣質に成つて日本は旅屋の樣に覺て居る古今第一の僻事なり、書故義理を破るといふは斯樣の事なり。

日本の自慢は皇室

と、されば或人の天子を拜し得たりといふを聞きて我皇室の萬世一系無窮なるを讃して曰く、

　殊には天顏を拜せらるゝ事難有事に候、天照大神より御血脈今に絶えずつがせられ候へば實に人間の種にては無之候、神明を拜せらるゝ如く思はるゝ由左こそ可有ことに候、我國の萬國にすぐれて自讃するに勝えたるは只この事に候(中略)我國の自慢と云ふは衰たりと云へども幸に御血脈がたえいで唐の堯舜の受禪、湯武の放伐の如くなることないと云ふまでゝこそあれ、今日では本願寺の勢ほどにもなき王室をいかめしくと云ども片腹いたく候(雜話筆記)

又別に中國辯なるものあり、同じく中國夷狄の名の、支那より云ひたると我邦より云ひたると自ら其主客を異にすべきを論ず、曰く、

中國夷狄の名、儒書にあり、來る事久し、我國に有て儒書盛んに行はれ儒書をよむほどの者唐を以て中國とし、吾國を夷狄とし、甚しきものは吾夷狄の地に生れたりとて悔みなげくの徒これあり、甚しい哉儒書を讀む者のよみやうを失ひて名分大義の實を知らざる事、悲しむべきの至りなり、夫れ天地の外をつゝみ、地往くとして天をいたゞかざる所なし、然れば各其の土地風俗の限る所各一分の天下にて互に尊卑貴賤のきらひなし、唐の土地も九州の風俗は上古以來打續き風氣一定、相ひうけ言語風俗相通じ其なりの天下也、其の四方の廻りなる風俗の通ぜざる所の分は夫々の異形異風の體なる國々、九州に近き通譯も達する分は唐より見れば自ら邊土まはりのやうに見ゆれば九州を中國とし、外まはりを夷狄と稱し來る、夫れを知らずして儒書を見て外國を夷狄といひざま、ありとあらゆる萬國を皆夷狄と思ふ、曾て吾國の、固より天地と、共に生じ、他國を待つ理なき禮を知らぬ、甚あやまりなり、(中略)吾國に生れて吾國たとへ德及ばずとて夷狄の賊名を自ら名のりかけ、唐の下につかねばならぬやうに覺え、己れが國のいたゞく

天を忘るゝは皆が親をいやしむと同然の大義にそむきたるもの也、況や、我國天地のひらけて已來正統つゞき萬世君臣の大綱變ぜざる事是れ三綱の大なるものにして他國の及ばざる所にあらずや、其外武毅丈夫にて廉恥正直の風天性に根ざす、これ我國のすぐれたる所なり、（中略）

　中國夷狄の名は夫れともに唐よりつけたる名也、其の名を以て吾國を稱すれば夫れともに唐の眞似也、只吾國を內とし異國を外にし內外賓主の辨明かなれば吾國とよび異國といへば何方にても皆すぢめ違はず。

佐藤直方の放伐を認めたるを難ず

と云ひ、又同門佐藤直方が湯武放伐を認めたるを以て我國體を知らざるものなりとして「是は佐藤氏の老耄と存候、さなくては斯樣な不屆は申されまじく候、格物と云ふも窮理と云ふも只一の目的は君臣父子の大倫より外無之候、其君臣の吟味が右の通りにて候へば、其余は云ふこともなく候、往々學者が湯武のきずの付けともない廻護するしとりがある故に有竝に此斗の工面を云ひたがり候」と云ひ、元祿四年に書ける拘幽操附錄跋にも放伐の事を攻擊して、

拘幽操附錄跋放伐論

　嗚呼放伐の事一たび行はれてより千萬世無窮の下、凡そ亂臣賊子君を弑し國を竊むもの未だ嘗て湯武を以て口實となさゞるなく、忠臣義士義に就き命を致

すもの又未だ嘗て夷齊を以て自ら處らざるものあらず、士、是に於てか亦擇ぶ所を知るべきなり、

と云へり。

栗山潜鋒　保建大記

闇齋の門に桑名松雲あり、其門人栗山潜鋒保建大記を著はす、(元祿二年)序に

……上世皇祖、授璽之初曰、寶祚之隆當與天壤無窮、其德之盛、業之大、百王歷々一姓綿々可以配日月、以要鬼神、以視方域之外、而固不待著之歌頌、勒之金石也

と、云ひ萬世一系、天壤と窮りなき我神州の他邦と同じからざるを述べ、本文、嘉應元年采明州刺史上書して物を獻ずるに當り、稱謂、禮無し、大外記清原頼業之を郤けんとしたるも法王聽し給はざりし記事を掲げ、之を評して、

華夷の論

華夷何常之有、華而用夷禮則夷也、夷而進華則華之、古之制也、聊嘗論之、夫地者天根之凝聚于中也、天乃地氣之游環于外也、天地之間何往而不中、又何往不天下、故彼此皆自稱曰中國、蓋對外國之通稱、而固非言此土在堪輿之正中也、至其或爲神國、且海内爲天下、而外爲夷爲蕃則雖俱非九九總域之通言、亦各國自稱、彼此無相害、是以淡海公奉勅撰職員令、掌遠人謂玄蕃、萬多親王區別姓氏、秦漢之裔收之諸蕃、源親房亦曰、彼以我爲東夷、猶我以彼爲西蕃也、近學墮乎市井、文不振乎搢紳、慣乎舊典、而不

之願、或以元明爲中華自爲東夷、殆幾乎外視萬世父母之邦而無蔑百王憲令之著矣、昔隋主贈書曰、皇帝恭問倭皇、廷臣猶疑其無禮、況以一州刺史上書失儀乎、當從賴業之議而納信報答、非所以示國體於遐邇也。

と云ひ、俗儒輩の外尊內卑の陋なるを攻擊す、又淺見絅齋に學び、別に闇齋の神道說を紹げるものに谷秦山あり、栗山潜鋒の保建大記を以て、神道を大根とし孔孟を羽翼としたる名分上の良書となし、之を義繹す。門人之を錄して保建大記打聽と稱す、中、我國體上、三種神器と皇位との關係に就きて其離るべからざるものなるを認め、壽永の亂平家が安德天皇を奉じて西に落ち給へる後、後鳥羽帝が神器なくして帝位に上り給へるを有るべからざる事として攻擊せる如きは、後、南北朝問題の喧嶽せらるゝに當りて最も重要視せられたる神器論と相照應するものなり

谷秦山保建大記打聽

神器と國體

淺見絅齋の門に三宅觀瀾あり、後水戸義公に召されて其國史篇修總裁となれり、其著中興鑑言は實に觀瀾の名をして不朽ならしめしものにして專ら我國體の由來を論じたるもの、水戸に於ける國體學は實に觀瀾に負ふ所最も多し、內、論德の章に於て三種神器と我國家と皇道との關係を說くこと最も詳なり、曰く、

三宅觀瀾

中興鑑言

神器と國家と皇道

或云、璽は慈悲なり、鏡は正直なり、劍は決斷なり、と或は云ふ、璽は以て身を修め、

鏡は以て心を正し、劍は以て知を致すと、或は云ふ、知仁勇に配すと、或は云ふ日月星に象ると、或は云ふ天地人に則ると、或は云ふ、鏡を以て主と爲すと、或は云ふ璽を以て本となすと、或は云ふ心に三種あり、と或は云ふ三種は十種に分つと、嘗て其說を考ふるに縷擧に勝へず、而して殊に知らず祖訓の在る所、劍も亦可、璽も亦可、鏡も亦可、之を一にするも亦可、之を二にするも亦可、特に此三者佩服寶匣、日常臨視して以て其容を照す、其身の親む所、心の愛する所、焉に如くは莫し、是を以て手づから之を授けて曰く、猶ほ吾を視るが如くせよと、則ち受けて奉ずるもの惕然誠發し、聲響感通し、身、器と與に在る所に隨ひ、而して祖考の精神左右を照し上下を盈し、得て蔽ふ可らず、是乃器即人、人即天、國脈之に由て傳はり、皇道之に由て生ず、聖子神孫、臣工黎民をして畏保欽仰して自ら墜する事能はず、貴賤上下の位、禮樂政刑の施、其叙に遵ひ其度を正し、自ら紊る能はざるなり、厥れ豈言を喩へ理を論ずるを須て爲る者ならんや、說者適々其至易至簡にして口舌の施す無きを以て憂となす、象に依て類を假り、釋を援て儒を混じ、紛紜支離、畢に王教精微の旨をして鑿然として日々に失はしむ、豈歎くに足らざらんや、其他流れて巫祝精を資るの術とならざれば、則ち離りて浮屠妖を賣るの媒と爲る、梵典を讀むもの上世の神明を指して以て金狄化する所となす、漢書を講ずるもの國系の源派を推して以て斑吳の出となす、聖を侮るの罪何如、近世に至て又宋儒性命の說を取り、以て之を張皇文飾し、陽に牽合を忌み陰に剽竊を事とす、諉に曰、理四海に準じ期せずして同、則言誠に似たり而も言眞益々亂る。

と無雜の古道を以て我皇道の本領なりとし、佛意儒意合せて郤けたるもの必ずしも復古國學派にのみ其功を歸すべからざるなり。

三宅尙齋の門に加々美櫻塢あり、其門に山縣大貳あり、幕末尊王討幕論の先驅者として竹內式部と共に人口に噲嚌せる人にして柳子新論の著あり。 其正名篇第一に、

山縣大貳
柳子新論

我東方の國たるや神皇基を肇め緝熈穆々、力めて利用厚生の道を作し、その德を明々にし四表に光被する者一千有餘年、衣冠の制を立て禮樂の敎を設け、周召の若きあり、伊傅の若きあり、民今に到て其化を被らざる無し、此より後、昭宣忠仁諸公武を聽王の制に繼ぎ、事を大寶の令に從ひ綿々共祉日に盛に月に隆に郁々たる文物幾と三代の時に讓らず、(中略)室町氏繼ぎて興り、武威益々盛に、名、將相と稱して實は南面の位を僭す、然りと雖も先王の明德深く民心に浹洽す、即ち强暴

の臣も尙忌憚なきこと能はず是を以て神器移らず皇統纔に存す。とて我國の優秀皇統の千古犯す可らざるを論ず。

竹內式部奉公心得

所謂寶曆事件の張本人として山縣大貳と共に討幕運動の魁をなせる竹內式部も亦闇齋流の思想を酌める人にして寶曆七年に記したる奉公心得書なるものあり。皇上の神胤にましまし我國體の根本義たる君臣の分の亂す可らざる所以を論ぜり。曰く、

天子は人間の種ならず

夫れ君は上古伊弉冉尊天日を請受て天照大神を生み給ひ此の國の君とし給ひしより天地海山よく治まりて、民の衣食住不足なく、人の人たる道も明かになれり、其の後、代々の帝より今の大君に至るまで人間の種ならず、天照大神の御末なれば直に神孫と拜し奉り御位に即かせ給ふも天の日を繼ぐといふことにて天津日繼といひ、又宮づかへし給ふ人を雲のうへ人といひ都を天といひて四方の國、東國よりも西國よりも京へは登るといへり、譬へば今床の下へ物を生ぜざるにて見れば天日の光り及ばぬ處には一向草木さへ生ぜぬ、然れば凡そ萬物天日の御蔭を蒙らざるものなければ、其の御子孫の大君は君なり、父なり、天なり、地なれば、此の國に生としいけるもの、人間は勿論、鳥獸草木に至るまで、みな此の君を

うやまひ尊び、各々品物の才能を盡して御用に立て、二心なく奉公し奉ることなり、故に此の君に背くものあれば親兄弟たりといへども則之れを誅して君に歸することと吾國の大義なり。

と、

崎門神道家の國體論

其外垂加派の神道を祖述する人々にして、其神道論に關係して或は我國の神國たる所以、或は皇統の神聖なる所以を述べて以て我國體の尊嚴を説くもの少からず、今是等二三に就きて其概要を掲げん。

高屋近文神道啓蒙

高屋近文は神道啓蒙を著はして我建國の次第と神道發生の由來を説けり、中に皇統無窮の一章に曰く、

天地既に剖れ神聖其中に位してより以來、歴代の帝位其統を失はず、其德を毀たず、他の爲めに侵されず、臣の爲めに奪はれざるは何の謂れぞや、神代卷に曰ふ、天照大神此國を天津彦火瓊々杵尊に授け、勅して曰く、葦原千五百秋之瑞穗國は是吾が子孫王たるべきの地なり、爾皇孫就て治すべし、行け寳祚の隆たる事、天壤と與に窮なかるべし云々と、且つは神器あるを以てなり、所謂神器とは、八坂瓊曲玉、八咫鏡、草薙劍是なり。

と、又大山爲起は唯一論の初めに曰ふ、

大山爲起唯一論

開闢以降、百餘代の天子姓を易へず、日神の血肉を繼ぐは我神國のみなり、故に君臣の道亦明なり、神祇官を以て諸官の上に置くは是れ神道を重んずるなり、國は神國、道は神道、人は神裔なり。

國は神國道は神道人は神裔

と、又伴部安崇の神道問答一名和漢問答に、或人の此國が中國(支那)に劣りたらずやとの疑問に對して、

伴部安崇神道問答

夫天地のうちいづれか親なからん、いづれか君なからん、親をいとおしみ、君にまことをつくし、萬代の天地と共にかぎりなくかはりなきにあらざれば、誠の忠孝の道、神聖の心にあらず、抑日本の國は伊弉諾、伊弉冉二柱の神聖天の御柱を立給ひしは則天地のかたよらず、平なるの道にして中津國動きなきもとなり、これより天照大神あらはれさせ給ひて、御心のめぐみうるはしきひかり、六合の中にてり徹り給へば、此國の人永くうつくしみをかふむり、天地と共にかぎりなくいやまひ奉りて、天が下の君とならせ給ひしより、ひとつ日嗣の、今日までも動事なく此比の御即位までも、かたじけなくも同じ大神の御心のてりとをらせ給ふものならし、その道の御敎は猿田彥大神、高皇產靈尊、天兒屋命、太玉命、村雲命、仕へま

しまして、中津國の人を教導き給ふより、今にたえざる御事也、天が下何れの國か君たる道、是に及べるや、子たる道、いづれかこれに及べるや、臣たる道、何れか是に及べるや、水土清ければ其ことはりも亦清くして、人の心極めて正直なるがゆへに、天地開けはじまりしより久堅のけふに至るまで、天地あらためかはることなきは、ひとり大和の國也、まことに神聖のみことのりのごとく豊葦原中津國にして萬國にすぐれたる事疑なし、此國の外、中國といふ事をしらず。

日本の外に中國なし

と述べ、之に反して支那は朝の改まる事三十度、且つ近年は韃人に國を奪はれ、かの大國の人一人も韃人を主人と仰がぬもののなきは如何なる心ぞや、たゞ聖人十人計も生れて其恥ある國の名を揚て其疵を覆ふのみと、彼此國柄の相違を對照す。

若林强齋

若林强齋は淺見絅齋の門に入り闇齋派の朱子學を學び儒學者に屬する人なるが、又一方玉木正英につきて神道を學び、神道大意一卷を著はす、極めて短篇に過ぎざれども要を盡したり、要は我邦の道は神道、君は神孫、國は神國なり佛徒儒者之を悟らずして、外尊内卑の擧に出づるは甚だ心なき業なりといふにあり。

神道大意

又尾張侯德川義直の如きも闇齋の流を受けたる人なるが、其著神祇寶典自序に、我國の神國なる所以を論じて曰く、

德川義直神祇寶典序

夫れ本朝は神靈の挺生して棲舎する所なり、故に推して神國と稱し、其寶を神器と號し、其大寶を守るを則ち神皇と曰ひ、其征伐するを則ち神兵と曰ひ、其由(ヨリ)行ふ所を則ち神道といふ(下略)

と、

吉川惟足神道大意講義

又別に吉田家の神道を受けて吉川流神道一派を建てたる吉川惟足は兼倶の神道大意を講じて「夫れ我が國は天地と倶に神明顯れ座す」を釋して、

日本は萬國の根本

此日本が萬國の根本の國也、凡そ三國の中にも日本は東方也、萬洲の中には中央なり、東方は春なり朝なり、春は四季の始といふのみに非ず、惣じて萬物の始め也、故に天地開闢の始めも東方より開けしこと理の當然也、日本と云ふ國號は異國より名付くる處と云へども吾國の傳ふる處に叶ふが故に此方へ用ひてやまとゝ云ふ處へ日本と書く也。

と云ひ、「故に國を神國と云ひ」とあるを釋して、

神明最初出現の國

天地ひらくるとはや國常立尊はあらはれ給ふほどに神明最初出現の國と云ふ心にて神國と云ぞ、(中略)神國と申すに付て意得あり、國常立尊、伊弉諾尊伊弉冉尊、天地と倶にあらはれまし〳〵て天地の道理を立られ君臣上下の理を授けら

る丶ことも天地を以て書籍とし、日月を以て證明として全く人心の分別を以て敎ふることなき國なれば是を神國と云也。

と云ひ又「誰が吾國を仰がざらんや」を釋して、

何れの國に生れ、いかなる人か、此の道理を聞きて我日本を仰がざるものあらん、然るに我國に生れて神の子孫たる人、神國の粟を食み乍ら、他邦の道をあがめ吾先祖の道を知らざるはたとひ萬卷の書をそらんずるとも一文不通の盲人と云ふべし、尤も憐哀すべきかな。

とて、我日本が神國として萬國に秀でたるを述べ此國に生れて他の敎を尙ふものを批難せり。

物門の國體論

是等の皇國尊嚴論に對比すべきは江戶に於ける物門一流の人々の國體論なり、

荻生徂徠

徂徠其人の我國體に關する說論なるものは見る能はざるも、自ら東夷と稱し極端に支那尊崇者なるが故に其思想の如きも察すべきのみ、然るに、世に徂徠の著として

國學辨翼

國學辨翼なるものを傳ふ、其大意は我が儒學者流の動もすれば彼を貴び、吾を卑しむ事を不可とし、先づ國學を學び君位國體を辨へざるべからずといふものにして、

萬國の道をあきらめ萬藝に達したりとも我君位國のいはれを知らず、此方の道わきまへぬものは愚者と云べし、一句不知の人なりとも君位國のいはれをしり、此方の道をわきまへたふとむ人は智者とす、此方の道はやすらかにして時にかゝわらず行ひちかき敎なり、しかるに我君位國のいはれとは天地いまだひらけざるさきより神王ましまし萬物の主に位したまふ、天御中主尊とまふす、忠經に主尊とまふし、神祖と稱するはこれなり、神祖より司命の神に命じたまひ混沌をひらかしめて天地とす、此祖神より皇統相續まし〳〵て六世の君王の時神孫數萬にして諸國に住たまふ、七世の君王に至りては國々の主を定めたまひ、山林河海にをよぶ、女尊を儲られて大日孁尊と申す、……此七世の君王までを天神七世とまふし、無爲質素の樂土と云ふ、其後やう〳〵國事ひろまるゆゑに天祖政事を示し四物をもつて立極とせらる、神恩、政德、倫理、兆民なり、天下を以て一家となしたまひ兆民を吾子とせらる。

と云ひ論するところ後世の國體論に近きものあり、多少採るべきものなしとせず、然れども其說徂徠の根本思想と全く相容れず、恐らくは後世人の假托なるべし、徂

太宰春臺

徠の門人大宰春臺の如きは亦支那の所謂聖人の道を崇拜し、我國を以て夷狄の國

とするものにして儒教輸入以前の我邦の國體、道徳を殆ど云ふに足らざるものなりとし、又我邦の神道なるものを認めず、其著辨道書には、

周易の神道

日本には道なし

神武天皇より三十代欽明天皇の頃までは本朝に道といふ事未有らず、萬事うゐ〳〵しく候處に、三十二代用明天皇の皇子に厩戸といふ聰明の人生れ給ひ、書を讀み學問し給ひて三十四代推古天皇の時攝政の位に居たまひ、官職を定め衣服を制し禮樂を興して國を治め民を導き文明の化を施したまひ候。…凡世の人、神道を我國の道と思ひ、儒佛道とならべて是一つの道と心得候事大なる謬にて候、神道は本聖人の道の中に有之候、周易に觀天之神道而四時不忒聖人以神道設教而天下服矣と有之神道といふことと始めて此文に見え候、…今の世に神道と申候は佛法に儒者の道を加入して建立したる物にて候…日本にては元來、道といふことと無之候、近き頃神道を說く者いかめしく我國の道とて高妙なる樣に申候へ共皆後世にいひ出したる虛談妄說にて候、日本に道といふことなき證據は仁義禮樂孝悌の字に和訓なく候…禮儀といふ事無かりし故に神代より人皇四十代の頃までは天子も兄弟叔姪の夫婦になり給ひ候、其間に異國と通路して中華の聖人の道此國に行はれて天下の萬事皆中華を學び候、それより此國

の人禮儀を知り、人倫の道を覺悟して禽獸の行ひをなさず。

と云ひ又聖學問答に日本の上代の有樣を論じて「姑は母と同じ、姪は女と同じ、姑を妻とし、姪を妻とし、妹を妻とす、是に超たる不義やあるべき、公然として此不義を行て男女倶に羞る色もなく」と云ひ、又「日本の人は家々にて天照大神を祭り、歲初には歲德を祭り、常には竈の神を祭る、天照大神は天子の祖神なれば庶民の祭るべき神にあらず、歲德は天神なれば天子の祭たまふ神なり、庶民の家にてこれを祭るは越祀なり、瀆祀なり」といへり、山縣周南も亦徂徠の門に出で、我國の上代道なく、聖人の道輸入せられて始めて道の、見るべきものあるを說く、曰く「太古の世は他の國も我國も神聖の德こそ在しけれ、禮文備はらざれば人倫もさだかならず、男女夫婦の道も今の世の道より見れば、恥かしき事のみぞ多かる、しらぬ人は人の道は世の初よりをのづからかくありけんとのみ思ふ、世々の聖人たちの道を興し給ひ、禮文を定め給ひてこそ、人の道は漸々成定りぬ、今にてもあれ、禮文をすて學問をいふ事なくば、男女の欲より始め、凡の事支度解なくなりて蝦夷達旦の風俗のやうになるべきはいと安かるべし、（周南先生爲學初問）と即ち我國體尊嚴論者が異口同音に稱揚する所の我建國時代の事情を以て毫も羨むに足るもの無しと稱して支那の聖人の道

聖學問答

山縣周南 爲學初問

をのみ専ら推奬せるものなり、物門の徒の此思想は當時の儒者の多くが有したる通弊なるが、此極端なる拜外說が一部の儒學者の反對說を惹起し、且つ後年磅礴せる國學者間の排外熱を誘發する動機となれるは注意すべき事なり、そは後に詳述すべし。

物門に對する反對論

次に德川の初期に陽明學者にして皇國の尊嚴を高唱せるもの熊澤蕃山あり、集義和書、集義外書、三輪物語等に其國體に關する見解を見るべし、三輪物語は或年の八月十五夜三輪の山本に禰宜、居士及び落ぶれたる公卿等數人會合して物語したる時の話記に託して國體論、道德論、神道論等を披瀝せるものにして、或は禰宜の口を藉り或は公卿の口を藉りて縷述せる國體論を採要するに、

陽明學派熊澤蕃山三輪物語

本朝は三界の根源にして神明を以て元祖とす、神明は宇宙の宗廟なり、我國開闢のはじめ、天地と共に神明あらはれ給へり、故に國を神國といひ、道を神道と云ふ、三國は三光の國也、天竺をば月神のつかさどりましますし故に月氏國といふ、唐は星神の掌りましますし故に震旦といふ、我國は日神のつかさどりましますし故に日本といふ、月星は日光の分附也、故に二國は我國の末流也、千界の源萬國の本は我國也、其國に住ては其國の君ならでは他に君ある事を知らざる事は臣の道也、

本朝は三界の根源

我朝の皇統を至尊とあふぎ奉ることは本よりの義なり。

と云ひ、王子王女の出家するを悲しみ、禮樂を興し王道を盛にすべきを論ぜり、只我皇祖は呉太伯の後なりとの說を立てゝ縷々說明せる事の可否に就きては世既に定評あり、此に論ずるの要なし、其外、集義外書巻四に「日本は邊土なれども太陽の出給ふ國にして人の氣質尤靈なり」と云ひ、集義和書巻二に、

集義外書
集義和書

「日本は神國なり、むかし禮儀いまだ備らざれ共神明の德威嚴勵なり、いますが如く敬を存して惡をなさず、神に詣でゝ利欲も亡び邪術もおこらず、天道にも叶ひ親にも孝あり、君にも忠あり、たゞ時所位の異なるなり、それ天子に直にもの申奉る人は公卿侍臣のともがらなり、それより下は次第のつかさ〳〵ありて可奏ことは其つかさに達するなり、まして士民などは其御門內の白砂をふむことだにせざるに帝堯は皷をかけおかせ給ひて農工商によらず直に可申上子細あらば此皷をうて、吾出て聞むと詔あり、下にてことゆかずいきどほりある者は皆直にまいりて其いきどほりを散ぜしなり、民の心にたゞ父母にものいふごとくおもひたり、日本の大神宮御治世の其むかしは神聖の德あつく、よく天下を以て子とし給ひ、下民にちかくおはしましたること堯舜のごとくなりし其遺風なり：

：大神宮は御治世のみならず、萬歳の後までも生々不息の德明かにおはしまして日月の照臨し給ふごとし。

と、述べて我上代の粹美を極說せり、又、支那に於て仁義禮知信又は智仁勇の論ありて我邦になき如くなるも我に於ては三種の神器を以て不言の經典となし、すべて之等の諸德の敎は此神器に依りて表象せられたるなりと論ぜり（集義外書卷十六）。

三種の神器は不言の經典

前述物門儒者の外尊內卑論に憤りて起てるもの德川時代の後半期には頗る盛にして儒者として中井竹山、皇學者として復古國學派の人々等其數甚だ多かりしが、前期既に其思想を述べ我皇國の尊むべきを說けるものあり、平賀源內之なり、即ち風流志道軒傳中に見ゆるもの即ち之なり、曰く、

平賀源內

風流志道軒傳

井戸で育つた蛙學者がめつたに唐贔負に成つて我か生れた日本を東夷と稱し天照大神は吳の太伯に違ひはないと附會の說を言ひ散らし、文武の道を表にかざり、ちんぷんかんの屁をひつても知行の米を周の升で計り切つて渡されなば其時却て聖人を恨むべし、誰やらが制札の多きを見て國の治まらざるを知りたりと云ふが如く、亂れて後に敎は出來、病有りて後に醫藥あり、唐の風俗は日本と違つて天子が渡り者と同然にて氣に入らねば取替へて天下は一人の天下に

非ず天下の天下なりと、へらず口を言ひ散らして主の天下をひつたくる不埒千萬なる國ゆゑ聖人出でゝ教へ給ふ、日本は自然に仁義を守る國ゆゑ聖人出でずしても太平をなす。

と、志道軒傳固より源内が、戲作に過ぎずと雖も當時朱子學幕府の官學として獨り權威を振ひ言論の自由殆ど認められざりし際、戲作に託して其餘憤を吐露したるものに外ならず。

心學派、石田梅巖都鄙問答

心學の徒石田梅巖亦其都鄙問答に我皇統の神孫にして唐土と尊卑同じからざるを述べて「唐土には替はり我が朝には大神宮の御末を繼せたまひ御位に立たせ給ふ、依て天照皇大神宮を宗廟とあがめ奉り、一天の君の御先祖にてわたらせたまへば下萬民に至る迄參宮と云ひて悉く參詣するなり、唐土には此例なし」と云へり。

水戸派、徳川光圀

三宅觀蘭が山崎闇齋の學統を受けて之を水戸に播植したる事は既に云へり、此事は我邦に於ける國體論發展の上に於ては最も重要なる事實にして、後章述ぶる所の後期水戸學即ち、水戸學極盛時代に於ける其國體論は實に其淵源を此に發せるなり、觀蘭を用ゐたるは即ち徳川光圀にして、光圀の有名なる尊王事蹟は今此に述ぶるの要なし、抑も水戸學なるものは光圀が大日本史を修むるに相伴ひて勃興

三宅觀瀾と水戸學

せるものにして、其大日本史を編みて皇國の由來を闡明せんと欲したるは、其動機、若年の時伯夷傳を讀みて其高義に感奮したるにありと云ふと雖も、京師より觀瀾等を聘して事に當らしむるや、闇齋流の國粹思想に負ふ所少からざるは論ずるまでもなし、其書成るや光圀の子綱條之に序して其編成の由來を明かにし且つ國體の尊嚴に論及す曰く、

德川綱條の大日本史序

人皇基を肇めて二千餘年、神裔相承け列聖統を纘ぎ、姦賊未だ嘗て覬覦の心を生ぜず、神器の所在日月の並照らす、猗歟盛なるかな、其原く所を究むれば寔に祖宗仁澤、民心を固結し邦基を磐石にするに由るなり。

と、此國體の由來を明かにするもの、實に水戸學の大目的にして後世水戸學の隆盛も實に此大目的に向つて邁進せるものに外ならず。

安積澹泊列祖成績序

次で第六代の彰考館總裁安積澹泊は自著列祖成績に序して、尊王の大義を説く、曰く、

春秋の義、王を尊ぶを大と爲す、國朝神武天皇鼎を橿原の宮に定めてより列聖相承け天工に代つて萬機を理む、律令格式の設、刑賞黜陟の典、臚列遺すことなし、庶積咸煕天敍天秩、粲然として亂れず、中葉に迨んで皇綱の紐解け威權下に移り、

遂に陪臣をして國命を執らしめ君を視ること辨髦の如し、足利氏覇府を京師に開くと雖も而も權臣に逼つて其哺乳を仰ぎ身且つ庇ふこと能はず、焉んぞ能く王を尊ぶことを得ん、唯尊ぶ能はざるのみならず又從つて之を侵軼す、鐘簴を設けず、鹵簿久しく廢す、公卿星散、妃嬪萍轉、黍離麥秀の歎に幾し、而して亂臣賊子踵を接して相望む、應仁以來板蕩極れり、右大臣織田公、關白豐臣公は粗ぼ王を尊ぶことを知ると雖も而も誠心より出づるに非ず、反つて其私を營む、皆觀るに足るなきなり、神祖、英武間出、謀略神の如く四方の亂を戡定し億兆を焚溺に拯ふ、眞勇大高城守に彰にれ大義長湫の野戰に伸ぶ、馬上書を講じ儒學を興隆す、天下大定するに及んでは首として諸臣をして王事に服せしめ禁闕を營繕し、宮垣を修築し豪腴を奉じて以て祭祀を豐かにし、廢典を起して以て舊規を復し、廪祿を公卿に優にし、湯沐を妃嬪に頒ち、四海熢燧の響なくして物爾元枕を泰山の安きに奠め、また關白藤原公と法制を議定し、綱、擧り、目張り、朝廷肅穆遂に永世不易の重典を爲す、王を尊ぶ擧亦大ならずや。

と、其家康の事業を評するの語果して、當れりや否やは論の限りに非ず、只當時德川幕府極盛の時に當りて、敢て尊王の大義を高潮したるは國民の國體觀念に資するところ鮮少なりといふべからず。

伊勢神道派
度會延佳
陽復記

伊勢に於ける國學換言すれば、伊勢神道の復興者度會延佳は陽復記を著して主として神儒習合ともいふべき神道說を披瀝せるが其、支那の易、陰陽乃至理氣の學等と我神道の敎と合せるは必ずしも我彼を取りたりと見るべからず、天下の大道自ら其理を一にするなりとて、從來儒學者の我神代傳說を解釋する態度と後年平田篤胤一派の學者が外國の諸說を以て悉く我古傳の模倣なりとする內尊外卑の思想との中間に立てるものなり。

蘭學者
西川如見
日本水土考

別に蘭學に據る地理學者に西川如見あり、日本水土考を著はし、我國の優秀、我邦の神國たる所以を論ず、曰く、

我國の形勢東西に長く、南北に狹し、少しく反曲して游龍遶首の貌あり、國は萬國の東頭にありて朝陽始めて照すの地、陽氣發生の最初なり、日本と號するは其義最も當るなり、此國神國たるの義水土自然の理か、史記に云ふ、東北は神明の舍、日本者淸陽中正の水土なり、故に神明此に會す、最も疑ふべからず、此國は四時中正の國なり、萬國廣大と雖も四時の正しき我邦の如きは多からず、(中略)日本の限度廣からず、亦狹からず、其人事風俗民情相齊く混一にして治まり易し、是故に日

本の皇統、開闢より當今に至て變無きもの萬國中唯日本あるのみ、是亦水土の神妙にあらずや、(中略)然らば即ち日本風土要害の好、萬國最上なり、浦安の大城に往し、千矛の武德を備て永久天地と窮りなし、此民は神明の孫裔にして此道は神明の遺訓なり、淸淨潔白を愛し、質素朴實を樂むは即ち仁勇の道にして智自ら足るなり、此國自然の神德なり、豈貴からずや。

と、世の俗儒が唐土を尊び蘭學者が西洋を崇め、孰れも自國を卑しとするの弊に陷り易きに、獨り西川如見が學は蘭學より出でゝ猶其弊を脫し自國尊重の精神を失はざるは其志貴ぶべく、後年平田一派の隆與に多少の刺戟を與へたるものゝ如し。

(二) 德川時代後期

國體論の隆盛

德川時代の前半に於ては國體論の記すべきもの未だ多からず、後半に及びては儒學に對立して國學の勃興あり、所謂復古思想を根據として連りに國粹を高唱するあり。水戶學亦此期に入りて烈公を中心に異常の發達をなし國體なる語も殆ど此に成熟し、又國學の勃興につれて儒學者との間に支那日本の國體に關する論爭盛になり其他洋學者の立場にありて猶且つ國體を論議するものあり、前半に比して其論壇甚だ殷盛を極めたり。

今復古派國學者の國體論を述べんとするに先ち、此復古國學の氣運漸く盛ならんとする頃即ち、前期の終り後期の始めともいふべき時に當り、身儒學者にして、猶世の儒家者流が徒に漢土を尊んで自國の貴ぶべきを解せざるを攻擊し、殊に物門の徒の態度を批難せるものあり。　大阪に於ける朱子學者中井竹山即ち之なり。

中井竹山非徴

其著「非徴」の如きは專ら徂徠の論語徴を攻擊せんが爲めに書けるものなり。　就中竹山は當時の學者が支那崇拜の弊に陷りて名分を亂し、皇室に對する尊號を慢に幕府に僭稱するを排したるなり、其大室第一に答ふるの書に、名分の亂るべからざるを論じたる後、

物門に對する攻擊

臺宗、嚴宗、德宗、信宗などゝ宗を以て將軍家を稱し玉へるは何の義例にや、僕はかねて物服の徒の廟を以て稱するをあやしと思へり、尤も廟は祠廟にて三閭廟諸葛廟我邦にても藤公廟、菅公廟などひろく稱へけれども祠廟を指て云は格別の事なり。　明の世已來に始て天子を指て廟と稱す、今諡號につらねて廟と稱するは全く明を學ぶなり、全く天子の稱なり。　物氏の文に憲廟、貞享元年などあり、廟館を以て年號に冠するは尤も僭亂の甚しきものなり、……今宗の字を用ひ玉

へる、全く廟と同じき事と見へ、廟より又古く熟用してなほさら假用ひがたきやうなり、宗も本は宗子宗國の宗にて……事ら天子の廟號として謚號につらねて用ゆる事天子より外にかつて例なし……我邦百王一姓の譯にて今日一統江都御恭順の時に取用ゆべきに非ず。

と、云へり。松平定信嘗て大阪を過りて竹山を引見して時勢を諮詢するや、竹山退いて草茅危言を著して之に答ふ。其第一卷に「王室」の目を設けて我國皇統連綿たるを述べ、同時に淫神、佞佛の弊をも論ぜり、曰く、

大日本、磤驅礚州の太古より八百萬代の末に百王不易の澤は四海萬國に超越せさせ玉ひたる御美事今更をさ〳〵申奉るにも及ばぬ御事ゆゑ姑く之を捨て其中葉已來漸にして衰絀し玉ひたるは其原由て來る所も有れども、過半は崇神、佞佛の惑より事起れり。凡そ朝廷の大曲となりたるは禱禳薦祓の類に非るは鮮し。天災地妖兇荒、病疫、姦究奸亂等、時の變化あるごとに、それ祈禱、それ供養など府庫の財を傾け金帛を殫し、妖巫猾繹を寵褒するより外はなく、窈冥荒唐の事のみを賴として天下の大政要務は聊も顧られぬ事となり行しより、疵弊百端となり、夫より以來この神佛荒誕の説を以て生民の害をする事枚擧するに遑あら

ず。委く其害を論ぜんに、南山の竹も盡きぬ可し、されども千有餘年深痼となり來りたる事にて今更如何ともすべからざる者多し、嘆ずるに餘ある者多し。

太宰純辨道書

鳥羽義辨々道書

と、又先きに物門の徒太宰純が辨道書を著はして、日本には元來道徳なるものなく、儒敎行はれて始めて道徳あり、其證據には仁義忠禮等に和訓なし、又神道なるものは元聖人の敎の一端にして周易に觀天之神道而四時不忒、聖人以神道設敎而天下服矣とあるもの、之なり、我邦の神道は巫祝の邪道なり、と論ぜるに對して、鳥羽義は元文元年「辨々道書」を著はして之を駁し、其聖人の國よりも我邦の國柄の却て優秀なる所以及び神道との關係を論ず、大要に曰く、

我邦には道徳上の名目なしとて道徳なきに非ず、道は自然に備はりたれば儒も佛も入らざる以前より上下の分明かに天下よく治まりたり。却て支那の上代、三代の盛世なるものも後に見れば皆實力あるものが其君主の子を追ひて自ら天下を奪へるものに外ならず。全然弱肉强食の禽獸の社會なり。之に反して我國の道は一度人道立てより君臣ところを變る事なし。かくて君臣の位一定するが故に先祖の祭永く絕えず、氏神と稱し、祖神と稱して家毎に祭を斷たず、是こそ我神道にして巫祝の邪道にあらず、我國柄と支那の國柄と異なること斯

の如し、而も彼に阿りて我を罵る純の如き大なる逆賊の心を有せるものなり。と、斯の如く物門一派の外尊内卑の思想は一部儒者の反對を招きたるが、同時に皇學者の憤起を促し、所謂復古國學勃興の一動機となり、遂に幕末に於ける儒學者對國學者の國體に關する論爭を惹起するに至れり。固より復古國學勃興は之を以て主なる動機なりとはいふ可らず。寧ろ所謂俗神道即ち全く迷信の弊に陷れる諸派神道說の不純を斥け、專ら我純正の古道を闡明せんと欲するもの其勃興の原動力なりしと雖も、一面、儒者の外尊主義に對する反抗的思想が其氣運を助長したる事は爭ふ可らざるなり。

復古國學派

復古國學なるものが僧契沖、荷田春滿等に始まり、賀茂眞淵、本居宣長、平田篤胤等によりて大成せられたる事は今更述ぶるの要なし。復古國學といふも契沖、春滿等は只古語の研究に全力を費したるものにして、所謂古道の闡明に步を進めたるは眞淵より始まる。而して其國意考は實に其古道に對する識見を纒めたるものなり。

賀茂眞淵國意考

即ち支那の國柄の陋しきを說き、之に對照して我邦の優秀なる點を示したるものなり大要に、曰く、

支那は僞君子國

支那はすべてよき人に天子の位を讓るといふに、殷の末に紂の如き惡人の出でたるは如何に、よきに讓るといふは初の一二代の事にや、其後も賤しげなる人出で、君を弑し、自ら帝といへば世の人皆頭を垂れて順ひ仕へ、四方の國をば夷などいひて卑しめつるも、其夷てふ國より立ちて唐國の帝となれる時は皆額突きて順へり。

我國は天地の心のまゝに治め給ひて、儒の如く空なる小理屈を云はざれど、古より數多の御代御代漸榮えまし給ふを、此儒のこと渡りつる程に成りて、天武の御時大なる亂出來て、夫より奈良の宮のうちも衣冠調度など雅になりつゝ邪の心多くなりぬ。

凡そ世の中は、荒山荒野の在處自ら道の出來るが如く、こゝも自ら神代の道の廣ごりて自ら國につけたる道の榮えは、皇いよ／＼榮えまさむものをかへす／＼も儒の道こそ其國を亂すのみ。

又我國は同姓相娶りて禽獸に類したりしを、儒學入り來りて改まりたりと云ふ人あるも、支那にては同姓娶らぬを理想とせるに過ぎずして、事實は必ずしも理想の如く行はれず、却て生母を犯すものさえあり。

我邦は異母妹を妻とする

ものこそあれ、支那の如く破倫の事は其例多からず。又支那に文字あるを賞する人あれど、之れ最も支那の煩しき國なる所にして、印度は五十字にて五千餘巻の經を書けり。我邦も漢字さへ渡らざりしならば簡明なる音字の行はるべかりしに、唐の字を傳へてより誤られて我國字は遂に發達せずに終れり。

唐國は心惡き國なれば深く敎えてしも表は善き樣にて終に大なる惡事して世を亂せり。此國は元より心の直き國にて少の敎をも良く守り侍るに、はた、天地の隨に行ふ事故に敎えずして宜しきなり。

或人此國の古に仁義禮智信てふことなければさる和語もなしとて最も賤しきことゝせるは未だし。天下に此五敎あること四時をなすが如し、春夏秋冬の名なきときは四時の氣候の變も無くなると考ふべきや。

唐國の學びは其始人の心もて作れるものなれば聞くにたばかりありて心得易し。我皇御國の古道は天地の隨に丸く平かにして人の心詞に言ひ盡し難ければ、後の人知り得難し、さりとて道の絶たるにはあらず。支那にて同姓娶らぬを手柄と思へるは如何なる愚昧にや、凡そ天が下は小さき事はとても斯ても、世々天皇の傳はり給ふことこそよけれ、唐人の言の如く、塵も動かぬ百年あらんよりは少し閑はあれど千年治まるこそよけれ。

佛教の弊

次に佛教にて因果等いふも事實かと見るに戰國の頃一人も殺さゞりしものはたゞ人となり、人を少し殺しゝは旗本侍、少しく多く殺しゝは大名となり、更に一層多く殺しゝは一國の主となれり。是れ何の報ぞ、其外我國固有の武勇の心を鈍らしめしは佛教なり。とて佛教も亦我國柄に適せざる事を論ぜり。

本居宣長

眞淵の學統を繼げるものの數十名、村田春海、前田夏蔭、小山田與清、栗田土滿等皆名あるも、就中最も大成して出藍の榮を得たるものを本居宣長となす。宣長一代の事業は古事記の研究にあり、其結果大成せる古事記傳には宣長の所謂「古道」觀、國體觀、神道觀、隨所に散見すと雖も、之を一に纒めたるものは其明和八年五十歲の時に著せる直日靈一卷なり。今直日靈によりて其國體に關する意見の大要を揭ぐれば、

直日靈

皇大御國は掛くも可畏き神御祖天照大御神の御生座る大御國にして大御神大御手に天つ璽を捧持して萬千秋の長秋に吾御子のしろしめさん國なりとことよさし賜へりしまに〳〵、天雲のむかぶすかぎり、谷蟆のさわたるきはみ皇御

孫命の大御食國とさだまりて、天下にはあらぶる神もなく、まつろはぬ人もなく、千萬御世の御末の御代まで天皇命はしも、大神神の御子とまし〳〵て天つ神の御心を大御心として、神代も今もへだてなく、神ながら安國と平けく所知看しける大御國になもありければ古への大御世には道といふ言擧もさらになかりき。

とて、我邦が萬國に勝れたる所由は天照大神の生れ給へる國なるが故にして、天津日嗣の天地と共に動かざるは此大神の神勅に依りて夙に定まりたるものなれば、幾萬代を經とも、何人と雖も大君に背くものあるなく、天皇は又此天祖の心を心として神代の古事のまゝに萬事神意を卜して行ひ給へば、臣下に至るまで猶古の如く、此かばねを重んじ家々の家業をうけつぎつゝ神代のまゝ朝廷に事へ奉り、特に彼是「道」とこちたく論議する必要もなかりし事を論じて、我皇國の國柄の尊ぶべきを說き、之に比して、異國は如何なる國ぞといふに、定まれる主もなく、邪神所を得て荒ぶるより、人心惡しく、習はし亂りかはしく、國を取れば賤奴も忽ち君となり、君たるものは臣下に奪はれじと構へ、下は上のひまを窺ひ奪はんと、互に仇となりつゝ古來國甚だ治まり難し、其治まり難き國を治めんと努め又國を奪はれじと欲するが故に、聖人なるもの、仁義禮讓孝悌忠信などの德敎も生ずるなり。　然らば支那の

支那に名敎設けられたる所以

聖人、名教何の價値かあらん、聖人の道なるものは國を治めんが爲めに作りて却りて國を亂すなり。我皇國には古へはかゝる言痛き教も無かりしかど、下が下まで亂るゝ事なく、天下は穩に治まりて天津日嗣いや遠長に傳はり來座せり。然るにやゝ降りて書籍といふ物渡り來りて、そを學ぶ事始まりて後、其の國のてぶりをならふにつけて、其と區別する爲めに皇國の古道を神道と名くるに至れるなり。之より御代々々を經るまゝに益々その漢國のてぶりを慕ひて學ぶこと盛になり、遂に天下の政事までも漢樣になり、安けく平らけかりし御國にみだりがはしき事出でゝ異國に似たる事も生ずるに至れるなり、と論じて、彼此國柄の到底同日の談にあらずとなし、

天照大神高天原に大座して大御光はいさゝかも曇りまさず、此世を御照しましまし天津御璽はたゞはふれまさず傳はり座て、事依し賜ひしまに／＼天の下は御孫命の所知食て天津日嗣の高御座はあめつちのむだ、ときはかきはに動く世なきぞ此の道の靈く奇く異國の萬つ道にすぐれて正しき高き貴き徵なりける。

とて、宣長は我國體を以て、何事も神代のまゝに神の意に依りて自然に行はれて、何等の人爲的に策の用ゐられず、之を一系の皇統永遠に繼承して變る事なき國體な

りといふなり。

又玉くしげにも我邦の萬國の元本大宗たる原因なるを論ぜり曰く、

皇國は、此四海萬國を照させ給ふ天照大御神の御出生ましく〳〵し御本國なるが故に、萬國の元本大宗たる御國にして、萬の事異國にすぐれてめでたきは其一々の品どもは申しつくしがたき中に、まづ第一に稻穀は人の命をつゞけたもちて此上もなく大切なる物なるが其稻穀の萬國にすぐれて比類なきを以て其餘の事ども准へ知るべし。然るに此國に生れたる人は、もとより、なれ來りて常のことなる故に、心のつかざるにこそあれ、幸に此御國人と生れて、かばかりすぐれてめでたき稻を朝夕に飽まで食するにつけても、まづ、皇神たちのありがたき御恩頼をおもひ奉るべきことなるに、そのわきまへだになくて過すはいともいとも勿體なきことなり。さて又本朝の皇統はすなはち此世を照します天照大御神の御末にましまして、かの天壤無窮の神勅の如く萬々歳の末の代までも動かせたまふことなく、天地のあらんかぎり傳はらせ給ふ御事、まづ道の大本なり。此事かくの如く、かの神勅のしるし有て現に違はせ給はざるを以て、神代の古傳說の虚僞ならざることを知るべく、異國の及ぶところにあらざることをも知るべし。

と云へり。

平田篤胤

呵妄書

古道大意

宣長の門人無慮數千人、就中有名なる者十餘名あり。各々師の思想を紹述せしが、其中最も著しきものを歿後の門人平田篤胤となす。眞淵宣長の思想を受けて內尊外卑、儒佛排斥の旗色一層鮮かなるものにして、其古道を鼓吹する、殆ど熱狂的の態度を以てせり。著書百餘部、數千卷、其最初に著はしたるものは呵妄書にして、太宰純の辨道書が徒に支那を尊んで我皇國を貶しめ、我邦に大道なるものあることとなく、支那より聖人の道輸入せられて始めて我邦も禽獸の國を脫せりと論ぜるを憤りて、著はしたるものにして、太宰純が聖人の出でゝ敎を設くる以前は人間の行爲すべて禽獸に類したりとを說けるを、そはすべて支那の事にして我神國に於ては最初より道德論こそ無けれ、其實行は完全に擧がり居りしなりと論じて、彼が我邦に生れながら却て支那を尊むを罵り、彼國の國柄の卑しきを極言せり。之より以後續々著書として公にし、或は講演したるものはすべて皇國の尊嚴を闡明し、併せて異國を攻擊し、又異敎を排斥するにあらざるは無し。就中專ら我邦の古道を闡明し以て我國體の尊嚴を說きたるものは、文化六年三十四歲の頃講演せる古

道大意即ち之なり。先づ我日本の神國として萬國に比類なき尊き國なりとて、

我御國は天神の殊なる御恵に依て神の御生なされて萬の外國等とは天地懸隔な違ひで、引比べにはならぬ結構な、あり難い國で、尤神國に相違なく、又我々賤の男賤の女に至る迄も、神の御末にちがひ無いでござる、……實に御國の人に限りて凡て此天地に有とあらゆる萬國の人とは、とんと譯が違ひ、尊く勝れてゐることは、先この御國を神國といひ初たは、もと此國の人の、我ぼめに申たことではない。

神國なる名稱の始まり

先其濫觴を申さば、萬國を御開闢なされたるも、皆神世の尊き神々にて、其神たち悉く此の御國に御出來なされたることなれば、則御國は、神の御本國なること故に神國と稱すは、實に宇宙擧ての公論なること、更に論なきことなり。

とて神代の神々が我國開闢國土經營の事蹟を說き、又我邦が諸外國に比して最先に生成したるものなりと說きて、

是を思ふにも皇國はこれ天地の根蔕で、諸の事物、悉く萬國に優れてをる所以も又諸の外國のものどもの、何もかも皇國に劣るべきことをも考へ知るが宜いでござる。

と云ひ、又我邦は小國なりと雖も國の大小は必ずしも尊卑を分つ標準にならざる

を論じて曰く、

世間の外國びいきの學者どもの能くいふことには、我國は小國で、又國の開けも遲かつたなどとよく申すが、先御國を、小國々々と云て、貶さうとするけれど、國ばかりで無く、凡て物の尊いと卑いと美いと惡いとは形の大小によるものではない、數丈の大石も方寸の玉に如ず、又牛馬象など云類の獸は大きいけれども人にしかず、何ほど廣大な國じやと申ても、下國は下國、狹く小くても上國は上國で、：：又御國の開けの遲いと云は、智慧づきの晩かつたと云て誹るので、實は思慮の至らぬのでござる、其故は御國は萬國の祖國本國じやに依て、自ら地氣厚く、申さば大智大器量の人の智慧の開けの晩いやうなもので、：：：唐國の老子と云書にも大器は晩成と云てある、

と云ひ、亦我邦の皇統連綿たる事、他に比類なき國體なる事と、其然る所以を述べて、

皇統連綿たる所以

神武天皇は大和國橿原宮と申すにおはし座て天の下を御治あそばし此天皇樣より、當今樣まで御血脈が連綿と御續あそばし、百二十代と申すまで動きなく御榮え遊すと申すは、實に此の大地に有りとある國々に、比類なく有がたい御國で、是が實に道の大本で、大唐などとはとんと譯の違てゐることで、なんと天地初

發の時に、其天地を御造なされたる神々の世に殊なる思召で、厚く御心を入させられて、神の御生なされ、又其御末として、世に殊なる御威勢のおはしましたる大穴牟遅神、少彦名神の御經營あそばして、扨四海萬國生としいける物、鳥獸草木に至るまで、其の御蔭に泄ると云ことなき、天津日すなはち日輪の萠上つたる本の御國で、其天つ日を所知食て、天地の有ん限りに、世を御めぐみ遊ばす日の神、天照大御神の御生國で、高皇産靈神の御曾孫、天照大御神の御孫にまし／＼て、殊更に此二柱の神の、御愛みあそばさるゝ瓊々杵命へ天に坐ませる神々の、殊に卓絶たるばかりを右二柱の大御神の御目鑒を以て御撰びなされ御附屬あそばし、又天照大御神の殊に大切と御齋遊ばさるゝ、三種の神器を天子の御璽として御授あそばし、又御口づから、豊葦原の瑞穂の國は我が御子孫の次々に知し召し天地と共に無窮なるべき國ぞと、御祝言を仰せられたる其神勅空しからず、皇孫瓊々杵命より、當今様まで、唯一日の如く御代を知し食て、御附屬なされたる神々の御子孫とても、今以て其如く連綿と御續きなされて、其末々が世にひろがり、又世々の天子様の御末の御子だちへ、平氏や源氏などを下されて、臣下の列にもなされたるが、其末の末がふえ弘がつて、つひ／＼御互の上と成たる物で、なんとかやうな譯じやものを御國は誠の神國であるまいか。

と云ひ、斯の如き國なるが故に、其生產する所の米穀も萬國隨一にして、人民は尙武の氣に富み又聰明なりと述べ、更に西川如見の日本水土考、及びケンプルの日本紀行を引きて、我國土の優秀世界に比なしと論じ、然るにも拘らず徒に外國を恐るゝは我神國の神國たる所以を知らず、國體に昧きが故なりと論ぜり。

大道或問

大道或問に、或人の問に答へて皇國の尊貴なる所以を述べて、曰く、

皇國の尊き所以

皇國の貴き所以は天皇の御血統は天照大神より御連綿にて、神代より千萬年の今に至る迄、天下の大君に被遊御座候、(中略)君臣の差別明白に御定り被爲在、天子より五世までは王號を稱する事を御ゆるしにて、臣下の列には無之候、(中略)又皇國を神國、君子國など稱し候事は、皇國にて自ら稱し來候唱には無之、他國より稱し候事に候、又天下を治め給ふ事を御マツリゴトと唱候は神國の御風儀にて、神處に依て世を治め給ひ、神祭を以て第一と被遊候故に、御政事といふ文字を御マツリゴトと訓申候、然は御祭事御政事は元より一つにて候、是則神國と奉稱候御いはれに有之候、(中略)皇國君臣の道正く、天子は開闢以來、御一世なる事と承り、大に歎息、稱美奉り候事有之候、是は全く天照大神の神勅に御子孫萬々世天地と

共に長久に天の下を治め給へと仰られ候を、皇國の萬人能々相守り候故に候、(中略)天照大御神の御魂は伊勢の內宮にまし〳〵て御本體は世界萬國を照し給ふ日輪に被遊御座、皇國は其誕生の御本國にて天皇は其子孫に被爲在候へば、世界萬國悉く皇國に從ひ奉るべきは勿論の事に候、猶皇國は君國にて萬國は臣國なる證據は別に委く認候物有候間今は省略申候、又皇國は武を以て本體とする事自然の勢ひに有之候、(下略)

皇國は君國、萬國は臣國

と、其外、悟道辨、伊吹於呂志等の講談を始めとして玉だすき以下、其等身の著述悉く此內尊外卑の精神を以て著はされたるものならざるは無しと雖も、我國體に就きて說く所、上に揭げたる所の範疇を出でざるが故に此に述べざるべし。

同じく宣長の門人夏目甕麿も文化六年に「古野の若菜」を公にして支那の禪讓の道の我皇國の道と相容れざるを述べ、儒は人の所行を主とし、佛老は人の心を旨とし、皇國の道は人の素生を宗とするのたがひあるを論ず。

夏目甕麿古野の若菜

本居太平は稻掛棟隆の子にして本居宣長の養子となり。其學の正統を繼ぎし人なり。文政十年に古學要を著して、中に、我邦の異國に對して上位にあり、而も相斥くべきものにあらざるべき由を論ず、曰く、

本居太平古學要

御國は萬國の祖國

御國は萬國の祖國なり、君なり異國は臣なり、たとへば人の身に取りてはかしらの如く、異國は手足の如く、人のゆかりにとりてはおや先祖の如く、異國は族類縁者のごとく、くひものにとりては五穀のごとく、異國は野菜海魚などのごとくなるものなり。 されば祖先ありても族類縁者なくては事とゝのはぬごとく、かしらありても手足なくてはことは足らぬごとく、五穀ありても野菜海魚なくては足らぬがごとく、異國は皆御國のたすけそなはりとなるべきものなればたえてにくみきらふべき物にあらず、あへむつふべきものなり。

矢野玄道玉鉾物語

と、次に平田篤胤の門人にして幕末、明治初年、殊に、維新の際に皇學派の中心人物として新政上にも重きをなせる矢野玄道は文久三年に玉鉾物語を著はし、中「君臣の道」の項に於て我邦の皇統連綿として萬世一系なる所以を論ず、曰く、

廣幡八幡大御神の大御詔に、我國は天地の分れしより以來君と臣と定りき、臣を以て君とする事は未曾(フツニ)有(アラ)ずと詔賜ひ、天萬豊日(孝徳)天皇の詔詞に、惟神我子天下治看せとことと寄し奉りき。是を以て天地の初より君とます國也と詔賜ひ、天命開別(天智)天皇の詔旨に、天地開闢より君臣初有(ハジマレル)ことをし賊黨に說て起る所を知らしめ給へる御勅等に因て恭て案に、天地の元始を成給へる掛くも畏きに皇產靈大

御神の比古比賣二柱に坐して、その鎔造し賜へる天圏は即比古神に背奉りて成り、大地は即比賣神に背奉りて成出て、天は地を覆ひうつくしみ、地は天を載せ事へつゝ、萬の物を造成ぬる物なれば、天は君、又父たり、地は臣、又母として上下尊卑の別は先此にぞ立たりける。かくして（中略）天照座日大御神の大御詔に天皇命の知看す天津日つぎは天地のむだ日月と共に窮みなかるべしと詔賜ひ、天兒屋命の天神壽詞を皇美麻命の大前に稱へ奉りて天地のむだ月日と共に照し明かしおはします事に本末傾けず嚴杵の中取持て仕奉る云々と宣へるにて君臣の大義はこゝに定りて終古に動くまじきことに成しを、上にあげし八幡大御神の御詔はやがてそを受つぎて詔賜へりと恐かれど窺奉られたり。

と、

八田知紀も亦同派の皇學者にして弘化二年に公にせる桃岡雜記に我皇國の敎は自然の道にして天照大神の神勅以來君臣上下の分定まれる事、又文武兩道一致なるべき事を論じ、之れやがて我國體の依て來る所なりと斷じ、併せて支那の國體を批評せり、曰く、

八田知紀
桃岡雜記

そも〳〵皇國の道は其旨玄妙にしておのづから義理備はり、天照大神の勅言

のまに〳〵君臣上下の等うごかず、萬代不易の至道なること申すも更なり、漢土聖人の道はかの天下は一人の天下にあらずといふ理屈にもとづき、聰明なるものを天子と仰ぐ作法なるにより、子も不肖なれば禪らず、湯武が放伐をさへ聖人の權道なりとして許せるを見るべし。其道畢竟利害得失の分別より出でて實は天の眞理に悖り、君臣父子の大倫を失へるものなり。(中略)

さて堯舜の禪讓、湯武が放伐をしも天命とする如き、即ち今日の道理をおして天に歸せしめたるにて、實はそれ眞理に悖れるものなり。さる故に、皇國にては聖人の法を折衷して假令格式の上には假り用ゐたまへども、かの天命の說はしも更に信用したまはず、いつまでも天照大神の勅言のまに〳〵三種の神器もて皇統を傳へ給ひ、かつ公卿大夫等の家々も上古のまゝに置き給ひ、もとより祭祀の式などはもはら皇國の古義を用ゐ給ふめり、もし聖人の道になづみ給ひ、理屈の爲めに皇統など動かしたまふことおはしまさんには即ち天照大神の御意に背き給ひ、かつ萬民をして天倫を失はしめ給ふなれば、臣たるかぎり死を以ても諫め奉らずんばあるべからず。(中略)

皇國、上古の列聖皆武を本として治めたまひしこと論なし。さてそが中におのづから文道も備はりしなり、そは天照大神の御心にて君臣上下の等を堅め給ひしは更なり、代々の帝繼々に時代相應の法則をたてたまひ、天下を經營し給ひしは即文道にて、文といひ武といふもの元來同一體なりしなり。然るを外國の法によりて文武の道備はれりとするものは文飾の上にして論ずるに足らず。又かの文質彬々など云へるは一人の德をさたせしにて、全く國體にかゝれる論にはあらざるなり。凡て文としもいふ名のあるかぎりは枝葉末事の上にして、そは却て國體をよはむるの弊あること既にもいへる如し。武も亦藝道におちてはほいなけれど、武術は義氣を助け勇氣を養ふものなれば國體を强むるの良藥なること論なし。

と、

伊勢神道家

喜早淸在陽復記衍義

度會常典神國問答

次に前期、度會延佳が伊勢神道を復興し、殊に其陽復記を著して內を尊ぶの風潮に資したる事は前に云へり。其子延經又後を繼ぎて家學を興せりと雖も主として考證に傾きて、神道論又は國體論は見えず。延經の門人喜早淸在、陽復記衍義二卷を著して、我邦は國常立尊、天照大神に初り、神武天皇より百六十六代の今日に至るまで、他姓を接へず、神器を傳へ奉る事、世に無比なる事を論じ、次で度會常典は神

國問答を著して我國の神國なる所以、餘國に勝れたる所以を論ぜり、曰く、

それ吾國を神國と稱すること誠にゆへ有、今其大旨を擧ていはん。夫我國は境を開き、神明統を傳へ給ひて百王の今日に到て不窮の皇統を傳へ給ふ。是其大本也。惣じて日月の照す所、霜路の落る所、方國多しといへども日本唐土天竺の三國は世に三の鼎のごとし、自餘の國は論ずるに足らず、就中吾國を神國と稱し、日本と稱すること、天地の間いづれか中、いづれか偏、をの〳〵其いたる所中なればいづくも同じ中國也。されど天は圓にして氣なり、地は方にして形なれば大にしては萬國、小にしては一國、形にしては形は限り有て各方なるものは四方、四隅ある事也、よつて天地と開闢しては陰陽二氣にて寒暑晝夜とわかれ、陰陽晝夜とわかるゝ事、皆太陽日德を以てわかゝる事なり、天地の間日月の運行なくんば何によつて國といふ事も人といふ事もあらんや、況や萬物をや。然れば日月は天地人倫萬物の主也。その日の出る所、東方に出て西方に入ること、もとより貴賤上下皆知ところなり。されば天地の大なるよりみるときは、日は日本より出て唐土に中し、天竺に入ものなり。日本より東に國なく、天竺より西に國なければ今日の形にして、見るときはしかり、小にしては吾國は我國、唐土は唐土、天竺

は天竺、國々にも亦一國一州のわかれあり。我國六十餘州を分つ毎に其一州〳〵にありて東西南北に分ち、其所々の東より日出でて西に入ものなり。その一州にも大州も中州も小州もある事皆々日德の出入によつて山川に從て四方を分ち定る事也。(中略)我國諾冉二尊此國を經營し給ひしより、今日に到て神國神明の神孫なれば、神國と稱する事勿論なり。よつて我國日の本と稱する事萬國の鼻祖にして、日の本國にして日は萬物の神なれば日の御本國として神秀の氣始る所、鐘る所にて、人倫にていはゞ人の幼稚より二十比までの如し。と、

度會常彰
神道明辨

次に度會常彰は元文二年十二月、神道明辨を公にして我國體成立の君先民後、皇統天地と共に無窮なかるべき所以を論ず、曰く、

夫れ西土には儒あり印度には佛あり、二國共に由る所の道なり。日本は特に神道を以て立つ、豈他あらんや、是開國の運、水土の性に緣り、靈妙不測に緣るなり、廼ち道、本より殊なり、物の齊しからざるは物の情なり。日本は中正なるに依て其道西土と齊しからず、其本を揣らずして其末を齊しうす、誠に梟鶴の脛其長短齊しからんを欲するが如し、捧腹すべきなり。我邦は君臣一體祭祀と國政と相分れず。祖神を祀るの外蓋し他無し。林羅山先生曰、我朝は神國也、神道は即ち

王道也。　夫れ其根を培擁すれば則ち枝葉扶疎、是故に神道は本を堅實にする也、則ち福祚盡くるなし、所謂國王一姓、傳繼臣下皆世官、溥天之下、比倫無し、異邦の人歎自以て讃美する所なり、誣たるに非ず。

君先民後

書に曰く、嗚呼惟れ天、民を生ず欲あり、主なければ乃ち亂る、惟れ天聰明を生じ、時（コレ）乂（オサム）ふに聽なるものは主なり、初めは民の爲めに主を立て、後には主のために使はると、萬邦或は然らん、歴代弑奪鼎革之禍有る、職として之に由るなり。　神國は特に然らず、天地開くる時、葦牙の如くきもの化して神となる、國常立尊と號す、又神あり、伊弉諾尊伊弉冉尊と號す、二神廼ち大八洲及山川草木を生む、天が下の主を生まんと欲して天照大神を生む、光氣明彩六合に照徹す、遂に天位を授く、所謂天地の初より君臨の國なり。　然らば則ち國常立尊と天照大神は開國の祖宗にして初めより主たるなり。　彼は民ありて後主を立て、此國は農民あらざるの前既に以て主たり。　前後の差、殆氷炭の冷熱異なるが如し。　天下一個も神物に非ざるなし、故に王綱彌綸を固め、嘗て亂臣賊子纂立の畏莫し。　是れ祖神威靈の維持する所、何ぞ秖（タダ）億載のみならんや、天壤と與に窮りなきに當る。　是れ其挺立萬國に勝つて窺測すべからざる所以なり。　と次で延京五年著述せる日本國風巻一「神國」の題下に、我邦の神國たる所以を、大祖國常立尊より綿々として今上に至るまで傳へたる皇統が神胤にして國民亦すべて神孫なる事に依りて説明し、又神國と稱せられたる所以を、古代の和歌、國史家乗等に現はれたる神國なる語、又は神國なる觀念が現はれたる場合を證引して説明し、神國妄謂太伯又徐福後の項に、僻儒の輩が妄に日本を以て夏康少康の子孫なりとの魏書の説を用ゐ、又は秦徐福の後なりとの説、又は呉太伯の孫なりとの説を採るを攻撃し、一々史實に攷證して其然らざる所以を論ぜり。

後期水戸學派

次に後期水戸學派の國體論を述べざるべからず。我邦に於ける國體論發達の其絶頂に達したるものを後期水戸學派となす。所謂復古國學派の國體尊崇説甚だ盛なりしと雖も、其儒學排斥に熱心なるの餘り、第三者より見て或は固陋獨斷に陷れるところ無きにあらず、水戸學派に於ては即ち然らず、嘗て義公が其碑陰に自ら銘して、「尊神儒駁神儒」と云へる如く、常に眼を一歩高所に置きて、偏せず捕はれず、徹頭徹尾批評的の見地に立ちて、而も其内に最も熱烈なる愛國尊王の精神を抱懷せるもの、即ち水戸學派の特色なりとす。

水戸學派の特色

今其主なるものを云へば、烈公徳川齊昭を中心とする人々に起りたるものにして、藤田幽谷、會澤安、藤田東湖、豐田松岡等之なり。就中、會澤安の如きは識見高邁、最も公平なる見地を以て國學を批判し、儒說を考索し、其間に一家の國體說を樹立せり。國體尊嚴論を中核とする水戸學は實に會澤を以て大成せりといふべく、否徳川時代に於ける國體論は會澤安を以て其極致に達せりといふも過言にあらざるなり。之を率ゐて水戸學の大をなさしめたる烈公齊昭亦天資英邁にして自ら我國體に對して一隻眼を有したり。自ら創設せる弘道館の主趣由來を記せる弘道館記、弘道館學則、告志篇及び嘉永五年地球儀を天皇に奉れる時の表に就て其識見を見るべし。弘道館記に曰く、

徳川齊昭

弘道館記

恭惟るに上古神聖極を立て統を垂れ、天地焉に位し萬物焉を育す。其六合に照臨し宇內を統御する所以のもの、未だ嘗て斯道に依らずんばあらず。寶祚之を以て窮なく、國體之を以て尊嚴に、蒼生之を以て安寧に、蠻夷戎狄之を以て率服す。而して聖子神孫尙自ら足れりとせず、人に取りて以て善を爲すを樂む。乃ち西土唐虞三代の治敎の若き、とりて以て皇猷に資す。是に於て斯道愈大に愈明なり。復尙ふるなし。中世以降異端邪說民を誣ひ世を惑はし、俗儒曲學、之を舍てゝ彼に從ひ、皇化陵夷禍亂相踵ぎ大道の世に明かならざるや蓋亦久し、云々。

と、亦告志篇には、

告志篇

抑日本は神聖の國にして天祖天孫統を垂れ極を建給ひしよりこのかた、明徳の遠き太陽とゝもに照臨ましく〳〵、寶祚の隆なる天壤とゝもに窮りなく、君臣父子の常道より衣食住の日用に至るまで皆これ天祖の恩賚にして萬民永く飢寒の患を免れ天下敢て非望の念を萠さず、難有と申も恐多き御事なり。 然れども數千年の久しきうちに盛衰なき事あたはず、或は治り或は亂れ、永祿天正の間に至て天下の亂極りしかど、東照宮三河に起らせられ、風に櫛り雨に沐し、辛苦艱難ましまして、上は天朝を輔翼し奉り、下は諸侯を鎭撫し給ひ、二百餘年の今に至るまで天下泰山の安きを保ち、人民塗炭の苦を免れ、うまれながら太平の徳澤に浴し、居候は、これ亦難有御事ならずや。 されば人たるものかりそめにも神國の尊きゆゑんと天祖の恩賚とを、忘る可らず、(中略)恐多くも今の天朝はまさしく天祖の日嗣に被爲渡、今の將軍は即ち東照宮の神孫に被爲在、乍不肖我等は威公の血脈を傳へ、各は先祖々々の家系を繼承候事に候へば、此所能く相辨へ天祖東照宮の御恩を報んとならば、先君先祖の恩を報んと心懸候外有之間敷候。(下略)

と云ひ、何れも我皇統の神聖にして萬世無窮、國體の尊嚴にして君臣の名分明かなるを示し、之を體するは一に祖先尊崇を以て根本義とせざるべからざるを述ぶ。

地球儀獻上表

嘉永五年地球儀獻上の表には、

臣齊昭恐み々々も申す、高天原に事始め賜ひて遠天皇祖の御世々々に天津日嗣の高御座の大御業と八坂瓊の如く曲妙に天下を知し食し、白銅鏡の如く分明に山川海原を看行し、遠き國をば千尋携繩以て懸依せ給ひ、荒ぶる國をば大御佩にて平げ給ひし跡の如く、今現御神と天下知めす我天皇の大御代に當りて廣く周き大仁恵は、吹風の至らぬ隈なきが如く、降雨の沾さぬ際なきが如くにして、天益人掌打擧てなも、樂みあへりける。故伏して思ひ給ひけらく、神世に素盞嗚尊は天壁立つ極み、廻り座し、大穴持少彥名二柱の命は高天の神主の事依し賜へる隨に兄弟と成りて天下の國々を經營み賜へり。其事續往々古き御典に書き傳へたり。然ある時は萬國も固より我神州の枝國とぞ云べかりける、如是てこそ五十猛命は韓神を稱へて韓招し、水臣津野神はしも、拷衾新羅の三埼及び遠々し高志の三埼等を國の餘有と詔り賜ひて引きたまひ、瑞籬宮の御宇天皇の御世には大物主神の御教に海外の國服ひて歸化なんと詔り賜ひ、息長足姫尊は神の御教に依て三韓を事向けたまひけれ。然らば萬國の有狀は知らずしては得有るまじき事なりけり。

萬國も神州の枝國

とありて、我建國の國是が生々發展にあり、之を統ぶるに千古不易の神孫を以てせる尊き國體なる事を盡せり。弘道館學則第二條にも我邦神道聖學既に備り、寶祚の無窮、君臣父子の大倫、天地と眞に易らず、所謂惟神の道なるものは天地の大道なるを述ぶ。

弘道館學制第二條

列公に事へて第三十一次の彰考館總裁となれる幽谷藤田一正は藤田東湖の父にして大義名分を高唱せるが、其寛政三年十八歳の時著せる正名論は我皇室の政事の外に超越して千古不易の尊位を保ち給ふ所以を論じ、名分の正しく且つ嚴にすること我國體の本領なるを說く、曰く、

藤田幽谷三名論

甚しきかな名分の天下國家に失はるゝや、正且嚴にせざるべからざるなり。其猶天地の易ふべからざるごときか、天地ありて後君臣あり、君臣ありて後上下あり、上下ありて後禮義あり、所措苟くも君臣の名正しからずして上下の分嚴ならざれば則ち尊卑位を易へ、貴賤所を失ひ、强は弱を凌ぎ、衆は寡を暴せん。(中略)日本は皇祖國を開きてより、父、天たり、母、地たり、聖子神孫世々明德を繼ぎ以て四海を照臨す、四海の內、之れを尊んで天皇といふ。八洲の廣き、兆民の衆き、絕倫の力、擴世の智ありと雖も、古より今に至るまで未だ嘗て一日も庶姓にして天位を

姦すものあらざるなり。君臣の名、上下の分、正しく且嚴なること獨天地の易ふ可らざるが如し。是れを以て皇統の悠遠、國祚の長久、舟車の至る所、人力の通ずる所、殊庭絶域、吾邦の如きは有ざるなり。豈偉ならずや。然りと雖も天下の治や久し、世治亂あり時に盛衰あり。中葉以來藤氏權を專らにし其幼主を輔けて攝政と號す、然れども特に其政を攝して其位を攝するには非ざるなり。政を天子に還すに及んで即ち關白と號す、萬機の政は關白其人なり。是皆上の命ずる所、敢て僭號を爲すに非ず、而して天子垂拱の勢亦由來あり。鎌倉氏の覇府を關東に開くや天下兵馬の權專焉に歸す。室町氏の覇、輦轂の下に據て驢虞の政、以て海內に號令し、生殺賞罰の柄威其手に出づ。威稜の在る所加ふるに爵命の隆を以てし、傲然尊大公卿を奴視し、攝政關白は名有りて實無し。公方の貴も敢て其右に出る者なし、則ち武人大君たるに幾きか。豐臣氏天歩艱難の日に當り、自ら匹夫に起り、覇立の業を致し、天子を挾んで以て諸侯に命じ、長策を振ひ以て域中を驅使し、遂に藤氏關白の號を奪て之を有す。其强儔既に此の如し、而て猶臣體を執て以て皇室に事へ敢て自ら王と稱せざるもの名分の存するを以ての故なり。名分存する所天下之を仰ぐ、强覇の主、西に滅び東に起つて而も天皇の尊自若たり。東照公戰國の際に生れ干戈を以て海內を定め、殘に勝ち殺を去り、皇室を翼戴して其正朔を奉じ、其官爵を受け、征夷大將軍の尊を以て東海に居つて四方を攝制し、天下を鎭撫す。父子武孫世々先烈を光かし、尺地一民も焉に歸往せざるなく、君臣の分正しくして上下の分嚴なり、其至德たる豈父王の下にあらんや。古の聖人朝覲の禮を制し天下に敎ふる所以のもの、人臣の爲めにするなり。而して天子至尊自ら屈する所無ければ則ち郊祀の禮、敬を以て上天に事ふ、宗廟の禮以て皇尸に君事す、其天子と雖も猶命を受くる所あるを明にするなり、聖人君臣の道に於て其謹むこと此の如し、而も況や天朝は開闢以來皇統一姓之を無窮に傳へ、神器を擁して寶圖を握る、禮樂舊章尙改めず、天皇の尊、宇內無二、則ち宗奉して之に事ふ、固より夫の上天杳冥皇尸の如き戲に近きの比に非ざるなり。而して天下の君臣たる者をして取らしむれば則ち焉より近きは莫し。是故に幕府皇室を尊べば則ち諸侯幕府を崇び、諸侯幕府を崇べば則ち卿大夫諸侯を敬す。夫れ然して後上下相傳へ、萬邦協和す。甚しいかな名分の正且嚴にせざる可らざるや。今夫れ幕府天下國家を治むるや、上は天子を戴き、下は諸侯を撫す、覇王の業なり、其天下國家を治むるもの天子の政を攝するなり。天子垂拱政を聽かざるや久し、久しければ則ち變じ難きなり。幕府天子の政を攝するも亦其勢のみ、異邦の人言へるあり、天皇は國事に與らず、唯國王の供奉を受くと、蓋し其實を指せるなり。然りと雖も天に二日なく地に二王なく、皇朝自ら眞天子あり、幕府は王を稱す可らざるなり。則ち王と稱せずと雖も其天下國家を治むる王道に非ざるなし。伯にして王せざるは文王の至德たる所以、其王事に與つて覇術を用ふ、曷ぞ其覇にして王道を行ふに若かんや、日本古より君子禮儀の國と稱せらる、禮は分より大なるは無く、分は名より大なるは無し、愼まざる可らざるなり。夫れ既に天子の政を攝すれば則ち攝政と謂ふ。亦名正しくして言順ならずや、名正しく言順にして然る後禮樂興る、禮樂興つて後天下治まる、爲政者豈正名を以て迂なりとせんや。

天皇は國事に與らず

と、其幕府の爲めに辨ずるもの、當時の時勢を考ふる時は必ずしも深く咎めずして可なるべし。

會澤正志齋

幽谷の門弟にして第三十三次彰考館總裁となり、所謂水戸學を大成せる會澤安は字を伯民といひ號を正志齋といふ、著すところ閑聖漫錄、下學邇言、退食閑話、新論、迪彝編、草偃和言等あり。是等悉く國體を論じ、名分を說けるものに非ざるなし。

今是等の著書に就て其國體に關するものを繁を厭はずして列擧せん。　正志齋が多數の著書の內、國體論として最も有名なるものを新論とす。曰く、

　謹みて按ずるに神州は太陽の出づる所、元氣の始まる所、天日の嗣、世々宸極を御し、終古易らず、固に大地の元首にして萬國の綱紀なり、誠に宜しく宇內を照臨し、皇化の曁ぶ所、皇室の尊、嚴乎として犯すべからざるなり。（中略）夫れ聖賢人を敎ふるは己を修め人を治る所以の道に非るなし。　近世陋儒俗學大體に達せず、意に任して談說す、その經義を牽强して新を競ひ博を衒ふもの丶如き、詆毫の詞を鬪はし以て名を釣り、利を要するもの丶流の如き、紛々擾々固より言ふに足るなし。　而して或は名に昧く、明、淸を稱して華夏中國と稱し、以て國體を汚辱す、或は時を逐ひ勢に狗ひ、名を亂り義を遺れ、天朝を視る寓公の如く、上は列聖の化を傷り、下は萬府の義を害す、或は細故を毛擧し、唯々貨利是れ談じ、自ら稱して經濟の學と爲す。　或は邊幅を修飾し、口に性命を談じ、言高妙に似て行、悖謹に似たり。その實は鄕愿にして國家の安危を忘れ、而して時勢に達せず。　凡そ是れ皆忠に非ず、孝に非ず、而して堯舜孔子の所謂道なるものに非るなり。

　夫れ君臣の義は天地の大義なり、父子の親は天下の至恩なり。　義の大なる者

は恩の大なる者と並び、天地の間に立つて漸漬積累、人心に洽浹し、久遠にして變ぜず。是れ帝王の天地を經緯し億兆を綱紀する所以の大資なり。昔天祖肇めて鴻基を建て以て天下を皇孫に傳ふるに迨び、手づから三器を授け以て天位を千萬世に傳ふ、天胤の尊、嚴乎として犯す可らず、君臣の分定る。而して大義以て明なり、天祖の神器を傳ふるや特に寶鏡を執つて祝して曰く、是を視ること猶ほ吾を視るが如くせよと、而して萬世奉祀して以て天祖の神と爲す、聖子神孫寶鏡を仰いで以て影を其中に見る所の者は、即天祖の遺體、而して視ること猶ほ天祖を視るが如し、神人相感以て已むべからず、即ち父子の親敦くして、至恩以て隆なり。天祖既に斯の二者を以て、人紀を建て、訓を萬世に垂る、至恩内に隆んに、大義外に明かなり、忠孝立つて天人の大道昭々乎として以て其れ著はる。忠以て貴を貴とし、孝以て親を親とす。億兆の能く一心なる、上下の能く相親しむ、良に故あるなり。是れ帝王の恃みて以て四海を保つ所、而して祖宗の國を建て、基を建る所以の大體なり。

天朝の正學

と、其云ふ所儒に非ず、和に非ず、一個獨立の見地に立ちて（後の水戸學者栗田寛博士が天朝正學と命名せるものなり）皇國の尊貴、皇恩の宏大、之を奉體する國民の思想の人爲に非ずして自然に出づるを說くところ讀む人をして淑然として襟を正さしむ。會澤の行論すべて斯の如し、新論に次で人口に噲嚼するものを其著廸彝篇に收むる所の國體論となす。萬國の內、獨り易姓革命の跡無く、皇統連綿として神世より今日に至れるを以て我邦の最も貴き所以の第一義なる事を論ず。曰く、

天地の間に萬國あり、萬國に各君ありてその國を治む、君あるものは各其君を仰ぎて天とす。國々みな其内を貴びて外を賤しとする事同じき理りなれば、互に自國を尊び他國を夷蠻戎狄とする事是亦定れる習也。されども萬國には皆易姓革命といふことありてその國亂るゝ時は其君を弑し、或は是を放ち、或は寡婦孤兒を欺て其禪をうけ、或は世嗣絶る時は他姓のものを以て其位を嗣しむるの類にして其君の種姓他に移る事、國として是なきものあらず。これ其天とする所しば／＼かはる習なれば、其天地といへどもみな小天地にして其君主といへるも小朝廷なり。萬國の中に只神州のみは天地開闢せしより以來天日嗣無窮に傳て一姓綿々として庶民の天と仰ぎ奉る所の皇統かはらせ給はず。是其天とする所の大なる事宇内に比なし。今この萬民天地の間に雙びなき貴き國に生れながら吾國體を知らざるべけんや、國の體と云は人の身に五體あるがごとし、我國の體を知らざるは己が身に五體あるを知らざるが如し。是によりて

日嗣の君は宇内の至尊

下學邇言

むかし、北畠准后世の亂を歎き神皇正統記を著して皇統正しき事を論ず。とて親房の神國論を掲げ、之を世の亂れを救ひ人の心を正しくすべき格言なりと論じ、更に三種神器の由來を說き、天地の間に萬國數多しといへどもかゝるめでたきためしある事、異域には曾て聞かざる事なれば、神州の尊きことと宇内に雙びなく、日嗣の君こそ宇内の至尊と稱し奉るべく、天下の民かゝる尊き邦に生れながら我國の體をも知らずして過ぐる事、鳥獸蟲魚の無智なるに均しと論ぜり。又別に下學邇言の中にも我邦の地理上の位置、皇位の安泰等の點より、我神國の優秀を說いて曰く

神州は大地の首

一君二民は天地の道なり、四海の大、萬國の多きも而も其至尊は宜しく二あるべからず。東方は神明の舍、太陽の生ずる所、元氣の發する所、時に於ては春と爲す、萬物の始まる所なり。而して神州は大地の首に居る、宜しくそれ萬國に首出して四方に君臨すべきなり。故に皇統綿々として君臣の分一定して變せず、太初より以て今日に至る、天位の尊きこと自若たり、是れ萬國の未だ嘗てあらざる所なり、何となれば則ち天下の至尊宜しく二あるべからざればなり。而して所謂一君二民の義はそれ誰か得て之を問せん。(中略)余謂へらく、神州は萬國の元首

なり、皇統二あるを得ず、萬民を以て一君を奉ず、その義、君子の分を盡すにあり、漢土は則ち神州の二、その君臣一定不變なる能はず、猶ほ武將下士を鎮撫し、代り與り遞に替るが如し、故に三皇五帝、上古よりして易姓革命、一君を以て萬民を養ふこと其成功に取るのみ。故に禪讓あるは猶ほ二藤氏、四親王の鎌倉を承くるが如し。その放伐あるは猶ほ織田氏の室町に代り、豐臣の織田に代るが如し、而して其他の夷蠻戎狄、國その始を易へざるはなし、亦何ぞ、獨り漢土に於てのみ之を異まん。夫れ道は天に出づ、既に天地の大道を見れば則ち必ず一君二民の義を知る、苟も一君二民の義を知らば即ち萬國の元首宜しく二あるべからずして、而して萬民一君を奉ずるの邦二あるを得ざることを知り、亦天胤の必ず移すべからざるを知らん、而して萬國の易姓なき能はざるは即ち是れ天地の道にして勢の然らざること能はざるなり。

閑聖漫錄 尊王攘夷

と、又「閑聖漫錄」に尊王攘夷の論あり、世人徒に尊王を口にするも、其何が故に王の尊ぶべきかに就きては、茫として眞賞を知らざるは耳食の陋を免れざるが故に、今其實事を論ぜんとて、東照宮政敎を四海に施すに當りて、天下の諸侯を帥ゐて京師に朝し君臣の義を正し、戰國の餘、皇室の匱乏なりしも、禁垣を增廣修理し、供御の田を増し、祕籍寶器の散失せるものを還し納め、伶散の舊職を復し、其他美蹟多く、威公も神道を崇敬し、義公亦神儒を學び、元旦には京師を遙拜あり、親王公卿に至るまで禮なたゞし、名祠大社より里巷の叢詞まで、或は修理を加へ或は來由を正し、盡く正禮を行はしめ、淫祠を毀ち、人心を正して迷はしめず、國史を修しては皇統を正閏し、蠻夷內外の名分を嚴にし、禮儀類典を編纂して天朝に獻じたる類、皆尊王の義にあらざるなしと、云ひ、又「退食閑話」は弘道館記を義釋せるものにして、皇統の神聖を論じて國體の尊嚴に說き及ぶこと更に詳に、且つ人倫の大道元初より既に具はれるを明にせり、曰く、

君臣の義とは天照大神高天原にましまして皇孫天津彥火瓊々杵尊に天位を傳へたまひし時に、八坂瓊曲玉、八咫鏡、草薙劍三種の神器を授け給ひて、葦原千五秋之瑞穗國是吾子孫可王之地也と詔給ひしより、此神器を以て永く天位の信とし給ひしかば、是より君臣の大義著れて寶祚の隆なること天地の分れし日より今日の今に至る迄、一人も天位を犯すものなきは、即ち君臣の義にして其教自然に備れること言語を待ずしてしるべきなり。父子の親とは天照大神神器を授給ひし時、御手に寶鏡を取らせ給ひて吾兒視『此寶鏡』尙『猶』視『吾を語りたまひしよ

り、床に同じくし殿を共にして、寶鏡を以て神の神靈といつぎ給ひしより、父子の親彰れて天日嗣を繼せ給ふ。大君は必ず日神の御末にましまして、神代の古より今に至るまで皇統易らせ給はず、寶鏡は天祖の神にて永く伊勢にまします、今も天皇、大神宮を拜し給はゞ、寶鏡に映り給はん御容は即ち日神の同體の親み盡きさせ給はぬは、父子の親是より悖きはあらざるべし、天地の始に伊弉冉尊姸哉の歌を伊弉諾尊に先だちて唱給ひしより男神改め唱給ひしは、當時より夫婦の別明なりと申べし。二神此國にまし〳〵て天照大神、月夜見尊、素盞嗚尊を生給ひし時、天照大神は高天原を治すべし、月夜見尊は夜の食國を治すべし、素盞嗚尊は滄海を治すべしと任し給ひしは長幼の序なり、思兼命、手力雄命、兒屋命、太玉命、建雷命、猿田彦命等の諸神心を同して天神を輔翼奉り、各其長ずる所を盡し以て相輔けしは朋友の信と申べし、かくの如く五倫の敎は天地の始より立て今日に至るまで易る事なし。人たるもの君臣父子夫婦兄弟朋友の道と離れては一日も世に居ることかなはざるべし、されば今日仰ぎ奉る至尊は天照大神と同體にましまし、大將軍は數百年の亂を平げ萬民を安んじ給ひし東照宮の御嗣胤なり。

寶祚以ㇾ之無窮國體以ㇾ之尊云々と云ふは、天照大神三種の神器を授給ひしより、君臣の義正しく、寶鏡を見ること吾を視るが如くせよとのたまひしより、父子の親惇く、忠孝の教兩つながら全し。　是によりて人心一定して他に移らず、千萬世といふといへども天位かはらせ給はず、今日仰ぎ奉る所の至尊は即ち天照大神と同體にましませば、人情風氣も自ら厚くして天位を覬覦する人もなく、寶祚窮りなきもまたことわりならずや。　國體の尊嚴なる事は、四海の外に萬國多しといへども天地の間に至て尊きものは只一つならではなき道理なるに、外國にては其帝王と稱するもの其種姓屢々遷り易りて一定せず、天朝のごとく皇統綿々として天地と共に窮りなき事は萬國等のかけて及ぶべきにあらず、　かゝるめでたきためしも其本を尋ぬれば、天地の始めより皇祖の詔勅に、まします君臣父子の大倫正しく、人情風氣厚きによりて斯の如く萬國に勝れたるなれば、おのづから國體も是によりて尊嚴なるにあらずや。　蒼生の安寧といふは、古は異論邪説と云ふ事もなく、古言に惟神とて前にいへるが如き神聖の教のまゝにして、君臣父子の大倫亂れざりしかば、異域にて五胡十六國など云るがごとき大亂は曾てなかりしなり。　されども一治一亂は天下の常なれば、太平久しくして搢紳宴安に溺れ、神聖の教衰へて世道いよ〳〵隆るに隨て、君臣父子の道も正しからず、保元平治の亂ありて朝威衰へ、壽永、承久、元弘、建武等の亂ありて四海鼎沸し、戰鬪暫くも止むことなし。されども東照宮禍亂を平げ給ひしより、民始めて干戈を免れ、其父母妻子を養ひて安穩に身を終る事を得たり、神聖の敎正しく君臣父子の大倫漸滅せざるによりて、天下の亂も遂に正しきに反りしは、蒼生も是によりて安寧なるに非ずや。

天照大神神器を皇孫に授け給ひし時より、忠孝の道顯れて君臣父子の大道既に明なり、神武天皇天下を一統し給ひ橿原の宮に即位まし〱てより、君臣の禮益々正し、靈時を鳥見の山中に設て皇祖天神に孝を申べ給ひしより、父子の恩愈隆なり。然ば今天下の臣民、父に事へ君に事ふる誰か天照皇大神と神武天皇との敎化を仰がざらんや。されば敎化の本に服ひ奉らんには、天照大神、神武天皇を祀るべきは勿論なれども、今至尊かたじけなくも日神の正胤にましまして、天位に居て皇祖天神を祭り給ふなれば、海內の人同心同德にして天朝に誠敬を盡さばその誠敬は自から皇祖天神にも通ずべし。

江湖負暄「建國の大體萬世と雖も不可變事」

と、又其著江湖負暄の中にも「建國の大體萬世と雖も不可變事」と題して、國體の變ず可らざる所以及び三種神器と我國體との關係を論じて、

三種神器と智仁勇

天下の事千萬世と雖も變ずべからざるものあり、人情時勢の宜しきに隨て變通せざるを得ざるものあり、此兩端を知らんと欲せば遠くは天照皇大神、神武天皇以來歷朝聖帝明王の深意に本づき、近くは東照宮孫謀を貽し給ひし神算を奉承して深謀遠慮すべきなり。變ず可らざるものは建國の大體なり。

建國の大體と云ふは天地闢けし始めより天照大神萬世の基を開かせられ天位を皇孫に傳給ひし時、神璽、寶劍、內侍所三種の神器を授け給ふ。是智仁勇の三德を備て天位の信となし給ひ、千萬世と雖も天日嗣易らせ給はず、君臣の義の正しき事四海萬國に比類なく、又三神器の中にも寶鏡をば吾を視るが如くすべしと宣ひしより、日嗣の君寶鏡に映じ給ふ御容は即ち天祖の遺體にして、千萬世と雖も天祖と同體にてましませば、念祖修德の孝を盡させ給ふ事、天地と共に窮りなく、君臣の義と父子の親と悖き事五大洲に等倫あるべしとも覺へず。かくの如く天地の初より忠孝の敎立て天地有ん限りは盡ることなし。加之應神天皇の朝に堯舜孔子の敎傳りて是を以て忠孝の敎を潤飾せられ、文質彬々たる大道益々隆にはなりしなり。依て東照宮も日本の大寶は三種神器なりと仰せられたり、是神州建國の大體にして千萬世と雖も變更すべからざる處也。

と云ひ又「建國の大體を明にして天下の人心を一にすべき事」と題して、祀典を修めて天下の民の迷を絶しめ、人皇の世の祖宗の祀典を興し、竝に諸國の名祀を再興し、名賢功德の神をも祀典に列し、皇親以下貴者の子女を處置し、神國神祠の制を釐正する等は、以て建國の體に添ふ所以なる事を論ぜり。　其他正志齋文稿收むる所の諸篇、國體に關するところあるもの一二を左に掲げん。

「建國の大體を明にし天下の人心を一にすべき事」

與小林子敬岡崎子衞書

與小林子敬岡崎子衞書

（專ら大日本史命名に就きて論ぜるものなり）

月日、彰考館散生會澤安、僅致二書小林子敬、岡崎子衞足下一、伏以、義公之修レ史也、其要在二正名一事一也、然大典未レ成、中道損世矣、先公生二於百年之後一、追レ紹二先緒一、卓見偉論、夐出二人意之表一、躬督二勵史臣一、檢討不レ怠、遂至レ上二之木一、義公正名之志、頼以不レ朽矣、當二是之時一、高橋藤田二先生、獨以爲、大日本史之號於レ義不レ安、反復辯論、白二之先公一、換以二史稿一、而後名正言順、義公正名之義、頼以下誣矣、百年積冤、一朝氷釋、不二亦快一乎、然而集意亦不レ能レ無二窃憂一焉、大日本史之名其播二於世一也久矣、而上梓之擧成功在レ近、若剞劂告レ成、獻二之天闕一、叡聖嘉納、幸而廷議有二賜號之事一、若他可二以命一レ之者、則恐亦取二其久播二於世者一以命レ之、日本史之號、出二於朝廷所一レ賜、則於二本藩一事體若レ無レ妨者、然以レ此命レ書、大虧二國體一、日胤之統由レ是而與彼異邦易姓革命者以別、神明之邦、由是而以見其廣大無外也、然則此號非朝廷所宜賜也、故其自我命之、與朝廷賜之、二者雖如有小異而自天下而大觀之、其虧損國體則一矣、縱令本藩獨免其譏而譏將歸於朝廷、豈義公正名之意哉、不宜冠以國號、藤田先生論之既備、安復何敢容喙焉、今本藩修史之體、既倣漢土歷史例、則其命名亦不得不倣於此也、漢土之俗、其君數易姓革命、而其歷史各紀一代之事、故冠以國號者、皆對異代之稱、而非對外國而云也、若其對外國則自稱曰中國、而其歷擧數代者如史記、三國志如五代史等不可冠一代之號者、未嘗聞有冠以中國者、若夫通鑑、通典之類、亦皆竝擧歷代而不以中國冠之、則其冠代號非對外國而稱也明矣、無所對者、所以示廣大無外也、然則倣此而命名、豈得以對外國之稱而冠之哉、今若神州固無異代可對而日本云者、亦對外夷之稱、以冠日本者、雖似漢土之史、而其實則不免大相徑庭也、夫無異代之可對而倣對異代之稱、宜其不免牽强也、僕久持此說。(下略)

三器集說序。

天地之間正氣之發、曰仁曰義、仁義之施莫大於君臣父子也、神州大陽之所生、正氣之所發、自天地剖判而君臣定、神胤相承皇統連綿、傳以至於今、雖時有治亂未嘗有一人朶頤神器、內臨中國、外御戎狄、神器之重、宇內無二、何其盛也、昔者天祖之傳位皇孫、授以八咫鏡草薙劍八坂瓊玉三種寶物、勅曰、豐葦原中國吾子孫可王之地也、爾就而治焉、寶祚之隆當與天壤無窮矣、又持寶鏡曰、吾兒視此猶視吾、於是乎列聖尊奉以爲天祖之神、以爲天位之信、德比諸玉明比諸鏡勇比諸劍、御於天、涖於民、天尊地卑、而君臣定矣、仰寶鏡視天祖精光、所昭形影相感者、聖子神孫莫非天祖遺體、而父子之恩申於萬世矣、仁之與義大本旣立與天地不易、天胤典祀萬斯年於此焉、而神器則自太初而傳之無窮、太祖神武天皇奠都橿原奉安之正殿、崇神天皇惟其瀆神威移之笠縫、別模造鏡劍、以爲護身御璽及至後世、王綱解紐、鏡則罹災於天德長久、劍則沒海於壽永、而神代舊物則垂仁天皇再移安於伊勢、日本武尊奉神劍、而東征、及凱旋留之尾張、卽熱田神是也、玉則壽永之亂失之、常陸人片岡經春得之海中還之天闕、而寶鏡三奉祀於伊勢擧天下擧仰天祖之神、三器歷然至今猶存、君臣一定、神胤相承、寶祚之隆與天壤無窮、內臨中國、外御戎狄、便百蠻獻琛執贄拜趨闕下也、源准后之在常陸著神皇正統記、而義公之修史、皆繫皇統於神器所在、其意深、近世學降士庶、口誦孔孟不原於忠孝之大本、空論間議、不知國體之爲何物、安不敏、竊憂之久矣、我黨有小川翁、名義倫、字子勇、世爲常陸那珂郡青柳祠官。（下略）

天保壬辰仲春常陸會澤安識、

擬新井筑前論邏瑪人書

擬新井筑前諭邏瑪人書。

(上略)今我日本自天地剖判而神明垂統、天胤相承以君臨四海、爰養民物、域內所崖民用無闕、(中略)君君、臣臣、父父、子子。夫婦長幼朋友皆安其居樂其樂、(中略)我國者自太初至無窮、風土之宜固自有在焉。(下略)。

答合衆國大統領書

答合衆國大統領書、以列公命所作、

……我日本自天地剖判天神建極天孫繼承徑歷千萬年……。

禦侮策

禦侮策。

天朝開闢而來、以天日之胤照臨四海、萬世歷々與天壤無窮、所以首出萬國餘威所震海外賓服觀光揚烈、未嘗辱國體。(下略)

以上正志齋の論ずる所、要は皇統連綿として上下の正しき事と、三器の尊貴及び皇國の地位、優秀萬國に比なきを說くに外ならずと雖も、論を行る一絲紊れざるものあり、今日と雖も國體を論ずるもの多く加ふる能はざるなり、其他復古國學者の國體論に對する批評あり、儒に捕はれず、和に泥まざるの達識見るべきものあり、後章復古國學派と儒學者との論爭を敍するに當りて說かんと欲す。

藤田東湖

會澤安の門に、藤田彪、豐田亮あり、藤田彪は幽谷の子にして東湖と號し、資性至孝、

正氣歌

熱烈なる尊王愛國の士にして、其回天詩史、正氣歌、何れも我神州の光輝、國體の精華を絶唱せるものにして、最も著名なり。　正氣歌に曰く、

天地正大氣、粹然鐘神州、秀爲不二嶽、巍々聳千秋、注爲大瀛水、洋々環八州、發爲萬朶櫻、衆芳難與儔。凝爲百錬鐵、鋭利可斷鍪、藎臣皆熊羆、武夫盡好仇、神州孰君臨、萬古仰天皇、皇風洽六合、明德侔太陽、不世無汚隆、正氣時放光、乃參大連議、侃々排瞿曇、乃助明主斷、燄々焚伽藍、中郎嘗用之、宗社磐石安、淸丸曾用之、妖僧肝膽寒、忽揮龍口劍虜使頭足分、忽起西海颶、怒濤殲胡氛、志賀月明夜、陽氣鳳輦巡、芳野戰酣日、又代帝子屯、或投鎌倉窟、憂憤正愪々、或伴櫻井驛、遺訓何慇懃、或殉天目山、幽囚不忘君、或守伏見城、一身當萬軍、昇平二百歲、斯氣常獲伸、然方其鬱屈、生四十七人、乃知人雖亡、英靈未嘗泯、長在天地間、凜然敍彝倫、孰能扶持之、卓立東海濱、忠誠尊皇室、孝敬事天神、修文兼奮武、誓欲淸胡塵、一朝天步艱、邦君身先淪、頑鈍不知機、罪戾及孤臣、孤臣困葛藟、君冤向誰陳、孤子遠墳墓、何以謝先親、荏苒二周星、獨有斯氣隨、嗟予雖萬死、豈忍與汝離、屈伸付天地、生死復奚疑、生當雪君冤、復見張四維、死爲忠義鬼、極天護皇基。

弘道館記述義

又烈公の弘道館記に對する述義を著し、我國體に於て皇室は必ず日神の一系に限るべきを論じて曰く、

古は天皇と稱して須明良美古登といふ、須明良の言たる統御なり。美古登の言たる尊稱なり、蓋し猶ほ宇内を統御するの至尊と云ふが如し。又天業を稱して阿麻都斐と云は天日なり、都岐は繼嗣なり。蓋し必ず日神の胤にして然る後皇緒を繼ぐべきを謂ふなり。爾來天日の嗣世々神器を奉じ以て萬姓に君臨す、群神の胤亦皆其職を世々にして以て皇室を翊戴す。是れ蓋し神州基を建るの大端なり。嗚呼天祖天孫統を垂れ業を創る所以、巍々乎として其れ大なり、乃ち寶祚の隆なる天壤と窮りなき者は豈に偶然ならんや。（弘道館述義卷上）
と、又正志齋の廸彝篇に序して曰く、

寰宇之廣き、仁厚威靈、神州より尙きは莫し。人類の衆き大義の鴻なる君父より隆きは莫し。是れ愚夫愚婦の知り易き所、奚ぞ多言を俟たん。抑狡謀詭計を逞しうするに至つては、則ち夷蠻の邪氣或は是を以て神州の威靈を間するに足らん。亂賊の詐術亦或以て君父の恩義を奪ふに足らん、是れ愚夫愚婦の惑ひ易き所、而して利害得喪死生禍福の變に臨んでは則ち所謂才臣智士も亦或時は首鼠兩端、不測の禍由て以て構す、豈深く慮らざるべけんや。我友會澤伯民斯に憂ふるあり、嘗て新論若干卷を著はし、以て天下の大計を述ぶ、斯の篇の若きは蓋し其緒餘のみ。　然れども其推廣する所以、愚夫愚婦も知り易き所、禍變を未萌に銷せんと欲するもの、深切著明と謂ふべし。　恭しく惟ふに神州は武を以て基を建つ、若夫れ文物の盛は則ち西土因亂の敎育に資るもの尠からず。　今や西土既に胡元に沒し、又滿清に陷り、所謂膺懲の訓、尊攘の義、徒爾之を空言に付す、加之、堅昆丁零の類、古人の一小夷視するもの、往々傲然として坤輿の半に跋扈す。　宇内の變亦大なり。　獨り赫々たる神州、寶祚の隆なること萬世自若、上下の分內外の辨、嚴乎として易ふ可らず、則ち彼の之を空言に付するもの、我れ安ぞ擧て之を實事に施すことを得ん、廼彜篇の作其れ已むべけんや。

と、以て西土と我國と其建國の體、其根底を異にして其尊嚴確乎、我邦は到底他の國々の比較にあらざるを明かにせるなり。

豐田松岡

弘道館記述義序

神聖一源の大道

豐田松岡も亦會澤正志の門に入り、後を襲ひて彰考館總裁となれる人にして、東湖の著弘道館述義に序を附して其所謂神聖一源の大道なるものを說く、曰く、

(上略)夫れ世の所謂文武の士、其當初の心を用ゐ力を盡す、豈大に美ならずや、權貴に阿徇し、名利に奔走す、流弊の極此の如きに至り、終身營々として黠胥俗吏の籠絡顚倒する所と爲る。(中略)凡そ是皆神聖一源の大道を知らざるの故のみ。　夫

れ神聖一源の大道を知らざれば、文士必ず俗學に流れ、武士は必ず詐術に陷り、終日矻々精神を疲勞して自ら是なりとす。 何をか神聖一源の大道といふ。 蓋し天祖の鏡劍を天孫に傳へ、下に降臨してより、神明の象見はれ、君臣の分定まり、父子の倫立ち、萬方を統ぶるの道行はる、即ち聖訓に所謂寶祚の隆なること當に天壤と與に窮なきもの、其言千萬世にして惑はざるべし、則ち以て一源一道の自ら來る所を想見すべし。

と、又嘗て君侯に獻ぜる禦虜策なるものに、我日本國の神聖なる所以、神明の尊嚴を民に知らしめて以て邪教間入のひま無からしむべきを論ず、曰く、

　蓋し我中國開闢以來神道を崇立し、天地神祇に奉事し、祖宗嘗て斯道を執り以て天下に敎ふ、故に民俗純一、天下太平、中葉の振はざる鬼を侵し濟す、佛氏なるもの其間に出て邪說を皇張し、齊民を煽惑す。 是に於て聖人神道の意泯然として明かならず、民人疑惑、適從する所を知る莫し、今邪教を防がんとす、固より神祇祀典を明にし民をして趣向する所を知らしむべし。 夫れ天下の神祇、尊きこと天祖に加ふるなく、嚴なること天祖に越ゆる無し、赫々の神靈天地に照臨す、即ち天子の祖先にして萬生の望む所なり。 是に由て次第して、下、國邦百神に及ぶ、皆民

に功徳ありて祀典に列する者なり。令式載するところ昭然として見るべし。唯後世の不遵なる、禘嘗の義に昧く、格廟の誠に闕ぐ、云に神道冥昧にして人事に闕る無し、天人乖離教化の道明かならず、異日邪教之に間して中國に潜入し、我民を蠱惑せん、我既に教無し、焉ぞ我民の必ずしも信ぜざるを保せん。(中略)方今宜しく群神の祀典を定むべし。尊きこと天祖に加ふるものなく、郡國百神之に次ぐ、其本を必して其末を分ら、民をして趨向其歸を惑はざらしむ、民祈請あらば其國神に由て以て天祖に達するを得んこと、猶ほ其國君に由て以て天子に達するがごとし。民に不順あれば則ち天祖の祟つて弗祥を降す、善あれば則ち天祖之を賞す、人君は則ち天意を奉行するのみ、天下の民をして曉然宇内の主宰、即天祖を知らしめ、上は祭祀の義を明かにし、奉事の誠を致し、皇神の威命を邀へて民を教ふ、民は孝敬の道を以て、下、趨く所を知り我神を尊び、我君を敬し、肯て父母を棄てず、云々。

と、

始め光圀が我國體の特別なる見地に立ちて南北朝の正閏を正すや、之に對する諸學者の論議縱橫、或は南朝正統說を稱へ、或は北朝の爲めに辨ず、或は兩統共に正しき所以を論ずるものあり。殊に幕末に及び最も盛なりき。我國體に關する見解の之に伴ふは元よりにして、今一々之等を掲ぐるの要なきも、山縣禎、速水行道の論を摘記すべし、

山縣禎 國史纂論

山縣禎は天保十年に國史纂論を公にし、其内に南北朝の正閏を論じ、神器の所在に依りて皇統の正閏は一定し、又其間に疑義を許さゞるは我國體の根本義なるを説く、曰く、

或謂ふ、吾邦南北各朝廷を立つ、皆神武天皇の系統、固より輕重する所無し、正閏眞僞を以て論ずべからずと、余以らく、然らず、夫れ尊氏は逆賊なり、光明帝は尊氏の立つる所なり、尊氏逆賊の名を忌む、是に於て皇子を奉じて帝と稱し、之を挾んで以て天下に令す。然るに後醍醐帝神器を擁して儼然猶存す、則是眞天子なり。是れ眞たらば彼僞たる知るべきなり、既にして尊氏帝に逼つて神器を新主に傳へ給はん事を請ふ、帝乃ち僞器を造りて以て之を授け、躬らは眞器を奉じて南す、則ち南は眞にして北は僞たる亦知るべきなり、且つ逆賊迭に起り、各皇子皇孫を奉じて帝と稱す、皆正統を以て自ら處る、則是大亂の道なり、天下分爭何を以て定らんや。夫れ君は亂を治めて正に歸する者なり、天下君を立て以て亂を生ず、焉ぞ君用ゐんや、故に君は必ず一にして天下定まる、夫れ天に二日なく、地に二王無

きは古今の通義なり。故に之を以て正となさば彼れ僞たらざるを得ず。南朝微なりと雖も神器を祖宗に承け天下の主たること久し。北朝强なりと雖も其實は逆賊の立つる所。而して足利氏之を挾んで以て天下に令する者なり、號令征伐固より足利氏より出づ、北帝は乃ち贅旒のみ、故に足利氏有りて則ち北帝あり、足利氏無くば北朝なし、如何んぞ正統を以て處する事を得んや、

速水行道

と、速水行道は文久元年皇統正閏考に序して、

皇統正閏考

伊邪那岐伊邪那岐美命の生成給ひ、大穴遲少名毘古那神の作堅給ひし豐葦原の瑞穗國は、懸まくも可畏き天照大御神の御言依しの隨に、皇御孫命天磐位を離れて筑紫國に天降座しより、天津日嗣、天地の窮りなき事の如く、彌繼々に繁榮座つゝ、大御神の授け給ひし三種の神寶を大御信物と爲て、御代々々に傳へ給ひ、其天位少も動き無く、堅磐に常磐に天下所知看こと實に比類なく、尊しとも尊き御國風になむ有ける。偖しか漢國などの習俗と違ひて、異姓人の互に纂ひ競ふ如き、卑く濫なる事露程も有ねば、假令幾千萬の御世を累ね給ふとも、何時も唯一系の御世繼にて、紛はしきふしは有ざることを、世間は吉事凶事更替る理にも有れば、數多年の來經ぬる間には、甚き亂も打交らひなにどして、皇統にも世人の思ひ

惑ふべき事なむ自然には生にける、然るは固一統には座ませど、世の擾亂に依て別帝を立參らせ、或は御世繼の便に隨て大后の御政を攝り給ひ、或は、御紀を改刪られしに依て、御事跡の詳ならず爲れるなど、種々の事等有なるが故に、其眞なると否ざるとの差別分難く爲りてにぞ有りける。乞、其中に人の殊に惑へるふしを少此に論はむに、凡天津日嗣は天下に唯一柱座まして、先帝より御位を讓り、三種の神器を傳へ給はざる限りは、縱や他より推して仰ぎ仕奉りたりとも決て眞の天皇には座まさず。

とて、天位の唯一無二なるべき事が我國體の本然なる事を以て南朝の正しきを論ぜり。

吉田松陰

幕末の志士として、有名なる吉田松蔭は陽明學に依據し、其思想系統を山鹿素行に受け、又闇齋派の影響をも受けたる人なるが、其勤王の行實は其日本國體に對する自覺より來れる事云ふまでもなく、坐獄日錄、武教小學開講主意等に其國體に關する見解の一端を覗ふべし。

坐獄日錄

坐獄日錄の大要に曰ふ、

皇統綿々千萬世に傳りて變易なきこと偶然に非ずして、即ち皇道の基本亦爰にあるなり。 天照大神の神器を天孫瓊々杵尊に傳へ玉へるや、寶祚之隆與天壤無窮の御誓あり。されば漢土天竺の臣道は吾知らず、皇國に於ては寶祚素より無窮なれば、臣道も亦無窮なること深く思を留むべし。

武教小學開講主意

とて、我皇統の一系と臣道との關係を論ず、是よりさき安政三年八月二十二日を以て山鹿素行の武教全書を開講するや、其主意を叙ぶるに當りて皇國の尊嚴と士道との關係を論じ、且つ國各々其特殊の道ありて他國の道を以て必ずしも我國に用ゐる能はざる所以を論じて曰く、

吾も人も貴き皇國に生れ、特に吾々は武門武士たる上は、其職分たる武士道を勤め、皇國の大恩に報ずべきは論にも及ぬこと也。然れども誰人も職分と國恩を知ぬ者はなけれども、勤むる者と報ゆる者とは今古に亘りて甚稀也。其故由を考ふるに、勤むるも報ゆるも左迄六ヶ敷事には非ず、唯道を知ると知らぬとなり、果して能く道を知らば誰か勤めざらんや、誰か報ざらんや。されば道を知らんとならば、能々先師の教誡を服膺し給へ、書物も古今に多き者なるに、何故余が殊更に先師の書を信仰するかなれば、吾が先師の教は此書を見れば具に知ることなれども、其一端を云はゞ先師曾て北條安房公の宅へ召出され、赤穗謫居の命を承られたる事を見ても、先師平日の覺悟筋を知るべし、又赤穗の遺臣亡君の仇

を復したる始末の處置を見ても、大石良雄が先師に學得たる所知るべし。(中略)先づ士道と云は、無禮無法粗暴狂悖の偏武にても濟まず、記誦詞章浮華文柔の偏文にても濟まず、眞武眞文を學び、身を修、心を正うして、國を治め天下を平にすること、是士道也。國體と云は、神州は神州の體あり、異國は異國の體あり、異國の書を讀めば兎角異國の事のみ美と思ひ、我國をば却て賤みて異國を羨む樣に成行こと學者の通患にて、是神州の體は異國の體と異なる譯を知らぬ故也。故に晦菴の小學にて前に云士道は大抵知れたれども、是は唐人の作りたる書ゆへ、國體を辨ぜずして遽かに讀むときは同じく異國を羨み、我國體を失ふ樣に成行くことを免れざること、先師深く慮り給ふ、是武敎小學を作る所以也、是を以て國體を考ふべし。

神州は神州の體あり

扨其士道國體は甚切要の事なれば、幼年の時より心掛させ工夫さすべきこと、是れ學の本意にて、詰り志士仁人と成る樣にとの敎誡なり。

と、此精神が幕末志士の間に磅礴して遂に維新の大業を助けたるは今更云ふまでもなし。

復古國學者と儒者との論爭

最後に德川時代の末に於て復古國學派の人々と儒學者との間に惹起せられた

る論爭に就きて略述せざる可らず、事、主として彼我國體の比較論に關すればなり。

海野公臺讀國意考

賀茂眞淵が國意考を著はして我國體を推し、之に對比して支那の國體の卑しき所以を論じたる事は既に之を說きたるが故に此に再敍せず。之に對して海野公臺は讀國意考を著して之を駁す、其大意に曰ふ、眞淵動もすれば「直」を云へど、直は直情徑行の直、即ち戎狄の道なり、聖人の道をも知らざるものなり。我國の上古異母兄妹の相婚せるは之れ禽獸の道なり、文字あるは聖人の國あるのみ、眞淵が繁文縟禮有害無益とせる禮樂こそ治國必須の具なり、と、之に對しては、降りて文化三年に、本居宣長の門人橋本稻彥が辨讀國意考を著はして公臺の說を反駁す。

橋本稻彥辨讀國意考

先づ讀國意考の著者を以て徂徠の末流なりと斷じ、眞淵には假令多少の瑕瑾はありとも、其古學を開ける功は沒す可らずと論じ、次に讀國意考の章句を揭出し、逐條之に批評を加へたるものなり。要は支那の聖人の道なるものゝ無用にして寧ろ危險なるものなる事を說き、又漢學者流が動もすれば文字を傳へたる恩を口にするも、之れ眞淵もいへるが如く、我邦にやがては自然に發達すべかりし便利なる音韻文字の妨げをなして、かの面倒なる漢字を國字たらしめたりとて、其輸入を以て國のため害ありとも決して益あるものにあらずとなす。

之より先き本居宣長が眞淵の說を紹ぎて更に一步を進め、直日靈等を著はして御國振を說きたる事は既に述べたるが如し。此直日靈に對する反駁論として出でたるものは市川匡の末賀能比禮一卷なり。曰く、宣長は神代の傳說を以て神業にして漫に人智を以て忖度すべきものにあらずとなすも、日本の神代の事は、實は人事にして皆理を以て解釋し得べきものなり。又同姓相娶るは野蠻の民のする事にして、神代は決して宣長等の主張する如く渴仰すべき時代にあらず、聖人の道入りて始めて男女の別も明かになれり、宣長は支那の簒奪を攻擊するも、我邦とてこれなかりしとはいふ可らず、古事記日本書紀に載せずとて信用する能はず、と。

市川匡
末賀能比禮

之に對して更に宣長が一矢を酬ひたるは安永二年に著はしたる葛花二卷なり。之を葛花と名けたるは漢意の毒酒に醉ひたるものを醫すといふ意味にて、下卷に「余今難者を憐みて懇に此葛花を授くるを、一たびなめて年來の毒酒の醉心をさませ、猶おのれ醉ずと思ひてあらそふ心の盛りならばおぼえずいみじき過あらん物ぞ」とあるもの即ち之なり。先づ末賀能比禮にある章句を揭げて、一々之に駁擊を加へたるものにして、宣長が老莊の說に似たる「自然」といふ事を讃美するを、老莊の如き聖人にあらざるもの丶說を採るは不可なりとせるに對して、之れ恰も博徒を

日本の古傳は信用し難し
本居宣長
葛花

惡むの餘り、其火災を救へる行爲をも併せ惡むの類にして、頑冥いふに足らずとなし、又我神代の傳說を近世の理義を以て說くべしとの市川の說に對して、聖人は假面を被れる大なる盜人なりとして、支那の國體の非を說き、易、八卦等の取るに足らざるを斷ぜり。

沼田順義

其後國學者の假面を被りて眞淵、宣長の說を併せ攻擊せるを沼田順義とす、順義は本姓大三輪氏、寬政四年上野國に生れ、始め醫を學びしが明を失して後江戶に住み、林述齋の門に學べる人なり。 即ち眞淵の國意考に對して國意考辨妄を著はし、宣長の直日靈、葛花に對して、級長戶風を著して、竝びにこれを攻擊し、又直日靈を攻擊せる市川匡の末賀能比禮をも淺薄見るに足らずとして併せ之れを非難せり。

國意考辨妄
級長戶風

國意考辨妄、級長戶風、何れも其被攻擊書の本文を摘出し、之に對して逐條論駁を加へたるものにして、其大要は、日本人として支那を輕んずるは尙可なるも、同時に其國の聖人をも併せ罵るは亂の基なり。 支那にても武王の如き惡きには相違なきも、そは他の聖人の價値を害ふものにあらずといふにあり。

原田重枝
迦倍志廼風

之に對して平田篤胤の門人新庄道雄は葛根を著して科長戶風を反駁し、又豐前の人原田重枝も迦倍志廼風を著して同じく級長戶風を攻擊せり。 即ち沼田氏は魯民丘の學を以て逆謀して皇國の道を詐僞す、蓋し魯民丘は聖者なり、皇國に居て皇國を譏す、何ぞ丘之を敎えんや、今の世の唐學の人等は、皇國の事といへば云ひけち落すを己が手柄とするは如何なる事ぞや、とて儒者の態度を難じ、大體に於て眞淵、宣長の說を祖述し、又沼田が直日靈の眞意を解する能はざりしとて攻擊せり。

靜齋義雄
迦倍志廼風
辨妄

此に於て靜齋義雄なる人、迦倍志廼風辨妄二卷（天保五年）を著して重枝を論難す、即ち神の道も聖の道も皆天地を則として設けられたる道なれば、要は一道にして皇國に之を佐賀と云ひ、赤き心といひ、支那に性といひ、天地といふ、又我邦に黑心（キタナキ）と云ひ、支那に於て人欲といふ、同じ事なり。然るに眞淵、宣長が號、神の御代には道もなく、敎もなく、聖人は皆僞物なり、天命は聖人の僞作なり、天道も有や無や覺束なしといひて、口に任せて遂に敵（アダ）なひ、敎を云ひ消すは何事ぞ、とて眞淵宣長を擊ち、此論據を以て、師沼田の級長戸風を辨護し、級長戸風及び國意考辨妄を攻擊せる原田重枝の迦倍志廼風を論駁せるものなり。

神傳迦倍志
廼風正言
小林文康
廐須美鏡

重枝は更に神傳迦倍志廼風正言を以て之に應戰し、信濃の人、森文康、廐須美鏡二卷（天保五年）を著して級長戸風を攻擊し、順義が記紀を排して舊事紀を採れるを駁し、玉くしげ、直日靈、葛花等を祖述す。

菅原定理花能志賀良美

三芳野直道、辨鏡眞僞級長戸風二卷を著はして其說を駁し、天保九年には下總の人、菅原定理は花能志賀良美一卷を著して順義の級長戸風を辨難して、宣長を忠肝義膽の名臣、沼田を巧言令色の佞人と罵り、さては宣長は晴天の朝高山の巓に登りて四方遠近を望むが如く、沼田は雨天の夕、麓の谷間に彳みて望む所數步に過ぎざるが如しと極言し、殊に沼田が直日靈、葛花等を通編熟讀せずして漫罵せるを排せり。

伊勢茂美非葛花

天保十一年には伊勢茂美、非葛花を著して宣長の說を駁せり。 即ち宣長が聖人の道未だ來らざりし前には我邦に禮義忠孝の全かりしといふを、史實を誣いたるものなりと否認し、宣長の所謂直情徑行は禽獸の道に過ぎずと駁し、兄弟相婚する我邦の風を攻擊し、聖人の敎が徒に實行不能なる理想に趨するものなりとの葛花の說を駁し、之れ其志なきが故なりと斷じ、宣長が、天照大神が天津日の事なるに外國には此正しき傳なき故に日月の始を知らずと云へるを難じ、我邦の古傳は我邦の古傳なり、支那には別に又天文の學ありとなし、八卦の說を淺薄なりとせる說を然らずと駁したるなり。

國學論

別に附錄として國學論を添へ、一般國學者が我邦を神國と稱して理想的の國なりと云ふを難じて曰く、

國學者常に云ふ、本邦は神國なり、異國の敎を假るべき要なし、人倫の道も自ら

備はりて即ち中正を得て禮義忠孝の敎は他に假らざれども知てするなりと、是れ妖妄の新説なり、信ずべからず、本邦第一の本書六國史を詳に見るときは、古へ、鴻荒の世、草昧の時、本邦に足らざる事のみ多くして西土より假り來りし事年月を逐うて詳に考る時はよく知らるゝなり。

とて、後に支那の文化輸入せらるゝに及びて漸々に我國の德制も完備せるなりと論じ、又異國を禽獸國、聖人を大盜人と云ふ事につきても、斷じてさに非ずと辨じ、我先王皆聖人の道を用ゐ給ひしに、之を輕蔑し、公上を憚らず、大盜人といふものこそ己れが大盜人、國賊なるを知らざる馬鹿者なりと罵れり。

苑應
駁本居翁書

また苑應なる匿名を以て「駁本居翁書」を著し宣長の説を批難し、併せて眞淵をも批評せるものあり、其首に讀本居宣長所撰古事記傳有感作歌を添ふ。

いはまくもあやにかしこきすめろきのみおやの神の、みしわざにうましくには、やほよろづさわにあれども、そが中にわきてまほらに、うごきなきやまとしまねに、みやはしらふとしきたてゝ、みあらかをたかしりまして、高ひかるひつぎのみこの、しろしめすくにはむそまり、やすらけくたひらのみやに、もゝつとふみいづのひかり、いやてりに照りたらはして、ひさかたのあめつちのむた、とこしへにとりをさめてし、あつさ弓やしまの外の、民くさそなひきまつろひ、こち〳〵のみそらにたゝへ、あふくとも道は神の代、ひとの世も同しこゝろの、水かゞみいやちこなれや、しかれともくすしくたへに、かたりつくことのまに〳〵、かきつたふることとふみの、うみのことうへふかゝらし、そかゆゑはしるひとそしる、なかなかにあき澤小野の、あさはかに思ひまかへて、井のうちゆそらみるがごと、しれひとのいめとくかこと、さかしたちからふみこゝろ、ふりすごくいにしへまねび、しかなりといひもてさわぐ、いせ人はひかごとおほし、いさ子ともはかられなゆめ、つたへこし神代の道は、しかにはあらしを、

又讀直日靈篇短歌二首、

なほからぬ汝かまかことはまかつ日の神のたばりしあらみたまかも、

うつそみの世人まとはすことだまはなかよみつとにおひてしゆかな、

又讀神代正語作歌、

いせのうみのなかひりひてしまさことはたまもなきさのひちにさりける、

と、かくて本文に入り眞淵を評し、宣長を評す、大要に云ふ、

眞淵は鐵中の錚々といふべく、辨才膽智頗る衆人に超て徂徠が亞流なり、其論

著せるもの妄言亂道少なからざれども、其慧巧奇拔、往々人を動かすところあり、實に姦佞の雄にて可ㇾ畏の才あり、利口の邦家を覆す者に近し。　抑宣長はたゞ國史記錄古歌等を博雜に記得せるのみ、其爲ㇾ人は實に一痴鈍漢にて、其驕慢不遜、非ㇾ聖侮ㇾ法の罪は更に眞淵に過たり、其古事記傳數十卷、半生の力を竭して撰みたるも、僅に古言の訓をクダ／＼しく說き、神祠地名の所在をこちたく考へて古歌古記などを煩しく引證したるのみにて、其篇章の大旨は絕えて一厘の發明せる見解もなし、先達傳來の舊註にいさゝかも理義に涉る說あれば悉く漢籍儒意のきたなくうるさしなどそしりて、究竟其理はすべて神の御所爲にしていとも妙に奇く靈き物にて、凡人の限りある智にて測り知るべきにあらずと云ふより外はなし、間々我しり顏に長々しく擧論せることも、亦痴人の夢を說類にて、皆無益の間言剩語のみなり、古事記は神代の傳のまゝの古言なりとて、强て古めかしき訓をつけ、あらぬてにはをそへたれども、元來漢文格に和語を混へて作れる事なれば大祓祠、宣命などのなだらかなる語には似もつかず、最其可咲は火忌の事を說る也、其痴頑の甚きは此一段を以ても見るべし、宣長が言の如くならば民を撫世を治んには先擧天下の火忌を嚴になすこと廟官祠官の家法の如くだにすれば綱常の敎も施さず、文武の政をも修めざれども自然に民もしたがひ、世治まりて太平の風化を成すべき事と思へるなり。嗚呼己が身心の正邪事業の是非は一毫も省察せずしてたゞ火忌の淸齋して禍を避け福を祈らんとのみはかる。所謂痴頑の著しき者にあらずや。

とて、先づ其人身攻擊を行ひ、次で其神代古傳に對する態度を批難し、宣長が、人は人事を以て神代を議るを我は神代を以て人事を知れりとて禍福の移り行く理を說くは、全く老子の福は禍の伏す所、禍は福の倚るところとある語意を竊みて己が獨見のやうに書き又高天原は天上にある一世界、黃泉國は地下にある一世界にて、各、人物山川あり、日月神は即ち運行の日月なりといへるは、專ら佛氏所謂天堂地獄、日天子月天子の說を襲へるなりと云ひ、又聖人なるものゝ僞善者なりと云へるを罵り、我にも古來道ありと說けるを、漢國を羨みて强言したるなりと云ひ、漢籍渡りて却て我國の道德亂れたりと宣長が云へるを井蛙の見と罵り、聖人の道を批議するは即ち我先輩をも罵る事となるべし、と攻擊せり。

之に對して理口隆正の憐駁者あり。

野々口隆正
憐駁者

皇國は世界第一の邦にして我が天皇はたゞ皇國の天皇におはしますのみに

あらす、世界萬國の總主にておはしますなり、此事、神代に幽契あることにて千萬年の古そのしるしあらはれ、貢を上りて外夷悉く臣服すべき國なり、故に皇國にのみ造天地の眞說全く傳はりてあるなり。 唐土以下の邦には王統定らず、皇國に比べてはいたく劣れる國なるにより、造天地の眞說全く傳らぬなり、皇國の上古には、上、天皇より、下、萬民にいたるまで神代の古傳說を守りて疑ふものなかりしを、造天地の眞說なき外國の敎法皇國に渡り來てより、自ら人心それに移り改まり、神代の古傳說を信ぜざることゝなりたり。(中略) 我徒は鬼神を有と定め、天地を神造とし、治亂興廢を神のしわざとす、儒學者は造天地の眞說なき國の說によりて、萬國を論定するにより、鬼神を無に屬し、天地を固有とし、治亂興廢を偶然に歸す。

其國に生れてはとにもかくにも其國の故事を尊奉すべきこと勿論なるを、これぞまさしく天神、萬國の總本國と定め、天孫をこの國に降したまひ、天壤とゝもに窮無けんとのり給へる神勅空しからず皇統連綿たること萬世一日の如く、その證跡かくの如くに明かにして尊むべく喜ぶべき古傳說を廢し、造天地の眞傳なき外國の說を固く執してとやかくいふなる儒學者こそはかなけれ、かく云ひて遂に皇威を墜すなりとも心づかず、皇國の造天地の說と、かの國の天地の說と甚等しからざるを强ゐて合せんとするはわろく、又外國の說に從ひて我國の說を廢するは益々惡し。

抑も此天地は靈と氣と質と合ひて成れるものなり、唐土の窮理家は質にかぎりて氣靈の理に委しからず、天中に神あるは身體に心あると同じ、心は形なくして身體をつかひ、神また形を顯し給はずして天地を進退し給ふ、神と人と天地の間にありて經緯なり反對なり、人は經に地を離るゝことを得ず、地上を緯に往來す、神は經に地上を離れて天頂にいたり、又地胎にいり給ふ、これ形なき氣中に靈質を藏して成れるものなればなり。

とて我古傳說の信ずべく、又神の存在疑ふべからざる由を說き、駁者の說く所を逐條反駁し、併せて宣長及び其說を辯護せるものなり。駁者が宣長の儒敎攻擊を見て心外とし、怒ること婦女子が歌舞伎役者をひいきするごとく、おのれがよしとおもふ役者を、人そしれば忿いろを赤め聲を高くして常をうしなひ、或はいかり、あるひは泣きて狂人の如くもだゆるに似たりと云ひ、皇國にて他の國の聖賢を尊むは損ありて益なしと述ぶ。

藤井貞幹衝口發　(宣長)鉗狂人　上田秋成　(宣長)呵刈葭

是より先き藤井貞幹(京保七年—寛政元年)は衝口發一巻を著して我邦の言語の大部分が上古韓語韓音又は支那音なりといふ論據より出發して、日本の皇統は呉の泰伯の後にして、韓國を經て我國に入れるものなりと主張し、之に對して宣長は鉗狂人を著して駁撃するところあり。其中に、日神を我國固有の神なりとし、我國を世界萬國の最上に位するものなりとの説に對して、上田秋成が其專門の言語學の見地より稱して、固陋の見なりとせるを憤慨して、却て我國體を害するものなりと論破したるを呵刈葭(アシカリヨシ)二巻となす、其書名に刈葭を呵すと稱したるは、秋成が大阪の人なりし故にして、其前編の終りにある宣長の「清めをく道さまたげて難波人、あしかるものを咎めざらめや」とある和歌に取れるなり。此書内容は前後合せて二十條より成れり。此鉗狂人及び呵刈葭を併せて評したるものに椰靈賀摩一巻あり、何人の著なるやを知らず。

會澤正志齋

宣長の直日靈、葛花及び之に反對せる市川匡の末賀能比連、沼田順義の級長戸風等に對して、儒に偏せず、國學に私せざる最も公平なる見解を以て之を評し、同時に自己の見識を披瀝したるものに會澤正志齋の讀直日靈、讀葛花、讀末賀能比連、讀級長戸風等あり。何れも採るべきを採り捨つべきを捨てたるもの、一々吾人の首肯し得べきものにして識見の凡ならざるを見るべし。讀直日靈の大要に云ふ。

道は天地の道なり、天地あれば人あり、人あれば君臣父子夫婦兄弟朋友あり、四海萬國偏方下州といへどもこの五の人倫なき國ある事なし、されども國に正氣と偏氣との別ありて、正氣の國は五倫明に、偏氣の國は明ならず、神州は太陽の出る方に向ひ正氣の發する所なれば、君臣父子の大倫明なること萬國に比類なし、上古天祖三神器を天孫に授て、豐葦原中國汝往治之寶祚之隆與天壤無窮と宣ひしより、君臣の義嚴正にして千萬世まで天位の尊きは萬國に無き所なり。又寶鏡を專爲我御魂而如吾前伊都岐奉と宣ひしより、父子の親惇厚にして日嗣の君今も天祖の在すが如く事へ給ふ、是また萬國に比倫なしと申すべし、伊邪那岐命、伊邪那美命の時より男は女に先だつの義著くして夫婦の別正しく、三貴子に任じ給ひしより長幼の序明なり、思兼天兒屋太王等の諸神の志を同くして天功を輔佐せしより朋友の信備れり。

とて先づ我國體の本義を明にし、進んで直日靈を評す。今其大要を記すべし、(此に掲ぐる以外に別に宣長の所論に對して其まゝ推賞したる點多し)

天朝の萬國に勝れて尊きことを論ぜしは卓見にして俗儒の輩の及ぶ所に非

ず、されども皇統の正しくましますことも、其實は大祖傳位の御時よりして君臣父子の大倫明なりし故なることを論ぜざるは遺憾といふべし、言擧せずといふは可なれども、萬國ともに質より文に赴くは定勢なれば、古今の勢を知らず、古にのみ泥みては國家は治め難し。

賤き奴も忽に君となることと萬國にあることとなれども、漢土にも後世の事にて古は伏羲神農黃帝堯舜等何れも帝王の胤にして代る〴〵天下を有てるなれば、一概に賤と云は古今に暗きなり。

とて宣長が我國體の優秀なることを論ぜるには大に同意したるも、一概に漢土の聖人を墮したるに對しては之を反駁せしものにして、支那に道德の議論のみありて一も實行せるものなしと云へるを、支那の史を知らざる甚しきものなりとて攻擊し、又我邦にても時に治亂はあり、中に批議すべきものも史上往々出でたるを全く其事なきが如く論ずるは、自他を詐くものなりとせり、所論公平、達儒の見なり、

宣長態度評

而して本居の態度につきては、

本居は禍福のみを論じて商賈の契券を持して債を責るが如く、一々に細說すれども一も人事に益ある事なし、其志修己治人に在らずして一己の異說を主張

するに過ぎず。

と云へり、而も我國體の優秀なるにつきては同意せり、只支那を墮すを極力反對せるなり、又世界の善事を悉く直日靈に歸し、惡事を悉く禍津日神に歸する事も古傳になき事にして、牽合附會のみと論ず。

次に讀葛花には、

讀葛花

大道の天地自然なることを知らずして無爲の自然を說くは、老莊を善しと思へはこそ、是と其趣を同じくせしなれ、口傳と文字との偏廢すべからず、といふは可なり、本居が古事記の口傳のみを取りて聖經の文字を取らざるは、自ら其に負きて偏の一字を免れざるなり。

皇國の言語の妙は本より之あり、漢土の文字は漢土の言語にして、其妙なることは漢土の人に非れば知らざるなり。

天地の始などの如き人事に關らざる事は聖人は云はざる所なり、もし天地萬物の始を說くを以て萬國に勝れたりとせば、西洋耶蘇の國も神州も同じと云はんは、周公の私智を用ゐずして古に循ひし事周易の一書を見ても知べし、人の智の測り知らざるを本居一人よく知りたりと云ふは本居の神にして人には非るにや、神のしわざの妙なる事を本居は人の智を以て知りたるは何ぞや。

聖人の道は仁と誠とにあり、智巧贋物等を以て目するは非なり、皇神の道と聖人の道と二つありと思ふ事は道を知らざるなり。

要するに本居の學天朝を尊び皇統の正しきを論ずるは實に千古に卓越したる確論偉識なれども、市井の俗學に誤られて人倫の敎、經世の道を知らず、聖人を誹譏するには湯武を指て聖人と云のみにして、堯舜孔子を知らず、反復辨論する所は漢土の國俗惡き故聖人出で益々惡くなれりと云、又天命の說と同姓不娶との敎條に過ぎず、聖人の一端を指摘するのみにして全旨を論ずること能はず、其道と云るは皇統を論ずる外は、禍神の說に過ぎず、其歸宿する所は老莊墨の見にして、人道を牛馬に同じくし、人をして驕佚放肆ならしめ、人倫を滅裂す、經世の道を知らざれば君として君道を盡す事能はず、臣として臣道を盡すこと能はざらしむ、世の蠹害たること鮮少ならず、是其眼を着る所小道に在て君子の大道を知らざるに由るなり、其人尙存せば悔悟する事もあるべきに、泉下の人となりしは惜むべく歎くべし。

と、正志齋論ずる所、固より理ありと雖も、吾人は宣長が、世の俗儒輩の、徒に內を卑しめ外を尊ぶの陋態に慨して起りたる一事を考慮に置くときは、其極端なる態度に對しても諒とする所無かる可らざるなり。

讀末賀能比連

更に反對の側に立つ所の市川匡の末賀能比連に對する讀末賀能比連に、亦宣長の說の採る可らざる點を指摘せり。大要に曰ふ、

萬國ともに治亂もあり、善惡ある事なるに、神州のみよく治まりしと云ふは本居一己の私言にして、此を老莊の旨に同じと云ふは知言なり、善惡神の事は本居一己の私說なれば論ずるに足らず、吉凶禍福は天命の一端なり、是のみを天命と思ふは聖人の意を知らざるなり、天之御中主神と高木神との御心さへ解すればと云ふも、二神の御心と云ふ事古書になし、後世の附會なり、易の理は佛理と相反する事氷炭の如し、何ぞ易中に佛理あらんや。すべて本居は後の天皇の御慮にもあらず、神代の古事にも非ずして自己の私說を道とするなり。

讀級長戸風

と云ひ、沼田順義の級長戸風に對する讀級長戸風に云ふ。

神代よりの道を論じて人倫にかけて云ひたるは正論なり、天祖傳位の詔敕に因て君臣父子の大倫正き事を論ぜざるは遺憾なり、神に隱身現身の別ありと云ふ事、古書に詳ならざるを穿鑿して附會し、一家の說を立たるなり、級長戸風の書

聖人の道を守りて本居、市川等の説を辨論せるは斯道に大功あり、其説は聖人の德を稱する事大抵平穩なれども紙上の論多くして事實に的切ならず、天下經綸したる大事業を論ぜずして聖人の眞面目を失へり。

神代の事實異同多きを擧たるは可なれども、一己の意を以て强辯し、隱身現身等の説を創意主張するは聖人闕疑愼言の意に非ず。

退食閑話に見えたる國學評

と、因に、會澤が其退食閑話の中に於て、當時一般の皇國學に對して評したる語は吾人が他山の石として三省すべきものなり。曰く、

近來皇國學と稱して神州の尊きことを稱揚し奉るは卓識にして大に人心世道のために益となるべく、舍此從彼には非ずして、其功甚だ大なれども、其徒多くは敎の大體を知らず、神聖經綸の道に闇く、人倫の天叙を外にして私智を以て一種の説を設け、人は自然に任せて敎は無用なりと老莊墨翟等の意に近き一己の所見を執て堯舜を譏議し、天朝にて之を取て皇猷を賛け給ひし深遠の意を害することあるに至ては、其害舍此從彼の徒に近かるべし。

と。

平田篤胤

最後に最も猛烈に儒敎を攻擊せるは平田篤胤なり。其最も早きは二十八歲に著

せる呵妄書にして太宰春臺が著其辨道書に論ぜる聖人の道を逐條駁撃せるものなるが、此頃は猶後年程極端ならずして、中には春臺の說を援けたる點もあり、比較的穩健なるものなり。然るに年と共に其排外的氣分は激烈となり、彼れが無數の著述の殆どすべてを通じて其氣分の横溢するを見る、而して之を纏めたるものとしては對佛敎のものに出定笑語あり、對儒敎のものに西籍概言あり、大要我邦古來政治上の禍害、道德上の弊風等を、悉く儒敎、佛敎の罪に歸したり。古今妖魅考、古今乞盜考等は其論議を歷史に例證したるものなり、而してかの唐土にいふ所の扶桑國は我邦にして、三皇五帝なるもの皆我皇孫に外ならずといふ論據に成る所の大扶桑考を出せるを導火線として、林家のために排斥せられ、其書は絕版に附せられ、天保十五年には遂に江戶より其本藩秋田に歸國を命ぜられたるなり。

之を要するに、眞淵、宣長の頃は主として其鋒先は儒敎に向けられ、篤胤に至りては漸く佛敎に向ても同じく猛烈なる攻擊を加ふるに至りたる傾向あり、而して其敵味方共論ずる所は反對論を批評するよりも、互に其根本即ち國學者側は支那の國體、聖人其もの、又儒者側の攻擊する所は專ら我神代の社會、我國柄其ものなりしに、末流に至りては、論旨漸く枝葉に走りて、言葉の用ゐ方、てにはの誤り等を穿鑿し

呵妄書

出定笑語、西籍概言

古今妖魅考
古今乞盜考
大扶桑國考

て、事ら其揚足取りを能事とするか、然らざれば人身攻撃に沒頭して、醜狀殆ど云ふに足らざるあるに至れり。

獨立學派及其他の人々

以上列擧せる外に何れの學派にも屬せざる學者の國體に關する說を一括して此に述べん。

伊勢貞丈幼學問答

伊勢貞丈は有識學者として有名なる人なるが、其著幼學問答中、或儒者が日本の上古は道なくして禽獸の如し兄弟叔姪夫婦になり給ひし君もあり、中華聖人の道渡り來りしより人間らしき國になりたりと云ふが如何との問に對して、必ずしも然らず、我上古より君臣の禮を守りて正しき國なる由を說きて曰く、

上古の事は和漢ともの國史を讀みて知ることにて候ふ、これに依りて日本紀を見候に、人倫の道といふ名目は立たず候へ共、神代より父子君臣兄弟夫婦朋友の差別も見え候ふ、禽獸といふ程の事にてはこれなく候ふ、第十六代應仁天皇の十六年始めて聖人の道日本へ渡り來り候ふ、それより以前の人々の行跡皆惡なるにもあらず、自然に善なるも多し、唐土とても聖人の道いまだ立たざる時は同じ事あるべく候、日本は上古より君臣の禮を堅く守りて正しき國なり、上古聖人の道をばまだ知らざりし時よりかくの如きの風俗にて、聖人の道の出所唐土よ

り勝れたる事これにて御考相成るべく候。

と云へり。　三浦梅園は其著贅語の中に、我皇統の古く且つ固く、臣節の恭なる所以を以て我國體の尊きを說明す、曰く、

三浦梅園贅語

　本邦山に據りて城となし、海に臨みて池となし、渺瀰險絕、外顧の患なく、帝統其初めをしらず、神武天皇祖宗の禮を以て之を議すれば則ち宗、開國の祖にあらざるなり、是を以て世々皇胤を以て人種の想を爲さず、偶ま頑嚚を抱くものありと雖も衆心容れずして一敗地に塗る、今の如き九重に垂拱すと雖も環共改めず、湯武孟軻の議は用ふる所なし、之を天地に建て之を鬼神に質して謬らざる義なり、想ふに夫の大己貴の古、躬ら素神の胄を以て天下を掌握す、一たび天孫の臨むをきゝ、其權を解きて去ること弊履を脫するが如し、皇統の固、臣節の恭、後世の準、是に於てか立つ、今の世に當りて天子垂拱し、幕府攝政す、漢典に淫する者は竊に天に二日あるの疑を懷く、胡ぞ思はざるの甚しきや。

と、

堀尾秋實名分大義說

　尾張の人、堀尾秋實は安永五年名分大義說を著はして、我國皇統正しく君臣の分明かなる事を以て唐土の國體に比較し、支那に於て孟子の王道、放伐の論の起る所

以を論ず。　大要に曰く、

我國開闢より今日に至るまで、君臣父子自ら定て名分大義既に立つ、君は則ち萬世不易、父子相嗣ぐの君にして、臣民も亦萬世不易の臣民なり、昔素尊天下を治めて以來今の武將に至て、四海に鰮樞して臣節を失はざるあり、我國父子君臣の道、大義名分の節、嚴明既に此の如し、彼の西土の如きは則開國以來未だ嘗て此の如きの實を全うするあるを聞かざるなり、是を以て血脈を絶ち、天極を奪ひ、今日履を賣て明日祚を踐む者あり、歷代鼎を革めて王者互に興る、故に正統無くして有德を以て統となる、桀紂の時、民塗炭に陷る、故に湯武放伐を爲す、戰國の時、民水火に苦む、故に孟子王道を說く、此皆世を救ひ民を救ふに急にして固より一毫の私意なし、一の不辜を殺して天下を得るは則ち爲さゞるなり、故に曰く放伐は天の賜なり、暴秦以來、上德湯武に牴悟す、亦豈天賜なるか。(中略)日本は則ち然らず、名分大義の嚴なる、萬古凜然として得て犯すべからざるもの、布きて方冊にあり、吾王之書紀、律令、格式、姓氏錄等、書法名分ありて吾を中國華夏となし、彼を西土と爲す、吾邦史策の大體一辭一字必ず謹み必ず嚴なり、況や神代事代主命の至德、皇朝菟道宮の至仁、豈泰伯夷齋の下に在らんや。

と更に近代の儒者輩が元明を呼で中國となし吾國を指て夷狄となすを攻撃せり。

紀維貞　國基

紀維貞は天保六年、國基を著して我邦と支那との國體を比較して其優劣を論ず。大要に曰ふ、

天祖天孫國紀を基き以て今日に至る、皇統綿々高きこと天の如く、重きこと地の如く、天地と共に窮極あることなし、堯舜の授禪なく又湯武の放伐なし、是を以て莽操の簒奪なきなり、雍冀の黍稷、荊揚の稻粱、洞庭の鱄、東海の鯽、雲夢の芹、貝區の菁蕪、秦の栗、江南の橘、安邑の棗、水土の異なるところ、物亦從て變ず。

とて支那の人道廢れたるを述べ、更に

皇朝開闢より以て今日に至り、歷世の久しき未だ嘗て兵寇の亂なく、天下の民未だ嘗て飢饉の災無し、然れば載籍傳ふる所、未だ嘗て人相食むを聞かざるなり、水土の纖悉、風俗の厚薄、以て其一端を見るべきのみ、天祖天孫、水土の厚纖に資りて極を肇め統を垂れ、不言の教、三器の政、民、日に用ゐて知らず、衣食富饒、淳厚の風自ら興る、未だ嘗て覬覦の徒皇位に垂涎するものあらず、未だ嘗て夷虜の賊中州を蹂躙するものあらず、神劍の光、施して海外に及び、三韓任那、朝貢して臣と稱す、皇祖赫々以て今日に至る、豈質俗の致す所に非ずや。

野村圓平
空翠雜話

と激賞す。

金澤の人、野村圓平は其隨筆「空翠雜話」の中に日本國の有難きは皇統連綿として窮りなきにある所以を論ず、曰く、

詩佛翁の詩に云、「天地開闢來、大統長相傳、天子無姓氏、定知姓是天、天皇如日月、萬古無變遷、誰道因德盛、劣能八百年、爲嬴爲劉後、至今已二千、其間幾姓氏、相代迭忽焉、如何日出國、相傳自綿々」五大州の內日本ほどのありがたき國はよもあらじ、萬代不易にして殊更三百年に近き太平の御代に生れきていかなる者もその業さへ懈らずば安穩に世をおくり、神代はしらず人の代となりてかくの如き昇平はよもあらじとぞおもふ（中略）。

本朝の難有は儒流の敎渡らざる先に天子あり、臣下あり、我邦の禮あり、能治れり、（中略）本朝は開闢以來君を弑する者一人もなしといふも可なり（中略）。

本朝の有難きは神統開闢以來綿々として無變遷、今に至て天下益平安なり、先王の政は後王の政なり、公卿大夫の大法は上古も今もその法なり、是によりて本朝の神祇といふ事は家々の祕事なり、他の知りて用なき事なり、是が則日本第一不易の大道なり、唐土の如き匹夫より出て、天子となり、宰相となる國は、上は天子

の事より下は諸臣の事まで皆こと〴〵く覺ゆべかりけれども、本朝は天子は萬世の君、下も萬世の臣なり、故に天子の祕事あり、攝家は攝家の祕事あり、三公は三公の祕事ありて、他の學び覺へて何の用にもたゝぬ事なり、渾べて下諸人に至るまで夫々產業ありて上下皆その業を守り、萬世安樂泰平の大道なり、唐土の如く匹夫より出て天子を弑しその位を奪ひ、群臣又皆その君を弑したる惡逆者を君としつかふる風俗の因とは天地の違なり。

とて、更に支那の君臣の道の亂れたるを詳細に列擧して我邦と比較し我國體を稱揚せり、但し德川の治下にありし事なれば、武家政治を辯護せるは止むを得ざる事なるべし。曰く、

武家への政治委任は可なり

天子武家へ御政治を御まかせなき以前は、やゝもすれば朝敵蜂起し、則太古に神日本磐余彥尊の御宇に紀州名草の郡に土蜘蛛と云ふ穴居の賊有て人民を害するによつて官軍を下し玉ひ、退治ありしより、惡右衞門督に至るまで二十四度といへり、然れども本意を遂ぐるもの一人もなし、其後賴朝卿天下の代官と成てよりこのかた、今に至て朝敵となる者一人もなし、是れ武家へ御政治を御委任ありて朝廷益御安泰萬々歲の御事なり、しかるに京都の俗儒の文章詩などに折々

は武家に御政事を御讓りのことを王威の衰へたる様に恨みなげくは是大なる了簡違なり、云々

と云ひ、又佛教を排斥せず、聖徳太子を稱揚せり。

岩垣松苗國史略

藤原爲榮經國大意

加茂規清神道通國辯義

武田大大和三教論

是等の外岩垣松苗は、其國史略第五巻に於て、我神國は他の諸外國と異り、天下は即ち一人の天下にして天子は實に天上の人、王公將相固より種あり、故を以て古今の豪雄、位は將相に至て天下の權を執るもの、曾て微賤の人、あらざるを論じ、以て上下の分紊る可らざるを說き、藤原爲榮は經國大意を著して、（元治元年）皇祖上下の誓を立て給ひしより其道天地と共に永久にして、漢土に於て君臣上下の等を以て定位とせず、從て屢々改易ある、と經義の顚倒隔絶する所あるを論じ、更に湯武放伐に關する儒者の論辯を以て、我國體と相容る可らざるものありとて攻擊す。 加茂規清は其著神道通國辯義に於て、日本は日神純化の理に應ずる君國にして、其他の純一なる中にて純淸濁と別れて君臣庶を化するが故に、君は純中の純なる故に古今一系連綿し給ひて混塵なく、臣と庶人に至るまで永く續く事を美とすとて、其神道論の立場より我國體上、上下の分定まれる所以を說き、又泰伯が日本に來りて皇祖となれりとの儒者の說を罵り、武田大は其大和三教論巻三に、神國の淳美を論じて、

此土は則萬國の東頭に在り、而して日光始めて照すの地なり、故に大日本國と云ふ、(中略)吾國常立尊は是寧ろ獨り大日本國の帝祖のみならんや、乃ち宇宙間萬國の常立尊なり、是故に此方の天子は則ち姓氏なし、眞天子と謂ふ可し、豈に萬國の以て宗とすべきに非ずや。

某
天日嗣辯

と云ひ、嘉永七年に公にせられたる天日嗣辯(著者逸名)には、我日本國の漢土西戎、亞墨利加等の國々と異なり、世界に比類なき國土にして、將來は萬國に冠たる可き國家なることは、神祖の豫め定め置きたる所なりと論じ、日輪界を主宰し給ふ天照大神の裔孫なる神武天皇の開闢き給ひし我皇國は、天より嗣ぎ給ひたる日神の皇統なるを以て、天皇の御位を天津日嗣と稱するものにして、斯く世界に比類なき國なるが故に、諸物豐饒にして外に求むることなくして足り、且つ刀劍の鋭利なることと萬國に比類なき外、水土の善きに由ると云へり、其他諸書に散見する國體關係の所說尠からずと雖も特に異なりたる說も無ければ今一々擧げず。

(三) 明治時代第一期

(明治初年より八、九年に至る)

英米思想の輸入

徳川時代に於て西洋の文化と云へば云ふまでもなく和蘭の門を通過したるものにして、從て洋學は主として和蘭學なり、稀に獨逸、英國の書の飜譯又は重譯せられたるものありと雖も殆どいふに足らず、然るに北米合衆國の力によりて我邦は開國の運に向へるのみならず、爾後合衆國の我邦に對するや恰も新附の門弟子に於けるが如く、引き續き誘導の勞を執りたり、從て明治維新の前後より其先進國として其文化を仰ぐ所は主として北米合衆國及び英國なりき、之れ英國は米國と同文なると、一は當時東洋に於ける和蘭の勢力を一蹴し、印度を根據として盛に東方に經綸を行ひたる時機なりしが爲めなり。　米國ギルレットの「共和政治」が明治六年、中村正直に依りて譯せられ、同アルデンの米國政治略論が同年錦織精之進に依りて譯せられ、合衆國憲法が林正朋に依りて譯せられ、七年にはフランシス、ウエーランドの修身論が阿部泰藏に依りて、同ウオードウエルの修身論が尾見季吉に依りて譯せられ、八年には英人エモスの英國政治概説が安川繁成に依りて、ミルの代議政體が永峯秀樹に依りて譯せられ九年には英國ベンザムの民法論綱が何禮之に依りて譯せられ、其他福澤諭吉が蘭學より出でて英學に入り、其功利主義を携げて文明論之概略以下幾多の通俗的著書を公にし盛に實用學を皷吹したるも此時代なり、斯く内には大政維新の餘勢を以て專ら舊習一洗の風潮を作り、外は英米の實用功利主義一世を風靡し、人々の思想只管新を追ふ時代に當りて我國固有文明の精髓ともいふべき國體は全く棄てゝ顧みられざりしかと云ふに決して然らず。

王政復古の原動力

維新の政治と國學者

抑も王政復古の原動力は復古國學派の勃興が其主なるものにして、維新の政治は云へば我國體の本領に反りたるものと稱すべく、平田派の國學者、例へば篤胤の門人矢野玄道、同大國隆正の門人福羽文三郎を始めとして平田鐵胤、六人部是香等同派の人々にして比較的重要の地位に立ちたるもの尠からず。一方明治天皇亦御敬神の念極めて厚く、從て新政に於て、我國體觀念の中核ともいふべき神祇を重じたる事近古以降殆ど其比を見ず、新政の始め天皇は政綱五條を天神地祇に誓はせ給ひ、又太政官七科の中に神祇科あり、次で神祇事務局となり、二年七月には神祇官を置きて太政官の上に班し以て祇神尊崇の實を擧ぐ、此間神社の荒廢したるを修め、神事の絶えたるを復興し、又新に神社の祀られたるもの極めて多し。

皇道興隆に就きての御下問

之よりさき二年五月には皇道興隆に就きて五等官以上及び親王公卿諸侯等に御下問あり。曰く、

中世以降人心偸薄、外教これに乘じ、皇道の陵夷終に近時の甚きに至る、天運循環今日維新の時に及べり、然れども紀綱未だ恢張せず、治教未だ浹洽ならず、是皇道の昭々ならざるに由ところと御苦慮被爲遊、今度祭政一致、天祖以來固有之皇道復興被爲在、億兆の蒼生報本反始の義を重じ、敢て外誘に蠱惑せられず、方嚮一定治教浹洽候樣被爲遊度思食候。

惟神大道宣揚の詔

と、次で十月には宣教使を置き翌三年正月惟神の大道を宣揚するの勅語は煥發せられたり。曰く、

宣教使

朕恭惟、天神天祖立極垂統、列皇相承繼之述之、祭政一致億兆同心、治教明于上、風俗美于下、而中世以降時有汚隆、道有顯晦、治教之不洽也久矣、今也天運循環百度維新、宜明治教以宣揚惟神之大道也、因新命宣教使以布教天下、汝群臣衆庶其體斯旨。

矢野玄道三條大意

と、惟神の大道を明にして敬神崇祖の念を盛にするは我國體を發揮するに外ならず。此時に當りて矢野玄道三條大意を著はして我國體の基くところを述ぶ。其

大要に云ふ、

我が魂神を藏たるは我形體なれば、先づ我形體を愛しみ、又形體の本質を温ねて其本主たる魂神を保養し、又其因りて出づる本源を尋ねて、上は皇祖天神現つ御神に能々心力を盡して仕へ奉り、父母に孝敬を致し、近き兄弟妻子より近親疎族に及ぼし、且其朋友に及びて、さて鄕黨より一國、又一天下と相延て親愛すべき道理にて、それ即て皇祖天神にも天神地祇にも皇上にも父母にも平生に受け賜れる御恩澤を報ひ奉る所以なり。又天下に有る者天津日の大御德を蒙らざる者なく、天津日の大御德を蒙る程の人は天皇命の大命には更に遵ひ奉らでは成らぬ道理なり。そは我が天皇は八幡大神の御託宣に天地の開闢てより君と臣の分定まりぬと仰せられて、古人も既に說ける如く、我天皇のみは天地開闢てより生えぬきの天子樣ぞと申し奉る如く、大神宮の御嫡統に座して、御代を御嗣遊ばすと、直に大神宮の御子と仰ぎ奉る御事なるが故に、皇美麻尊とも天神御子命とも申奉りて、近く申さば大神宮の甚御寵愛遊ばす眞實の御子樣と申すほどの事なり。さて天下の萬民は盡く大神宮の御物にて、御代々の天皇はその萬民を大神宮の御手代として治め賜へば、是を祭り事と申すぞ。上は皇祖天神、又地祇等に仕へ奉り賜ひ、天下萬民の平安無事を祈禱し給ひ、又下をよくまつろへ治め賜ふは即ち皇祖天神に仕へ奉る事となり、天神地祇を祭るは即ち萬民をよく憐み惠み賜ふ所以にて祭政一致といふ大道は此に立つなり。

祭政一致の大道

と、即ち神祇を崇び、皇上を奉戴するは我國の大道にしてやがて我國體も之に依つて立つ所以を論ぜるなり。五年に發布せられたる三條敎憲なるものは實に此論に範りたるものにして、今其發布の事情を考ふるに、明治四年八月に至り神祇官を改めて神祇省とせられ、五年三月又神祇省の廢止と共に宣敎使も廢せられ、宣敎に關する事は敎部省に屬する事となり、四月二十五日神官僧侶合併の敎導職置かれて宣敎の任に當る、之よりさき佛敎各派連署して、神官と合同し、以て敎導の任に當らん事を請ひしかば、之を聽して、僧侶をも神官と共に敎導職に補任する事となれるなり。斯く神官僧侶合同にて宣敎するに於ては、其敎旨の標準を樹てゝ據る所を定めざる可らず、即ち玄道の三條大意に基きて所謂三條敎憲は定められたるものにして、蓋し其間、玄道以下皇學派の人々之が議に與れる事はいふまでもなかるべし、三條は次の如し、

三條敎憲發布の事情

三條

第一條敬神愛國の旨を體すべき事、

第二條天地人道を明にすべき事、
第三條皇上を奉戴し朝旨を遵守すべき事、
悉く我國體の旨に依據せざるなし。

此に於て此敎憲宣傳の爲めに書を著せる國學者一二に止らず、近衞忠房の敎義綱領、田中賴庸の三條演義、岡本經春の三則示蒙、鴻春倪の三條要論、萩園雷雨の三條大意、琅丘宗興の三條叢說等之なり。何れも右敎憲三條を義解し敷衍して國體の基本と神祇との關係離るべからざるを說きたるものなり。此際、道、皇道等の語は多く神道といふ意味と近似して用ゐられ、國體といふ事も此神道の行はるゝ有様を指したるものにして、神代の狀態を述べたるもの多し。明治四年三月春川淸家の著したる道の栞は神代の傳說を略說し、五年六月に池田瑞英の公にせる皇道論には、皇道とは外國に假らざる皇國の神道にして、天皇親ら神に事へ給ふを第一とし、從て世を治むる業を施し給ふを云ふと論じ、七年に藤原淑陰の著はせる皇道唯一論には、

道、皇道は神道の義に用ゐらる

春川淸家

道の栞

池田瑞英皇道論

藤原淑陰皇道唯一論

天神世界を修め給ひて、高天原は天照大御神しろしめし、大御神の御心にて葦原瑞穗國を皇孫に授け賜へり。古事記に「科詔日子番能邇々藝命」此豐葦原水穗

國者汝將〻知國〻言依賜、故隨〻命以可〻天降〻とあり。日本書紀に「葦原千五百秋之瑞穂國、是子孫可〻王之地也、宜爾皇孫就治焉、行矣、寶祚之隆當〻與〻天壤〻無〻窮者矣」と見えて、國の大本五倫の基根、大道之に依て立つ質に萬世一系高御座の動かざる所以、民庶盡く皇上の他に尊敬す可き物を求むる事なく、神祇又種々の御德有りて萬類を主宰座ませど天神の依し賜ふ皇上に座せば百事皇上の御爲ならざるは無し。

と述べ、亦耶蘇教等を信ず可らざる旨を説けり。

國體に關する諸著述

國體に就きては田中知邦の建國之體略記(七年)太田秀敬の國體訓蒙(同上)加藤熙の皇國體歌盡(八年)宇喜多小十郎の國體夜話(同上)石村貞一の國體大意(同上)等あり。皆神代の有様を述べ、神話を敷衍したるものにして、ほゞ同軌に出づ、今代表的に宇喜多小十郎の國體夜話の大要を記さん、

宇喜多小十郎

國體夜話

吾國の國體は世界萬國に比類なき國體なり、其理由を説かんに、神世の太古より日の御德を以て國を治め給ふこと連綿として今上に至る、日の御德とは天の瓊矛の事にして之を表はすは即ち三種の神器なり、鏡は日の明なるを表し、劍は日の物を枯すに譬へ、玉は日の圓きが故如何なる所にも曲り入るに譬ふ。故に

三種神器

神代より歴代の天皇、三種の神器を神寶として皇位の徴とし給ひ、萬民を撫育し給ふ事偏頗なく、清く直なる事、鏡の如く、國を損害し萬民を困むる者あれば劍を以て退治し、又玉の如何なる所へも曲り入るといふは、日の圓くして其光輝少しの透間あれば至らざることなきが如く、萬民に仁惠を施行し給ふを云ふ。故に我神國は神世より歴代の天皇、日の德を以て國を治め給ふこと萬世不易の國體なり。

神國と稱する所以

我國を神國と稱するは諾冉二神の時までは諸國の人民を子として敎へ導き給ひ、自ら上下の別はあれども碇と天子の位、萬民の格式と相分れざるが故に、天子の靈を祭りて、天神と云ひ、臣下萬民の靈を祭りて地祇といふ如き差別は定らず、神代卷に天地相去ること未だ遠からずとあるは此謂にして、天は天子なり、地は臣下萬民なり、而も親子の禮の如く相去る事遠からざるを云ふなり、云々。

と、畢竟國體とは皇國の道即ち神道の謂なる事を知るべし。

加藤熈 皇國體歌盡

皇國體歌盡の如きも亦國の成り立ちを歌へるものにて神代の傳説及び諸神事の故實等を五五調を以て述べたり。

加藤弘之 國體新論

其他ほゞ同巧なり、然るに此時代に現はれたるものとして一異彩を放てるは加藤弘之の明治七年に公にせる國體新論なり、當時漸く我邦に磅礴せんとせる佛國民權平等説に從ひ、在來の保守的國體思想に反對し、福澤諭吉が「學問のすゝめ」に「天は人の上に人を造らず、人の下に人を造らず」と論じたると同一思想に基き一層激越なる論調を以て、國學者の國體觀を批評したるものにして、其論旨の極端なる、是迄一般に我國體を以て萬國に對する誇となし來れる我國民に取りては青天の霹靂と云ふべきものなりき。然るに幾も無くして此書を絶版して再び著者は同一意見を發表する事なかりき（此書は十五年に至り、更に官命を以て閲讀禁止せられたり）啻に國體新論を徹回したるのみにあらず、爾後、加藤弘之は板垣退助等の國會開設論に反對したるを初として、所謂天賦人權說に極力反對したるが如き、又後年基督教を攻擊したるが如き、國體新論の著者とは全然別人なるかの感あり、其事は次期に入りて之を述べん。

加藤弘之の國體新論はあまりに奇激に趨りたる結果、世の容るゝ所とならざりしと雖も、此七、八年頃に於ては其他一般の思潮も自ら次期自由民權說磅礴時代の先驅をなせる事は爭ふべからず、然れども此時代に於ても又自由民權說に對する反抗的思想又は反抗的機運ありしは看過すべからず、六年十月發布せられたる新聞紙條目第十條に、

六年十月新聞條目第十條

　國體を誹し國律を議し及び外法を主張宣說して國法の妨害を生ぜしむるを

禁ず。

とあるは官權が民論に反抗したるものなれば暫く論外とするも、國體新論の論鋒を斂めたる加藤弘之及西周、森有禮等の人々が或は國會開設反對論或は其尙早論を唱へたる如き、必ずしも單純なる保守思想のみにあらずして獨逸の國家主義的見地に立ちたる人もあれど、尙一種保守的色彩を帶びたる事は爭ふ可らず。又漢學を修め懷古の情に富み、飽まで保守的思想を以て自由黨一派に反對したる靜儉社あり、就中異彩を放ちたるは西村茂樹によりて唱道せられたる道德主義にして、那珂通高、杉亭二、辻新次、大井鎌吉と共に明治九年三月、東京修身學舍を起したるもの即是なり、是れ後の弘道會の前身にして次期及び次々期に入りて大に活動せるものなり。

靜儉社

西村茂樹

東京修身學舍

浦田長民

大道本義

九年八月浦田長民の著せる大道本義（十二年改訂再版）の如きは一の神道說を披瀝したるものなるも、中に神祖宏業の遺蹟と皇位尊嚴との關係を述べて曰く「葦原千五百秋之瑞穗國は是吾子孫王たるべき地なり、爾皇孫就て治むべし、行け寶祚之隆なること天壤と窮りなかるべしと、又寶鏡を手にし、之に勅して曰く、吾兒此寶鏡を視ること吾を見るが如くすべし、同床、共殿、以て齋鏡と爲せと、此二勅は萬世の大訓

寶祚の勅皇統を垂れ寶鏡の勅祭祀を興す

田中智邦大日本國教之要旨

靈魂は不滅

なり、寶祚の勅是皇統を垂るゝなり、寶鏡の勅、是祭祀を興すなり、皇統垂れて君臣の分定まり、祭祀興れば則ち父子の倫明なり、是より後聖子神孫敬戒怠らず、寶祚を踐み以て皇統の尊を繼ぐ、寶鏡を拜し以て祭祀の禮を盡す、是を以て君臣の分、父子の倫、萬年一日確乎拔けず、皇基牢固として王化恢弘、衆善百美此に由て出づ」と又同時に田中智邦は「大日本國教之要旨」を著して祖先崇敬の主張を述べ、人間の父母を遡りて尋ぬれば祖先皆神にあらざるなく、造化の主宰天御中主大神に歸せざるなし、人は遂に死すと雖も靈魂は日月星辰大地と共に永遠無窮存在して湮せず滅せざるなり、社殿祠廟を設け人靈を招き、至誠眞實を盡して肅祭懇祈するときは靈魂之を歆け、幽に國家を鎭護し、人事を保祐す」と論じて我國是の適くべき所を首唱せり。

是等在來の見地に立ちて國體を宣明せんとしたる二三の國學者、神道家の外、新しき見解に據る國體論は殆ど見る能はざりき。

(四) 明治時代第二期

(明治八、九年より十八、九年に至る)

共和思想
ルーソー民約論
ボアソナード
モンテスキュー萬法精理
ギゾー

征韓論の事ありて廟堂二派に分れ、其一は野に下りて以來朝野判然として相對す、其野にあるもの、內、江藤、西鄉、の如き武辨者流は次々に滅びて、板垣退助の率ゐる自由黨一派の人々を始めとして在野の政客、一に言論を以て政府に對抗し、國會開設を主張し、專ら自由民權を高唱す。　是れ一は英國の政治に憧憬したるものにして、ミルの代議政體論が既に明治八年に永峯秀樹によりて飜譯せられたるを始めとして、十年には同人の自由之理が中村正直に依りて飜譯公にせられ、十一年にはスペンサーの代議政體論が鈴木義宗に依りて公にせられ、十二年にはミルの官民權限論が渡邊恒吉に依りて紹介せられたる等、英國の政治論の輸入せられたるもの續々として枚擧に遑あらず、之と同時に佛蘭西の共和思想亦輸入せられたり、ルーソーの民約論は既に十年に服部德に依りて紹介せられたるが明治十年頃より佛蘭西思想は漸く英國思想を壓するの傾向あり。　佛人ボアソナードが我政府に聘せられて立法事業に與る傍ら子弟に敎ふる所ある外、モンテスキューの萬法精理は既に九年頃我國に紹介せらるゝあり、ギゾーの歐洲代議政體史、文明史等續々として紹介せられ、十五年に及びて民約論が再び中江兆民に依りて譯出せられ、國家の起原、君主、人民、土地等に關する最も過激なる部分を鼓吹するあり、之等沿々決河の勢を以て推し寄せ來れる西歐思潮の洪流は、西洋文化に眩惑し、米、佛共和國の民權の擴大を羨望し、內には政府者が、新勃興の民論に對する自衞策上の壓迫に激せられたる民心に殆ど反省の餘裕を與へず、世を擧げて自由の語に醉ひ、民權の說に惑溺したる觀あり。自由民權を口にせざるものは殆ど人に伍する能はざるの有樣にして、民間頒賣せらるゝ所の些々たる食料品、物品にまで自由の名を冠し、民權の語を附すれば好評を得る狀態にして、文學の如きも殆ど自由民權思想鼓吹の機關たるに過ぎざる觀あり、遂に秋田縣日報社々員鈴木喜一の輩の如く天皇の神聖を犯すの言を弄するあるに至れり。明治四、五年頃より漸く擡頭し來れる諸新聞紙の明治十二、三年頃より益々其內容を整へ來れるも此自由民權思想の潮先に乘ぜるの結果にして、又同時に其新聞紙が其思想を宣揚する原動力となれるなり。

民權自由の流行

思想界の大勢斯の如くなるが故に、我國粹の如きは精神的方面に於ても、將、物質的方面に於ても殆ど棄てゝ顧みられず、從て我固有國體の精華を說く如きものは殆ど見る能はず、今是等新しき思想家の天皇と人民との關係等を論ずるものを見るときは思半に過ぐるものあり。今一、二の例を擧げん、十二年六月に植木枝盛の

新思想家の君民關係論
植木枝盛民權自由論
山本憲慷慨憂國論
高橋矩正民權論編

著はせる民權自由論には「百姓、商人、工人、醫者、船頭、馬かた、獵師、飴賣、乳母、新平民に一樣に告ぐ、各人は皆寶を有す、そは自由民權なり、人民が國の事に心を用ゐるには此自由民權を得る必要あり、一國は人民の自主自由及び憲法によるにあらざれば固より護る事能はず、又民權を張らざれば、國權を張り、獨立を保つ能はず、專制の政治は國を亡ぼし國を賣るに至る、諸君も亦、君は神にして自分は獸とにても思へるや、人は皆同じく天の造りたる同等の人なり、君も人、民も人なり、國とは人民の輳る所のものにて、決して政府に依りて出來たるものにあらず、君に憑つて立てるものにもあらず、國は全く民に因つて成れるものなり、其證據には昔より王なくとも民あれば國は成立すれども、王ありても民なきときは國ある事なく、又全く民無くば王なるものある事なし」と云ひ、十三年山本憲の慷慨憂國論には「國家の民權あるは猶樹木の根底あるが如し。 政府の權を限り志氣を振ひ獨立の氣象を作り生産を治め品行を修め、智識を研き、義務を盡し、職分を守り、以て政府の苛政を正し民權を主張すべし」と說き、同年十一月に公にせられたる民權論編に於て、高橋矩正は「民權は人の精神を補ひ、飮食は人の肉體を養ふ、肉體、飮食を得ざれば則ち斃れ、精神、民權を失へば、則ち衰ふ、而して民權あれば國盛に、民權なければ國衰ふ、我邦には眞の民權

國會を設けよ

西河義武

長岡護美

家少し、故に國會を設けて宜しく之を鼓舞作興すべし」と論じ、西河義武は「民選議院は自由の結果、民權の實效なり、該院ありて後初めて百年公明正大の極點に歸着し、奴隷卑屈は不羈自由と面目を改め、專制政治は立憲政體と變稱すべし、然れども物に本末あり、先づ人民の氣力智識を養ふべし」と述べ、長岡護美は「開化の歷史は自由の歷史にして人民權利の政事上に進むや一國の開化も亦必ず隨て進捗するものなり」と論じたる等、比々として此類ならざるは無し。

當時の國體說

之等の間に伍して我國體の粹を說くもの殆ど無くして僅にあり、西村茂樹が保守的立脚地に立ちて明治九年三月、東京修身學舍を創立して固有道德の頹勢を挽回せんと欲し、同志那珂通高、杉亨二、辻新次、大井鎌吉と共に起ちたるも、勢微々として振はず、其の眞の活動は後明治二十年以後保守的反動思想期に入りて弘道會と改稱せられたる後に俟たざる可らず。

丹羽純一郎

通俗日本民權眞論

明治十二年六月に丹羽純一郎の著せる通俗日本民權眞論は當時に在りてはやゝ出色のものなり。其大要に云ふ。

民權は天子の人民に與へし權

民權は天子の人民に與へし權にて、人民の勝手次第に有する物にあらざるなり。天子若し此權を與へざれば人民の生命家產とも私有物に似て實は官有物といふも可なり。抑も獨立帝國の稱ある國は法律皆一天子の胸臆に出で、其國民たる者は必ず其法に從ふべきなり。天子若し此權を專らにする能はず、或は法の爲に束縛せらるれば乃ち一帝國の天子たるを得ず。人民若し其天子の獨り專擅の權を有するを危く思へば、其國民たるを止めて外國の籍に編入するより他策なし。何故に民權は天子に出ると云へば、蓋し國法一國內最上の權威ある人に出で、而して民權其國法より生ずればなり。一帝國にて此威權を占むるは天子一人より外に有る事なし、眞の法と稱する者は必ず三つの要あり。第一に此最上の權を有する者令を出し、第二に人民之に服從し、第三に若し之に反せば忽ち罰す。則ち帝國の法は天子に出で三法立君國の法は天子並に議院より出づ。此際人民の權利を伸すは明治元年三月の五條御誓文に據り主張すべきなり、自主自由の權は生得の物に非ず、世人文明に赴て初めて此の如き權利を考へ出すに係れば、生得の腕力にて之を保全するは難し。」と。

法の三要素

之とほゞ同一の思想を公にしたるは加藤弘之なり、そは後段に述ぶべし。十三年に著はされたる神邑忠起の通俗愛國問答も亦盲目的なる民權論に反對せるものにして、國體とは國の立て方なり、國體は國に依りて大に差異あり、是れその

神邑忠起通俗愛國問答

國體とは國の立て方

土地風土に依りて自ら定まれるものなり、英に共和政治の行はれずして君民同治が行はれ、亞米利加合衆國には君民同治が行はれずして、共和政治の行はるゝが如し。自由とは國家の法制を守り、一身の權利を擴張するを云ふ」とは其大意なり。

外山正一民權辨惑

同年外山正一の民權辨惑、亦極端なる民權論の防止を目的として著はされたるものにして英國、佛國、米國等の憲法發生の由來を述べ、すべて極端の壓制が却て反動として民權自由論を誘致するものなるを論じ、我爲政家も大に之に鑑るべきを說けり。

國粹思想やや起る

爰に明治十四、五年の交は、此期即ち民權思想旺盛の時代に於て自ら一轉期を形れるものにして、從來の盲目的歐化主義に對してやゝ反省の色を帶び來れるを認むべく、第三期保守思想期に入る階梯をなせりとも見るべし。即ち自由民權思想敢て衰へたりと云ふにあらざるも亦是迄の暴進的の慨なく、其間に介在する國粹思想の漸く濃厚なるを見るなり。是れ一は是迄民權論家の一大標語となり居たる民選議院開設も十四年十月、詔勅を以て、來る二十三年を期して實行すべき旨公布せられたれば、自然其氣勢を殺がれたる感あり。或は其期を以て長きに失すとなし急速實現論を唱ふるものも少からざりきと雖も、大體に於て之を是認したるが故に、其突撃の目標を失へる有樣となりしなり。其と共に幾分國民の自覺する所ありて、自ら國體を省るもの出づるに至れる點もあるは云ふまでも無し。

千家尊福大道要義

神勅は國體の定まる所

今之等の例を擧げんに、十四年十月千家尊福が著せる大道要義は出雲教會の教旨を說けるものなるが、項目二十三章の中、天壤無窮の神勅を奉戴して國體の尊嚴を辨ふべき旨の一條あり。之に就きて述べて曰ふ「皇統の萬世一系連綿たる事は皇祖天神の期するところ、天壤無窮の神勅は皇基の因て立つ所、國體の因て定まる所の根據なり。高皇產靈大神の幽顯を區別し、主宰を分任し給ふは、斯民を愛養するにて、皇基を萬世不易に定めたるは斯民の心を一にし、賴る所を確定して其保護に安ずる事萬世一日の如くならしむる神慮なり。故に神勅を奉戴して益々皇基の永昌を補佐し、國體を確守して益其光輝を表すべきは國民の義務にして、又敬神の主眼なり」と、

佐藤茂一日本憲法論纂

皇統神種なる事は我國建國の體なり

同時公にせられたる佐藤茂一の日本憲法論纂には第一章に帝室に就きて論じて曰く「皇統は神種なり、我日本國の帝位は天照大御神の御子孫のみ天位を踐むべき事、是れ我建國の體に於て最も貴重すべき第一義なり。此葦原の中國は我御子の所知國と言依し賜へる國なり、萬世一系の皇統を天壤と共に不窮に

天皇は神聖なり

繼承し奉らん事臣子の本分なり」と述べ、第三章政府の條に於て「天皇は至尊にして

神聖なり、法を以て問ふべきにあらず、萬機の政治に關し、國民に對して大臣其責に任ずべきものなり」と說けり。殆ど現今に於ける國體說と符合せるを見るなり。

十四年十二月文部卿福岡孝悌の視學官に示したる教育方針

此年十二月文部卿福岡孝悌は府縣視學官を召集して教育の方針を訓示す、其旨趣に云ふ、

教員たるものは唯修身教科書の意を知るを以て足れりとせず、必ず言行端正にして其仁愛すべく、其威敬すべく、且つ世故に老練し、能く兒童を統理するの人ならざる可らず。されば教員には碩學醇儒にして德望あるものを選用し、生徒をして益々恭敬整肅ならしむべく、修身を教授するには必ず皇國固有の道德教に基きて儒教の主義に依らんことを要す」と。

儒教主義に依るべし

儒教

儒教は明治時代に入りて皇國主義の重ぜられたると、舊習一洗の風潮の磅礴、泰西思想の隆盛とにより、自ら沈淪するを免れざりき、僅に老儒安井息軒が辨妄を著して基督教を攻擊したる、又は西村茂樹等が東京修身學舍を創立して儒教主義の道德を鼓舞したる等一、二の見るべきものありし外殆ど云ふに足らざる有樣なりしと雖も、數百年來日本の道德を支持したる思想は然く容易に根絕せらるべきものにあらず、猶隱約の內に相當の實力を裹みたる事は爭ふ可らず、鳥尾小彌太が王

法論を著はしたるが如きも其一端なり。今文部省の訓示に儒教の主義に依る事を令したるも其消息を語るものに外ならず。

立憲帝政黨

翌十五年三月に、福地源一郎、丸山作樂等政府の旨を受けて立憲帝政黨を組織するや其綱領に「内は萬世不易の國體を保持し、公衆の康福權利を鞏固ならしめ、外は國權を擴張し、各國に對しては光榮を保たんことを冀ひ」云々とあり、又其第三條に、「我皇國の主權は聖天子の獨り總攬し給ふ所たること勿論なり」云々と云へる如き、譬へ當時の自由民權を標榜する諸政黨が頻りに國會開設に對する促進運動を起すに對して、政府が之に對抗せしむる爲めに組織せられたる御用黨の云ふ所なりとは云へ、尚當時一部人心の歸向として見るべきなり。

福澤諭吉帝室論

されば徹頭徹尾功利主義を以て終始したる福澤諭吉の如きも時勢に推されてか、十五年四月、畑違ひともいふべき帝室論を公にするあり。其大要に云ふ。

帝室超然論

帝室は政治社外のものなり。帝室は萬機を統ぶるものにして萬機に當るものにあらず、我帝室は日本人民の精神を收攬するの中心なり。此點に於て我帝室は萬國のそれに冠絕す、之れ國會を開きて帝室を政治外に置くも帝室の重要なる所以なり。又國會が二派以上に分れて爭ふ時に其一に軍隊を委ねたらんには由々しき事なり、此時軍隊及び和戰の權帝室にあるは最も必要なり。

保守論者の云ふ所は異なり、固より保守論者も立憲政體、國會開設に就ては異論なし、其主權論を見れば維新前の古勤王の臭氣を帶び、要は神代の事共持出し、我帝室は開闢の初に於て斯の如くなりしが故に今日に在て斯の如し、今後も亦斯の如くなるべしとて、唯歷史上の舊事のみ稱揚し、今の日本國民が帝室を奉戴するは恰も唯其舊恩に報ずるの義務の如くに披露するのみにして、其帝室が今日に在て人心收攬の中心となり以て社會の安寧を維持するの理由を知らず、畢竟保守論者、皇學者流の諸士は其心術忠實なるも、經世の理に暗きが爲めに忠を盡さんと欲して之を盡すの法を知らざるなり。

皇學者攻擊

と云ひ、又帝室を以て學術の特別保護者たらしむべき論等あり、何所までも功利主義の立場を離れず、用、無用を根據として皇室を論じたるはよくその本來の面目を忘れざるものともいふべきか。

傍木哲二郎主權論

次で六月に至り、傍木哲二郎亦「主權論」を公にす。曰く、

人類が其幸福を安全に保持するには不羈の權力ありて之を統一し、以て民人の離散を防ぎ、姦を誅し、邪を遏め、外患を掃ひ、內憂を醫し、天與の幸福を全くする

太古の民は自由にも幸福にもあらず

主權とは一國爲政の大權なり

者を要す、而して之をなし得るものは社會にありて至强至尊の權力ならざる可らず、之を主權といふ、太古の民は自由なり幸福なりと論ずるものあるも之れ詩人の妄想のみ。

詳言すれば主權とは一國爲政の大權にして、一、全國普及、二、恒久永續、三、單純唯一、四、最高政權、五、所在確實なる事を要す、然るときは主權の力は分ち行ふを得るも主權の體は分つ可らざるなり、主權を有するものを主權者といふ、而して、一國人の多數に服從せらるゝ事、二、服從を受くるは一人又は數人の確定したるものなること、三、服從を受くる一人又は數人の集合體は他の確定したる一人又は數人に服從せざること、四、主權者は一國に唯一なる事の四性質を具備するを要す。

憲法は主權者に對しては毫も法律の效力あるものにあらず。

立憲政體とは多數なる異性質の人に主權の存するものにして英、獨、等に行はるゝ現時の政體之なり。而して其主權は單に國王に存するものに非ず。亦獨り貴族院若くは平民院に存するものに非ず。國王、上院議員及び下院議員、選擧者なる三異性質の階級人を以て組織せる一大集合體に存するものとす。

ルーソーが主張する主權論の根據は社會起原民約說にありと雖も其說の如

きは之を各國の事跡に照すも、亦之を臆測となすも畢竟保持せらるべきものにあらざるなり。

と、其論ずる所、我國體と抵觸するものありと雖も亦佛蘭西流民權論に對する反抗の思想に外ならず、同じく佛蘭西流の所謂天賦人權說に反對して君主特權說を稱へ、爰に端なくも論壇一場の紛議を釀したるものは加藤弘之なり。

加藤弘之が前に國體新論の論調を飜して、敢然として保守派の陣頭に立ちたる事は既に述べたり。其動機に至りては世論區々として一定せず、或は彼が進化論を知るに及びて、前說の非を知りたるなりと見る人もあれど、其論ずる所を仔細に驗すれば寧ろ其立脚點を扶けんが爲めに進化論を應用せりと見るべきに似たり。獨逸流の國家主義によりて支配せられたる思想なりと見るを當れりとすべきか、或は又彼が私情的動機を推定して其性格論にまで觸るゝ論者もありと雖も吾人爰には之を論ずるの要なし。

加藤弘之人權新說

抑も加藤が當時隆々の勢を示したる自由平等、天賦人權說に對して敢然として反對の意見を發表せるは十五年九月にして、此時公にせる「人權新說」即ち之なり其大要に曰ふ、ルーソーは天性慷慨激烈にして、偶、佛國王權極盛の世に出て、其專制壓抑に遇て憤懣の情に堪へず、爲めに着實に事理を硏究する能はず、遂に己れが妄想に誤られて彼著名なる民約論を著し、吾人は皆生れながらにして自由自治の權利と平等均一なる權利を有する人民なるが、各其志望意思を以て自在に吐露し相協議して始めて社會を設け、邦國を建てたるに出づるものなれば吾輩人民たるものは各終始無限無量の權利を保有すべき事當然なるに、後世に及び君主若くは貴族僧徒等起り、擅權を以て妄に此至尊至貴なる人民を壓抑し、其自由自治を奪ひ、其平等均一を害し、遂に今日の慘狀を現ずるに至りたるものなれば、吾輩至尊至貴なる人民は今日に方り百方心力を盡して彼憎惡すべき君主若くは貴族僧徒等を驅逐し、至公至正なる共和政體を設け以て吾輩人民が天賦の權利を恢復するの道を求めざる可らずといふにあり。

然れども之れ妄想主義なり。余は進化主義を以て天賦人權主義を駁擊せんと欲す。

要は萬物に存する優勝劣敗の理法が、人間にも存するものにして、此理により人間に優劣ある以上、自由自治平等均一の權利を固有せりとする天賦人權主義は誤れり。

権利は最優者の保護に依りて生ず

即ち權利は、人民が邦國を形成し始め、其形成が漸々發達するに從ひ之と平行して發達したるものなり。詳言すれば、始め邦國を形成せざる間は只弱肉强食にして權利なるものを有するものなきも、其最優勝者の下に團結して邦家を形くるに從ひ、其優者が保護する事によりて部下の各人は互に相犯されざるの權利を生ずるに至るなり。然れば優者の權力强くして邦家の團結固くなる程部下各々の享有する權利も安全となるなり、然らば權利は天賦にあらずして團結せる邦家の最優者の保護によりて生ぜるものなり、即ち優勝劣敗の理によりて最優の專制者を生じ、此に始めて各人の權利を生じたるなり、而して一旦受けたる權利を各々相犯さゞらんことに努力するにあらされば其權利は進歩するものにあらず、即ち權利は競爭によりて進歩せるものなり。而して政府貴族等が其權力を擅にして人民の權利を壓抑するを得るも亦、人民が政府貴族等の壓抑を防遏して着實に自己の權利の進歩を謀るを得るも、俱に是れ優勝劣敗に外ならずと雖も、甲は社會の不利不幸を生ずるが故に惡しく、乙は社會の利益幸福を來すが故に其性良正なり、されぱとて人民もし妄に政府貴族等の權力權利を凌辱して敢て之を顧るの心なく、只管自己の權利の進歩をのみ是れ謀るに至りては是れ實に社會を害する所の邪惡なる優勝劣敗なり。

參政權利の許與は急激なるべからず

人力を以て權利の進歩を謀るに就ては輕躁急劇なる手段は之を避けざる可らず。參政權利の如きに至りては、其許與の方法僅に急激なるも忽ち社會の盛衰興亡に關する事甚大なれば其注意最も周密鄭重なるを要す、須く先づ制限選擧法を用ゐ漸次に制限の度を低減せざる可らず。

猶優勝劣敗の文字を誤解して累を我皇室に及ぼさゞらん事を望む。

諸氏の反駁

と、玆に於て反駁の世論囂々として起る。植木枝盛の天賦人權辨、石川正美の人權新說駁擊新論、矢野文雄の人權新說駁論(報知新聞社說)、馬場辰猪の讀加藤弘之君人權新說(朝野新聞所載)、東京横濱每日新聞の社說等之なり。或は加藤の說を罵倒し、進んで其人身攻擊にまで涉れるものあり。今之等の內最も穩健にして眞面目なるものを略記せん。

矢野文雄人權新說駁論

矢野文雄の人權新說駁論には、加藤弘之が人權新說に於て進化論の見地より人間にも優劣ありて決して平等なるものにあらざるを述べたるに對して、優勝劣敗は萬物の狀態なるも、人類を範圍とする道理權利は自ら別物ならざる可らず。然れば人類には優者强者壓制を行ふ權利ありと云ふ可らずと論じ、又加藤が人衆は優勝劣敗のものなるに依り、其强者の我意を制せんと欲せば其中に一の專制の大權力を掌握せる治者即最大優者を定め、其保護に依て敗者の犯さるゝを防がざる可らずと云ふに對し、之れ存在と實行とを混同せるものなりと論じ、次に權利を求むる徐々とせよと云ふは國會尙早論に歸するものにして、其證佐に英國が印度、濠洲等に本國と同一の法律を布かざるを以てせるも此論は當らず、自由權利を一時に人民に與ふるは却て人民を利せずと云ふ、されど我人民と印度の民とは同一にあらず、又濠洲諸國は、實は自治を與へられ居るなりと論じ、又東洋の文明の度が未だ西洋と同じく人民に自由を與ふる程進み居らずといふに對して、物理の學は東洋は後れ居るも、精神上の學は後れ居らずと論じたるものなり。

東京横濱毎日新聞社説

次に東京横濱毎日新聞の社說大要に云ふ、

予輩も亦進化の理を信ずるものにして、人類の性質力量等に千差萬別あるを否定するものにあらず、然れども之も情態の差異にして權利の差異にあらず。もし夫れ幸福を追及し、自由に勞働し、自家の獲取せる物品を自由に使用する如き此等の自由は人之を天性に得たるものにして人力を竢ちて生じたるにあらず、要は動植物進化の情態を取て人類一切の情態を規せんとする加藤氏の所説に服する能はざるなり。

人類には感情あり、故に同情相感の性あり、之れ單純無情なる優勝劣敗の作用を緩和する所以なり。

氏は世間の民權論者を擧げて急躁過激無知無學無謀不良の徒と目し、一網に打盡せんとするも、こは非理の讒謗なり、第二章に於て權利は社會の最大優者が賦與せる者なりとせり、吾人此説を否定せず、然れども之れ法律上の權と進化論者の云ふ權とを混同せるものなり、此二者文字同じくして實質全く同じからざるなり、加藤氏は更に進んで權利も又進化の理によりて優勝劣敗の結果を見ると論ぜり、之れ亦人爲法の事實を以て自然法の事實を否定せるに外ならず。

法律上の權と進化論者の云ふ權

と、又馬場辰猪の「讀加藤弘之君人權新説」には、加藤が民心の自然に發展し伸暢せんとするを强て抑へんと欲するものにして自ら進化の主義を説きながら進化の主義を辨ぜざるものなりと駁撃せり。

馬場辰猪讀加藤弘之君人權新説

國粹思想の不振

斯の如く、一度反平等論、階級思想を是認する議論の出づるあれば擧世之を駁撃するの有様なれば殆ど國粹の保護を論ずるものなく、只僅に、鳥尾小彌太の王法論三木整の皇國政敎論等二三の保守論の一隅に其聲を擧るものあるに過ぎざりき。

鳥尾小彌太王法論

鳥尾小彌太の王法論は明治十六年二月に公にせらる、其文章も漢文を用ゐたる程なれば純然たる保守的思想なるも、儒敎的思想を根底に置きて君臣の道を論ぜるものなり、名分、法原、國本、主義、性法、政本、事理、大權、爲政、辨難の十項に分つ。名分の項に云ふ。（採意）

天地平等萬物一體、未だ嘗て高卑物我の分あらざるなり、惟人は其間に生じ、仰で天となし俯して地となし、見て色となし、聞て以て聲となす、均しく是人なり。豈に君民の別、尊卑の等ありて其名分を異にせんや、其異なる所以のものは他無し、其德を立つる爲のみ、其道を修むる爲めのみ、故に云ふ、名は天地の文章なり、分は道德の符節なり、聖人之に由て生じ、王者之に由て興る。

と、又法原の章に云ふ、

人あれば國あり、國あれば法あり、國は君民の威儀にして法は律令の正典なり、蓋し、君民分ありて其威儀を正し、律令ありて其正典を明にす、之皆遇然に非ざるなり。此に人あり同類相集り、同氣相求め、一地に據りて相生養す、之を國といふ、國は船の如し、皆共同の利益目的を以て進む爲めに規約あり、船主驕らず、舟子怠らず、始めて目的に達すべし、國家又此の如し、君は能法たり、民は所法たり、所法は體なり、能法は用なり、吾が法憲の大本とは君民の威儀律令の正典を明かにするなり、人の各其幸福を得るは單獨なる可らず、必ず相よるべきものなり、國君自ら貴き事能はず、其貴き所以のものは民人之を愛するが故なり、人民の其君を愛するは其自ら幸福を望むが故なり、故に國を治むるの道は君民の威儀能く其誠を致すにあり、各自利を主とすれば互に相背きて國の治は望む可らず。

孟子の王道論より出づ

と、國君自ら貴き事能はず云々と云へる如きは功利説に類似せるの嫌なきに非ずと雖も、恐らく孟子の王道論より來れるものなるべし。即ち次期に興れる所の皇室尊嚴論とは自ら異れるを見るべし。然るに次の國本の章には、

國本は心を正しくし意を誠にするのみ、かくて始めて國治まる、然らずして利を同じくするもの朋を爲り、欲を同じくするもの黨を爲り、朋黨比周して其言行を紊り、其道德を捨て、徒に君民の權利、律令の當否を論じて治國經世の要道とす、邦家誤らざれば幸のみ。

民權論者に一擊

と、あり、以て民權論者に對する頂門の一針とせり。

第八の大權論に云ふ、

君主の權

之を上にして君となし、之を下にして民となし、上下一致君民相托し以て一國の安寧を致す、之を政權と云ふ、立法、審判、命令、任官、用兵の五あり、立法權は君民の然諾に出で、審判權は律令の成典に由り、命令及任官權は國君の特權なり、攝政權を總べて一國民人服從して違はざらしむるは其責實に國君に在り、故に國君は大權を獲持するの重任なり、大法を施行するの大官なり。

三木整皇國政教論

と、次で同年八月に公にせられたる三木整の皇國政教論は、一層國粹の核子に觸れたるものにして當期に於ては最も出色のものなり。 其大要に曰く、

大日本建國の體

我大日本建國の體たるや、畏くも神人授受に基し、皇道天地と悠久、祭政一致の訓、古典に徵して昭々たり、抑政教の根本たる敬神尊王を體とし、大義を明にし、人心を正すを用となし、之を經とし武を緯とするにあり。

我國教は儒佛を補翼として儒佛の上に位す

我邦教は經權を包絡し、儒佛を以て補翼として高く儒佛の上に位す、何となれば則造化神妙用より傳へて以て天人の際を綱紀し、人倫夫婦より始て君臣に至れり、又君臣より始て四倫を維持し、智仁勇を三器に寓して以て授受不言の教、無聲の本となす、教の本、孝に在り、之を重ずるに齊莊中正明潔を以てし、而して神鬼に敬事し以て幽明を治し、精誠敬に居り信を盡して天祖を祭り、天に配して以て

大孝を申ぶ、國體之れを以て立つ。

「學問のすゝめ」を駁す

福澤氏の學問のすゝめに天は人の上に人を作らずと云、言絶だ我皇國に於て以ての外の暴説にして、自然君上を輕蔑し、上下貴賤の別を亂り大に人心を攪亂するを以て犬塚襲水は糾駁學問勸剳を著して之を辨駁せり。

加藤氏の國體新論の如き狂暴の論のみ、明治五年四月二十八日教則三箇條を教導職に頒布せる、其一條に敬神愛國の旨を體すべき事、及第三條に皇上を奉戴し、朝旨を遵守すべき事に背馳すればなり。

同上續編

と論じ、更にすべて民權論及び國會促進主義に反對し、次で續編を出して曰ふ。

我國體は當初天照皇大御神御手に御鏡を持して皇孫に授給へる勅は即ち國體の大基礎にして幾萬歳を經るとも變更なきは疑なき所なり。

國會を開くも只歐洲を模擬

我皇國に生を稟くるもの誰か神孫ならざる者あらん、然らば則敬神を主とせずんばあらず、抑我國體たる天皇の統治するや萬古不易なれば開闢以來禪讓放伐の事有るなし、畏くも皇統一系天壤と無窮の國なれば臣民たる者之を翼賛補護すべきなり。

明治十四年十月十二日の詔勅にもあるが如く「立國の體各其宜しきを異にする」

すべからず

を以て國會を開くも只歐洲を模擬すべけんや。

國憲御製定の詔諭出で、夫より國會員の選擧を始め其他百般立會の備に著くべし、然るを詔勅の叡慮に背馳し、國憲を下より立てんとし、組織權限も同じく定めんとするの僭上主義を以て喋々するや、我徒は決して國民の敢て議すべき分には非ずと信ず。

日本は萬國の總本國

我日本は萬國の總本國なり、神典之を明かにす。

小學生徒をして國體學より修身學に從事せしめよ

小學生徒をして第一國體學より修身學に從事せしめ、又丁年以上の者へ神道敎道職をして三條敎憲の眞成の道を講明會得せしめ、人々忠孝廉耻の道を重ぜしめば法律は設けずとも不知々々犯すもののなきに至らん。

と、之れ當期に於ける出色の論にして後に精練せられたる國體論と雖も多く加ふる所なきなり。

日本講道會

國粹論依然振はず

されども當時の思想界は猶民權論旺盛にして斯の如き國體論に耳を傾くるもの甚だ少く、西村茂樹の東京修身學舍の如き十三年に至り社員僅に三十二名に過ぎず、十七年四月に名を日本講道會と改めて毎月一回講道會叢說を發行して其舊道德の宣傳に努めたるも多く顧みられず、眞に盛況を見るに至れるは次期を待たざる可らざりき。

(五) 明治時代第三期

（明治二十年頃より二十八、九年に至る）

保守的反動の時代

極端なる自由民權論に惑溺せる第二期を受けて明治十九年二十年頃より漸く其反動期に入る、即ち保守的國粹保存主義の高唱せられたる時代にして明治二十七、八年日清戰爭に至るまでを一期とすべく、日清戰爭以後に及びては亦自ら其趣を異にするが如し。

其反動の起れる原因は一にして足らざるべしと雖も、其一般的理由としては、物極まつて轉向したるものと見るべく、餘りに極端なる歐化思想が遂に其反動を呼びたるによるものなるべし。就中、當時條約改正を遂行する手段として政府者連りに洋風の模倣に努め鹿鳴館裏に於ける連夜の舞踏會を始めとして、具眼者をして顰蹙せしむる事實續々として民間論者の指彈に上るや、最も其歐化に對する反感を招く事大なりき、今是等の委細に就きては逃べざるべし、而して此期は明治時代に於ける國體觀念に就きては最も緊要なる時期にして、憲法發布せられて茲に百世不磨の根本法規成り、教育勅語煥發せられて茲に永遠の根本敎育方針定まり、前者に依りて國體に關する基礎的原理明記せられ、後者に依りて國體の義釋闡明せられたるものと云ふべく、其以後に於ける國體説は此憲法の解釋と、此大勅の宣傳に過ぎざるの有様となり、枝葉に渉りてこそ甲論乙駁の象を現じたれ、其根本義に於ては亦動かす可らざるの照明を据えたるなり。

此反動的思潮の初期に於て最も著名なるものは、明治九年より保守的志操を保持して努力し來れる西村茂樹にして、既説の如く十七年三月、從來の東京修身學舍を日本講道會と改めてより益々固有道德維持に努力し來れるが、十九年十二月に至り十一、十七、二十六の三日に渉り、道義維持、民風改善の目的を以て、大學講義室に於て日本道德の要を高唱せるもの即ち之なり。其要旨は儒學的觀念を基礎とせる道德説を述べたるものにして、不幸眼疾の爲めに講演は中止するに至れりと雖も後之を大成して公にせるもの即ち日本道德論なり。

西村茂樹
日本道德論

此頃より漸く勃興の運に向へる反動思潮として、我國體に觸れ國粹を論じたるもの一、二を掲ぐれば、松本新左衛門は十九年に皇學一家言を著はしたるが、其大要に云ふ。

松本新左衛門
皇國一家言

君民同治立憲政體は天祖の政蹟なり

古事記の今の世に行はるゝは、其書中、當今政體の國是を定むる君民同治等の體裁備はりて詳明なるを以てなり。一部の國學者が君民同治は西洋の輸入物なればとて之を退くるは此國本を知らざるが故なり。

夫れ皇國の上古は人民田地を所有し、自主自由を以て生活したり。然らば彼の洋學者流の云ふ所も皇道の一端に過ぎざるなり。君民同治立憲政體は固より天祖の政蹟なり。抑も立憲なる者は下より法律を定め、君主の許可を得て行ふ事にして即ち皇國の典故既に此の如し。そは天祖石屋許母理の段に諸神の速須佐之男命を罪する是なり、天祖親弟を罰するに忍びざるも諸神其法律を議定し以て天祖の認可を得て行ひたるなり、故に立憲なる者は上より法律を起草する典故には非らざりしなり。

方今西洋人の政體と稱する、立憲といひ同治といふも其本は皆我天祖の行ふ政蹟にして神典上に灼然たる者なり。然るに皇學上にて祭政一致なる由を唱ふる者多きは元是れ儒佛の學習を脱する事能はず、且古事記を善く讀まざるによりてなり。もし古事記を善く讀まば假令其名あらざるも、立憲と云ひ同治と云ひ民權と云ふもの皆皇國の典故にして決して海外の輸入物にあらざるを知り得べし、と。 蓋し此論は一も二も西洋を採りて我邦を捨てたる從來の論と異り、我國粹を指摘せるものなる事は勿論なるも、實は其本位は西洋にありと認むべく、只我國の國是が西洋の政治思想と矛盾する所なしと辨ずるに過ぎず、後年國體論の立場より、基督敎が排斥せらるゝや、一部の基督敎徒が基督の敎義にも亦忠孝の說ありと主張したるを逆に行けるものと云ふべし。

藤田一郎國體論

次で二十年に藤田一郎の著せる「國體論」は一層進みて益々國粹思想の濃厚なるを見る。 其大要に曰ふ。

我國の萬國に異なる所以の五點

我國體の萬國に異なる所以は、一、日本國地形、二、風土人情、三、建國の事情、四、皇統連綿萬世一系、五、敎法の五點より之を見得べし。

我國地勢の美は今更云ふまでも無し、氣候中庸、國大に失せず、小に失せず、大陸に密接せず又大洋に孤立せず、最上の地位を占むと、いふべし。 岐美二神之を創造せりとの古傳に至りては今論ずる限りにあらず、暫く古人に從はん、其造れる國の善美なる事は天祖の神勅豊葦原云々の語之を明示せるものなり。 從て民情又順和にして皇室を犯し國體を辱むる者なく、洋々として瀛海の如く、巍々として山嶽の如く、君德上に明かに民俗下に淳く進で今日に至る。

我國體は自然に出づ

國體の分るゝ所は國君掌握する所の權利如何に在り、是れ則ち建國の機軸なり、此事の自然に出づるものあり、人爲に出づるものあり、自然に出づるものは我國にして他は皆人爲に出づるものなり。

日本國家の組織

又我邦の一種特有にして他邦未だ曾てあらざるものあり、國家の組織是なり、即ち他國は土地ありて後君主あり。我國は然らず、諾冉二柱の大神國土を修理し蒼生を化成し、大名持少彥名の二神をして之を經營せしめ、天祖之を天孫に賜ひ、欽命して之を治めしむ。皇祖之に則り一百二十餘代を歷て今上天皇に至る。然らば今上天皇の玉體は天祖の遺體なり、今上天皇の寶祚は天祖の天位なり、今上天皇の土地人民は天祖の土地人民なり、何人か我國體を窺ひて天理に出でずとなすものあらん。我皇統の安危は人民の安危に係り、其貴きこと水火の如く、其重きこと衣食の如し、皇統上に盛なるときは國家益盛に、皇統上に衰ふるときは國家必ず衰ふ、事、歷史の上に明徵すべし。是に於てか神勅に遵ひ、古典を擧げ、新法を擇び、確乎として萬世の標準を立てざる可らず。我國の大體たる神勅に遵へば昌へ、神勅に背けば必ず衰ふ。

敎法なるものは世に於て須臾も無かる可らず、而して萬國の敎法各其長短あり、皇國の教は大に他と異なり、千弊を未萠に防ぎ、百害を未發に制せり。所以に天地と共に變らず、日月と共に衰へず、天子之を行へば天下平かに、臣民之を行へば國家治まる、天祖天に先だち、始めて大孝を以て教を立つ。後世之を神道と云ふ。斯道や祭政惟一、治教不岐、復爰ぞ弊ゆる所あらん。天祖親ら天神を祭り、天神を饗す、是則ち天祖の大孝なり。

天祖の大孝

今上天皇天胤を受け天位を嗣ぎ天德を養ひ天業を恢ひにし、夙に中古弛廢の大典を擧げ、神祇官を再興し、天神地祇を崇祭し、大に國教を布き、以て大政に臨ませらる、親王、内親王の佛門に歸する者を復飾せしめらる、是れ天祖の神勅にして神勅は即ち國教の本なり、人道の始めなり、國教は所謂忠孝文武の天理に出て人爲に行はるゝものなり。と。

日本弘道會

政教社

「日本人」其主意

思潮の大勢斯くて漸く國粹保存主義の盛ならんとする時、西村の日本講道會は二十年九月に會名を日本弘道會と改めて益々其勢力を張るに至りしが、之と同時に加賀秀一、今外三郎、島地默雷、松下丈吉、辰巳小次郎、三宅雄二郎、菊地熊太郎、杉江輔人、井上圓了、棚橋一郎、志賀重昂等は相謀りて政教社を起して、大に國粹保存を高唱し、二十一年四月に至り其機關雜誌「日本人」第一號を發行す。其主意に曰ふ、當代の日本は創業の時代なり、然れば其經營する所轉た錯綜輳合せりと雖も、今や眼前に切迫する最重大の問題は、蓋し日本人民の意匠と日本國土に存在する萬般の圍外物とに恰好する宗敎、敎育、美術、政治、生產の制度を撰擇し、以て日本人民が現在未來の嚮背を裁斷するに在るなり。斯の如き千載一遇の時機に際し、白眼以て世上を冷視するは是れ豈に日本男兒の本色ならんや、予輩不肖自ら惴らずと雖も、斯の境遇に逢遭して默目叉手せば半生所得する學術の用は竟に何たるを知らざるなり」と、卒然として只其主意書をのみ見るときは必ずしも國粹保存、排外主義と云ふ能はざる如きも、其每月二回發行する所の機關雜誌「日本人」に現はれたる論文を見るときは其主張する所昭々として見るべし。今試に其論題の二三を見れば思半に過ぐるものあらん。

日本人の外人尊奉(一號) 辰巳小次郎

士氣を振ふべし(一號) 杉江輔人

「日本人」が懷抱する處の旨義を告白す(二號)(國粹保存即ち之なりと論ぜるもの) 志賀重昂

國敎を設くるの必要を論ず(同上) 社說

日本前途の國是は「國粹保存旨義」に撰定せざる可らず(三號) 志賀重昂

志士處世論(四號)(我國固有の美質を發揮養成すべきを論ず)　菊地熊太郎
日本宗教論(五號)　井上圓了
大和民族の潛勢力(七號)　志賀重昂
國粹主義の本據如何(十六號)(國粹とは國民固有の元氣にして他國に於て到底之を模擬する能はざるものなり)　菊地熊太郎
帝室安泰のため(同上)　三宅雄二郎
余輩國粹主義を唱道する豈偶然ならんや(二十五號)　社説
誰か國粹主義を以て反動の勢力となす(二十八號)　天舟漁夫
國粹主義の生長(二十九號)　笑天居士

之れ其二十二年頃までに於ける一斑なり、降りて日清戰爭以前に至りては盛に開戰論を唱へて屢々發行禁止の厄に遇へる如き、如何に其國家主義的の見地の熾烈なるかを推知すべし。　然れども天舟漁夫が反動の勢力に非ずと辨ぜるに拘らず、全く反動思潮に過ぎざるものにして、只外國本位の思想を排斥し、我國有の國粹を尊重すべしと主張するのみに急にして、未だ其尊重すべき國粹の何者なるやに付きては多く說く所あらず、從て國粹中の眼目ともいふべき國體に就きては殆ど論ずる所なかりき、只數年ならずして國體論の盛行を見るに至れる一大原動力として看過す可らざるなり。

日本國教大道社主意書

之と同じ頃、川合清丸、鳥尾小彌太、山岡鐵舟等によりて日本國教大道社なるもの組織せられたり。事は二十一年一月にして其主意書の大要に云ふ、

神儒佛を合して大道とす

國教は國の精神なり、我國の精神は神儒佛の三道なり、三道合して大道といふ、君に忠を盡し國を愛するは神道より善きは無し、世道を經綸するは儒道を最とし、煩惱を解脱するは佛道を可とす、此三道合して大道となり、忠愛の氣象となり、國體も由て尊嚴に、世道も清平に、人情も優美なりき、近世に至り此精神衰へ、甚しきは、外國の教法を以て之に代へんと欲す。國教は國の精神なり。宗廟社稷の基づく所、皇統國體の係る所、道德風化の出る所、一國の生命之に係れり、若し三千年來東海の表に獨立して寸時も屈せず、寸地も失はざる大日本皇國を千萬世に維持せんと欲せば此大精神を結合せざる可らず、是に於て日本國教大道社を創立す。

大道叢誌

と、則ち機關雜誌「大道叢誌」を發行して其保守的國粹主義を高唱せり。

有賀長雄國家哲論

二十一年八月に有賀長雄に依りて公にせられたる現在日本國家哲論は天賦人權論を駁し、我國體の觀念に觸るゝ事漸く深し。其大意に曰ふ、

天賦人權論を駁す

天賦人權論者は事の順を誤まる者なり。人民の政治上の權利は國家が先づ立たる上ならでは起らぬ者なり。國家無ければ法度立たず、法度立たざれば權利義務の別明ならず。人間は天然發作の自由を備ふる者に相違無し、然れども此天與の自由も事實と成て形に現はるゝは國家の機關を經るに非れば難し、而して國家の機關ある上は必ず治者被治者の別あり、既に此の別ある上は被治者の自由は治者の自由の如く十分なる能はざるは明なり。

國家に元首無かる可らず、之れ古今に通じ、四方に渉りて意志と發作とを統一し以て其間に抵觸なく軋轢無からしめざるを得ざるに因る、其元首なるものは種々の特權を有す。

天皇四特權

日本の場合に於て元首即天皇の有する特權は四あり。

神事の長

一、神事の長「日本は天神の造り給へる國にて天神今尚此國を冥護す、故に此國に生息する者は皆天神を祭るの務あり、而して天皇は天神の後裔として此祭を主宰する權あり」とは是れ在來の理論なり、其理論の正否如何に拘らず天皇之を保持し給ふ上は日本國中に於て其可否を論ずる權なし。

國家の長

二、國家の長、天皇に於て神事の長たる上は又從て天神の遺訓を奉ずる權あり、而して此の遺訓の一は永く日本の國家に君臨し、三種神器を以て君位の標識とし給ふにあり。故に天皇は外國に對し、全國の名を以てする、宣戰講和、國家の官吏の任免、褒賞、日本全國に關する法律の制定及び舊法の改正には必ず天皇の御璽を以てするなり。

社會の長

三、社會の長、社會には上下の秩序あり、多く努力したる者は高き地位を保つ、國家は此秩序を保護す、此社會の秩序の上に於て最も富貴にして自餘庶民無上の尊敬を受く可きは天皇なり、何となれば代々の天皇は神武建國の偉功を繼ぎ給へばなり。

兵馬の長

四、兵馬の長、斯く天皇は社會の秩序を保護すべきものなるが故に、兵馬の長として其權を握らざる可らず。

日本の民衆は此四の關係に於て天皇に臣從し奉るべきものなり、即ち、第一に、凡そ、日本に生れたる者は皆我が天神の後裔に非らざるは無し、故に天神の後裔たる天皇が祭主として行ふ格式に從ひ、天神を崇拜せざる可らず、第二に我國民たる以上は天神の遺訓に依り元首たる天皇の布く法律に從はざる可らず、第三に日本に生れたるものは皆我社會の或階級に屬するが故に社會の上首たる天皇に對して相當の禮を盡さゞる可らず、第四に日本に生れたるものは皆軍員なれば萬軍の元帥たる天皇に對して兵士たる職を全くせざるべからず。

此關係は立憲政體となりたりとて消滅するものにあらず、然らば天皇の權利は之を外部より限るもの無しと雖も、自ら出し給へる制定には拘制せられ又其祖神の遺勅に依りて國家を榮えしめんがためには親ら其權能を制限して人民の行爲を自由にし、其能力の發育を十分にし、國家を安全にせざるべからず、

憲法發布

と、斯く大勢の歸向漸く鮮明ならんとする時に當り、多年國家の大懸案たりし憲法は發布せられて國體に對する基礎的法規は定められたり、即ち二十二年二月十一日紀元節の佳辰をトして帝國憲法は發布せられたるなり。此頃、尙前期の思想の餘波ともいふべきもの亦少からざりしはいふまでも無き事にして、基督敎徒德富猪一郞の率ゆる民友社の如き其最なるものにして、同じ餘波的傾向を有する思想家の國體に關係ある論議も一瞥せざるべからず。今、福澤諭吉の尊王論、關直彥の

福澤諭吉尊王論

立憲王道論、尾崎行雄の帝室論に就きて其大要を記さん。福澤の尊王論は二十一年十月に公にせられたるものにして、其大要に云ふ、

第一に、手段方便より見て、皇室を尊嚴の高所に置くを要す、常に榮譽の泉源たらしめ以て國民の名譽心を滿さしめ、又各政黨、其他の軋轢、溶け難き場合、遂には非常の凶禍を見ずんば止まざらんとする時に、皇室の信を以て之を解くは最も效あるものなり。

皇室の尊き理由

次に皇室の尊き理由を述べん、すべて用無用に拘らず、珍奇にして古き由緒あるものは世人之を尊重す、天下一品のものと云へば一瓦石と雖も人之に巨萬金を惜まざるものなり。況や家系にして最も古く、且つ古昔以來由緒功績あるものに於てをや、我皇室は即ち之なり。此帝室は日本國內無數の家族の中に就て最も古く、其起源を國の開闢と共にし、帝室以前日本に家族なく、以後今日に至るまで國中に生々する國民は悉皆その支流に屬するものにして、如何なる舊家と雖も帝室に對しては新古の年代を爭ふを得ず、此最古の連綿たる皇統は列聖の遺德も今尚分明にして見るべきもの多し、之れ即ち天下萬民の仰ぐ所以なり。

我輩が我が帝室の神聖を護り、て之を無窮に維持せんとするは日本社會の中央に無偏無黨の一目標を揭げて民心の景望する所となし、政治社會の高處に在て、至尊の光明を放ち、之を仰げば萬年の春の如くにして萬民和樂の方向を定め以て動かすべからざるの國體と爲さんと欲する者なり。

と、主として皇室の尊きが故に尊しと説かずして功用如何を以て其貴むべきや否やを論ず、何所までも功利主義の思想にして此反動時代の保守主義とは到底相容れざるものなり。

關直彦
立憲王道論

關直彦の立憲王道論は明治二十一年十月より連續して東京日日新聞に掲載せられたるものにして、其大意に云ふ、

惟るに我國は祖宗建國以來皇統連綿萬世一系、既に二千五百有餘年の獨立を保ち、皇室と人民とは恰も其利害を共にせり。

君主獨裁政治にありては君主は只道德を以て制せらるゝに止まるも、立憲君主制にありては君主は一に其憲法に從て行動せざるべからず。一方人民は自ら制して漫に自由平等權等の主義を振り廻して其埒を越ゆべからず、君民相和して以て治國の美を濟さゞるべからず。

皇室は又努めて人民に親近せざるべからず、之れ決して皇室の尊嚴を損する所以にあらずして却て之を大ならしむる所以なり。

と、皇室の尊嚴を説くに非ずして、其民に對する王道を説く、寧ろ前期の思想といふ

尾崎行雄
帝室論

べし。次に尾崎行雄の帝室論は二十一年十二月に公にせるものにして其大要に云ふ、

日本の皇室は常に民心歸向の標目となり、日本人民の分裂潰散を豫防し以て今日の繁榮を招致せり。人民をして益々帝室を敬愛せしめ、從て帝室をして愈々其尊榮を增加せしむるは則ち全國人民の結合を鞏固にし、且つ國家の獨立を堅牢ならしむる所以なり。然らば民心を帝室に歸服せしめ其尊榮を增加せしむる方法如何、古の如く一に人民恐怖を以て尊嚴を保つの手段となす事なく、一に人民に親しみて慈愛を垂るゝの方法に依らざるべからず、又儉約を以て社會の模範となるを要す。

次に政治に於ては常に衆望の歸する所に從て內閣大臣を任用し、萬般の責任を擧げて之に負はしむべし、善良なる憲法を布きて、之を守て始終渝らず、且つ輿論の向背を以て當局者及び其政略を變更するの標準となせば人民の我帝室を敬愛すること愈々深かるべし。

と、即ち前二者を合せたる如きものにして皇室の功用と立憲の意義、王道の旨を說けるものなり。

然れども大勢は滔々として保守的反動思想、國粋保存主義に向へり。此時に當りて憲法は發布せられたるなり。其勅語に曰く、

憲法發布の勅語

朕國家の隆昌と臣民の慶福とを以て中心の欣榮とし、朕が祖宗に承くるの大權に依り現在及將來の臣民に對し此の不磨の大典を宣布す。

惟ふに我が祖宗は我が臣民祖先の協力輔翼に倚り我が帝國を肇造し以て無窮に垂れたり、惟れ我が神聖なる祖宗の威德と竝に臣民の忠實勇武にして國を愛し公に殉ひ以て此の光輝ある國史の成跡を貽したるなり。朕が臣民は即ち祖宗の忠良なる臣民の子孫なるを回想し、其の朕が意を奉體し朕が事を奬順し、相與に和衷協同し、益々我が帝國の光榮を中外に宣揚し、遺業を永久に鞏固ならしむるの希望を同くし、此の負擔を別つに堪ふることを疑はざるなり。

朕祖宗の遺烈を承け、萬世一系の帝位を踐み、朕が親愛する所の臣民は即ち祖宗の惠撫慈養したまひし所の臣民なるを念ひ、其の康福を增進し、其懿德良能を發達せしめんことを願ひ、其翼賛に依り與に倶に國家の進運を扶持せむことを望み、乃ち明治十四年十二月の詔命を履踐し、玆に大憲を制定し、朕が率由する所を示し、朕が後嗣及臣民及臣民の子孫たるものをして永遠に循行する所を知ら

しむ。

國家統治の大權は朕が之を祖宗に承けて之を子孫に傳ふる所なり、朕及朕が子孫は將來此憲法の條章に循ひ之を行ふことを愆らざるべし。(下略)

と、殆ど我國の國體に就きては其根本は盡せりと云ふべし。抑も明治九年憲法起草の詔を賜はるや、中に「朕爰に我建國の體に基きて廣く海外各國の成法を斟酌して以て國憲を定めんとす」とあり。我憲法が國體を基礎とせる事當に然るべきところなり。更に憲法の本文に入りては其第一條に、

大日本帝國は萬世一系の天皇之を統治す、

と明示し、次に、

第二條　皇位は皇室典範の定むる所に依り、皇男子孫之を繼承す、

第三條　天皇は神聖にして侵すべからず、

第四條　天皇は國の元首にして統治權を總攬し此の憲法の條規に依り之を行ふ。

と、茲に於て、天皇の大權に關する所は確定せられて動かすべからず、爾後、學者の國體を論ずるもの此憲法を以て其憑據とせざるなし、即ち此憲法の解釋に托して國

體を論ずるもの續々として出づ。今其一、二を掲げん。

伊藤博文大日本帝國憲法義釋

憲法制定者の主なる一人伊藤博文は二十二年四月「大日本帝國憲法義釋」を公にす、第一條、三條、四條等に就きて曰く、

天皇は神聖なり

神祖開國以來時に盛衰あり世に治亂あるも、皇統一系寶祚の隆盛は天地と共に窮りなし。天皇は天縱惟神至聖にして臣民群類の表にあり、犯す可らず。故に君主は固より法律を敬重せざる可らず、而して法律は君主を責問する力を有せず。

主權の體と用

統治の大權は天皇之を祖宗に承け之を子孫に傳ふ、統治權を總攬するは主權の體なり憲法の條規によりて之を行ふは主權の用なり。

穗積八束「帝國憲法の法理」

と、又穗積八束は國家學會雜誌第二卷二十五號以下（二十二年三月以下）に「帝國憲法の法理」と題する論文を掲ぐ。大要に云ふ、

君主政體

法理上國家は統御の主體なり、天皇は即ち國家なり、君主制の國と君主制にあらざる國との差異此にあり、統御の主體と君主と同一なれば則ち君主政體の國なり。

第一條大日本帝國は萬世一系の天皇之を統治すとある主意は國體を定むる

にあり、國體を定むるとは統治權の主體と客體とを定むるといふ事なり。本條の明文によれば統御の主體は萬世一系の天皇に在り、統御の客體は大日本帝國たり。

我國體に於ては初代天皇よりの皇統が萬世一系の正統の君主なり。

大日本帝國は即ち統御の客體なり、帝國と云ふ語は地理學上の國土と人民とを合したる語にあらず、公法上に於ける國境と臣民二者を合して帝國といふ、此に國家と帝國とを混同す可らず、國家は主體にして帝國は客體なり。

天皇は國家なり

第三條、天皇は神聖にして侵す可らずとは、天皇は、即ち國家なり國家は統御の主體なり、もし之に向て權力を適用し得るものあらば、國家は則國家ならず、權力を以て侵すべからずとは、國家固有の性質なり、神聖にして侵す可らずとは天皇則國家の本體をなす所の國體なるが故なり。

と、我國體を論ずるに主ら其統治權の主體の何なるやによりて區別する一派の論者（主として國法學者）の偭は玆に始まれるなり。

有賀長雄帝國憲法講義

次で有賀長雄の某大學に於ける帝國憲法講義に曰ふ、

大日本帝國は萬世一系の天皇之を統治すとある、此萬世一系なる語は蓋し大日本帝國憲法のみにして他國の憲法に存する能はざるものなり、是れ我日本帝國の國體の支那及西洋の國體に異なる所なり。

內藤耻叟國體發揮

と、此頃より國粋主義の說益々優勢にして、二十二年十月內藤耻叟は「國體發揮」を著はし我國の體面の他に異なり、又他の學び得ざる所は皇室が土地所有の主、人民の祖先、敎化の本、衣食の原なるにありと說き、穗積八束は國家學會雜誌四巻三十九號(二十三年五月)に國家(即天皇)全能主義の主張を掲げ、又同月、皇學を旨とする一派は惟神學會を組織し、機關雜誌「隨在天神」を發行す。其設立主意の大要に云ふ、

穗積八束の國家(即天皇)全能主義

惟神學會隨在天神設立の主意

恭て惟るに孝德天皇の大化三年の詔に惟神我子應治故是以與天地之初君臨之國也、自始治國皇祖之時天下大同都無彼是者也云々とあり、說く者曰く、蓋し神道は是れ皇道にして神孫又は皇裔より成立せる我が日本種族の遵守すべき者なり。降りて大化に及び隣近の邦國交通し、歸化の蕃族繁衍し民心整はず、國政治め難く其古と同じからざるものあり。是に於て天皇此の詔を發して以て臣民をして其向ふ所を知らしめ給ひしなり。今や大化を距ること千二百五十歳、邦國の交通愈々繁きを加へ、蕃族の繁衍益々多きを重ね、內治外交の複雜、政黨政派の騒擾亦大化同日の比に非ず、天皇陛下帝國憲法を公布せられ以て臣民をし

神道は皇道なり

て遵由する所を指示し給へり。

夫れ我典憲は國家の安寧秩序を保維せんが爲め古今の宜を制し、之を文獻に徴して明記せられしなり、蓋し天祖が天壤無窮の神勅を以て垂示せるは是れ典範なり、應神帝の大法山に宣布せるは是れ憲法なり、思兼命の天の安河に集議せるは是れ議會なり、故に其條章の精神に至りても悉く皆祖宗已來の典謨訓詁に率由せざる者莫し、而して其憲法と云ひ議會と云ひ、其の名稱の歐米諸邦に行はるゝ國憲國會に類似せるを以て是より、國家の體面更革する者となし、祖宗以來特性の國體たることを辨へず是れ惟神の皇道を聞知せざるの罪なり。

我が儕曩に史學協會を起し神國の神國たる所以を講じ皇道を明にせんと期したるも、時機尚到らざりしを如何せん。今や感慨默止する能はず、其の昔日の志業を貫徹せんと欲し、同志相謀り、自ら政教黨派の外に立ち、聖旨を遵奉し、國權を恢弘するを以て精神とし、此に是の學會を設立し、前々に講說し處々に巡廻し、或は雜誌を發し、或は塾舍を置き、有爲の子弟をして忠愛なる大日本魂を涵養せしめ、獨立帝國の臣民たるに耻ぢざらんことを欲するなり。之を要するに惟神の皇道を講じ、以て報本反始の大義を明かにし、國家の典憲を服膺し、聊以て天恩に報答するに在り、名けて惟神學會と曰ふ、若し夫れ我が邦開闢數千年來皇澤に霑被せられし我が同胞臣民中にして、此の德義を外にし、別に道理を論ぜば古語に謂ゆる相交口會者（アヒマジコリクチアフモノ）にして國家の蟊賊なり。　苟くも神州男子にして皇國臣民の本分を盡さんと欲せば、我が儕は公言して我が學會に於て惟神の皇道を講明するに在りと云ふを憚らざるなり。

友枝速見斯道大要

と、其機關雜誌隨在天神一五六號以下（二十三年七月以降）に友枝速水は斯道大要を揭げ國體に論及して曰く、（大要）

國家は一家の延長

名は君臣、道は父子、稱は國家、體は一家

抑我國神聖降臨の大古より衆庶蕃殖の今世に至り、本宗統を繼ぎ、支庶列を爲す、親疎別有り、尊卑位を定め、天地と窮りなし、君臣は即ち父子の擴充なり、國家は即ち一家の長大なるなり、則ち所謂る國家主權とは大本宗の權なり、所謂人民自由とは苗裔の榮えなり。　故に其名は則ち君臣、而して其道は則ち父子、其稱は則ち國家、而して其體は則ち一家なり。　夫れ皇祖神聖の極を立て統を置るゝや、天地の玄妙を開き、治世の眞理を發し、敬神忠孝を以て敎綱となす經國安民を以て政紀となす、事必ず之を神に告げ、政必ず之を衆に議る。　以て神人相離れず、上下相背かざるの基礎立つ、未だ嘗て我皇國の如く一系赫々四海に君臨し一人も敢て天位を覬覦する者無きの國體あるを聞かざるなり。後年著述せると、一六四號(二十三年十一月)には丸山正彦は「日本は神國なり」を掲ぐ。「大日本者神國也」と相照應すべきなり。

丸山正彦「日本は神國なり」

之等と時を同じくして二十三年十月敎育勅語の煥發あり、之既に述べたるが如く憲法に依りて法理上より我國體の根本を示し給へるもの、更に敎育上より諭し玉へるものにして、玆に我國の道德的國是定まり、國體に關して動かす可らざる解義を見たるなり。事素より聖意に出づと雖一方又國粹思想磅礴の所產なり、所產なると同時に又其後に於ける國粹主義を涵養する所の一大原動力となりしなり。

敎育勅語の煥發

勅に曰ふ、

朕惟ふに我が皇祖皇宗國を肇むること宏遠に德を樹つること深厚なり、我臣民克く忠に克く孝に億兆心を一にして世々厥の美を濟せるは此、我が國體の精華にして敎育の淵源亦實に玆に存す、(下略)

と、此に於て此勅語を基礎として國體を論ずる事甚だ盛に、勅語衍義、勅語解釋等の類書續々として公にせられ、先きに擧げたる隨在天神の如きも其一六五號以下に連續、深江遠廣の解說を掲げたり、其他生田經德の聖訓述義、那珂通世の敎育勅語衍

深江遠廣敎育勅語解說
生田經德聖訓述義
那珂通世敎育勅語衍義

井上哲次郎勅語衍義

義、井上哲次郎の勅語衍義、重野安繹の教育勅語衍義、栗田寛の勅語述義、吉見經倫の國民倫理學等續々として公にせられ、或は皇學の立場より、或は儒學の見地より、各、勅語に義釋を施して國體の淵源を說けり。二十八年三月大村益荒の著せる「東洋正學」水戸の教育」又同類のものなり、今一々擧げず。

教育勅語と基督教徒緊爭一件

然るに教育勅語の煥發せられて之を全國の各學校に遵奉せしむる事となるや、唯一神教の信仰の上に立つ基督教の徒は、其天父の外に其頭を下げざるものなるが故に之を喜ばず、爲めに所在の教會又は基督教の學校に於て往々教育勅語の尊奉、又は陛下の御眞影の禮拜を拒むものあり。又直接御眞影及び勅語に關係なくとも基督教信者にして教育に反抗し、又は國體觀念と相容れざる思想を有するものあり。

井上哲次郎と基督教徒

夫等の事實漸く識者の間に問題となり、二十五年十月井上哲次郎は、基督教が勅語及び國體に背戾すとの意見を開發社々員に語り、之が十一月の教育時論に現はれたり。

宗教教育衝突問題

之れ所謂「宗教教育衝突問題」の端緒なるが、之より先き、耶蘇教と我國教との關係につきては、教育勅語の煥發せられたる月、即ち兩者の衝突の形に現はれざる以前既に論議せられたる事あり、

加藤弘之國家と宗教との關係

加藤弘之が國家學會雜誌四卷四十四號に「國家と宗教との關係」と題して「日本に於ける神佛耶蘇の三者を比較するに、神道

は宗敎としては最も劣れり、從て佛や耶蘇に壓せらるゝは當然なり、神道が斯く壓せらるゝは日本の國體に大關係あり、神道は天子の先祖を初めとして人民の功勞あるものを祭るものなるが故なり。　宗敎として將來は耶蘇敎のために壓せらるゝ事あらば尠からず帝室の威に關係する事にして、事態容易にあらず、故に何所までも從來の如く神道を宗旨外に置く必要ありと信ず、耶蘇敎徒と雖も熟慮するに於ては日本の天皇陛下の御祖先たる神を拜禮することは決して耶蘇の主義に背く事は無かるべし。　生きたる天子の前に出づれば日本の臣民たるもの之を拜するを非とする者あらじ、生きたる天子を拜して死したる天子を拜するに差し支ある筈なし」と論じたるもの即ち之なり。

徳育方法案

加藤弘之は尙之より先き、二十年十一月十二日、大日本敎育會に於て「徳育方法案」と題する演説をなし、徳育を養ふには是非とも宗敎に據るべく、而も何れの宗敎に據るといふ事も決定し難きが故に神佛儒耶を併せて小學校の徳育科に施し各好む所に從はしむべしと論ぜり、此論者の論旨を馮變する事何時も驚くべきものありと雖も之も亦時勢の變轉の反影と見るべし、(後年の所謂「加藤の耶蘇敎いぢめ」は其端を此に發せるものなり)、斯くて「宗敎敎育

敎育と宗敎との衝突

衝突問題」起り、基督敎徒嶄然たらんとするに及び、井上哲次郎は「敎育と宗敎との衝

突」なる一文を草し之を二十餘種の雜誌に發表し、更に增補して單行本とし、二十六年四月之を公にせり。其大要に曰く、

耶蘇教と我教育と衝突するは當然のみ

我教育勅語は全然國家主義に立脚す、然るに、我邦に於ける耶蘇教徒は往々之が奉戴に反對し、又學校に於ける御眞影拜禮に反對せり。之れ當然の歸結にして、耶蘇教は徹頭徹尾非國家的なればなり、耶蘇教は其主とするところ博愛にして墨子の兼愛に類し、我家の父母兄弟も他人も之を區別する事なし。又現世の事悉く之を捨てゝ一に來世に於ける自己幸福のみを希ふ利己的精神なるが故に父母を重ぜず、我邦の德教の基礎たる祖先崇拜の如き之を斥け、神の外は一切平等と認るが故に、天皇の尊き所以を見ず、故に忠君の念あるなし、國家の興亡の如き毫も念とする所にあらず。されば歐洲に於ても表面上舊を守りて耶蘇教盛なるに似たるも、實は夙に其實力を失へるなり。然るに我邦の基督教を見るに毫も其事情を知らずして徒に我國體に反するを以て文明となし、之を信ぜざるものを野蠻となし、身は日本にありながら心は却て西人に親しきもの大抵然り。是れ豈國家主義を標榜し國體の尊嚴を保護せんと欲する教育勅語と一致するものならんや。然れども耶蘇教にも亦美點なきにあらず、もし佛教が我國

の精神に同化したる如く、耶蘇教も我國の精神に同化するに於ては强ち排斥すべきものにあらざるなり、既に耶蘇教は我國體と矛盾せず、又忠の教を含むと辯護するものあれども悉く牽强附會のみ」。

九州大會　名古屋大會　佛教雜誌記者相談會　國體俱樂部

と、此に於て基督教徒全力を盡して之を爭ひ、佛教家亦渦中に投じて基督教に當り、學者、教育家、操觚者皆此問題に指を染めざるものなく、之に關する單行の著書のみにて基督教を攻擊するもの二十餘種、辯護するもの十餘種、其他新聞に雜誌に講演に之を論ずるもの數百に上り、喧々囂々として盡くる所を知らず、或は基督教の九州大會となり、名古屋大會となり、佛教雜誌記者相談會となり、在朝在野四民より成りて三千人の會員を有する國體俱樂部となり、眞に一代の偉觀を呈したり。

兩派の論爭

吾人今之等の個々に就きて縷述する事能はざるも、概括して云へば、基督教を攻擊するものは固より井上哲次郎の說を祖述し、敷衍するものにして、基督教派の之に答ふるものは、聖書の中にも又一二忠孝を標榜する語ありとし、或は宗教は其處する所の分野全く教育政治の類と別箇にして兩者は衝突するものにあらず、基督教は非國家主義なるも反國家主義にあらずと辯じ、排耶黨が基督教の社會上政治上に及ぼせる禍害を列擧すれば、基督教徒は明治以後に於ける我國の文化の發展、殊に泰西文化の輸入、殊に女子教育の向上、學校外に於て道徳心の涵養に功績を擧げたるは主として基督教の賜なりと應じ、更に鋒を進めて基督教を信ぜざるものを舊弊、頑冥、退歩と論ずれば、排耶派は又基督教徒連りに新思想と誇るも、實は泰西に於ては、多年の習慣上、形式の上に於てこそ尚餘命を維ぎたれ理學進歩し進化論發達したる今日識者の間には殆ど之を顧るものなく、全く生命なき迷信に過ぎず、之を今更新思想なりとて持てはやす其信徒こそ最も頑冥不靈の徒なれと罵り、遂には各對者の人身攻撃に及び、互に犬糞的應酬をなすに至りぬ。 徳川末期に儒學者と復古國學者との間に惹起せる論爭の如きも亦其末徒に至りては事遂に斯の如きに陥れる事は既に述べたるが、理論の問題の、趨りて感情論に墮する、固に止むを得ざるものなるべし。

脱線して感情問題となる

磯部武者五郎攻教時論

當時紛々の論中重きをなせるもの一二を掲げん。 排斥派として磯部武者五郎は曰く「國家の團結を弛解し、國利民福を妨害する宗教は一日も存すべからず、國家其特性を失へば瓦解す。 故に國家の特性を妨害する宗教は斷然棄つべし、然らば基督教は我國體即ち我國家の特性に吻合するや、然らざるなり、我國體は萬世一系の天皇を奉戴するを以て唯一の元素とす、若し小微事と雖も天皇を奉戴せざる趣あらば其害や計るべからず、基督教は一に「ゴット」に奉仕す、未だ嘗て我天皇を奉ずる事を宣明せず、我皇國の國體にては民の守るべき德義三あり、敬神、尊王、愛國之なり、基督教は之と兩立せず、博愛を主義とし敵を愛すべしと主張する基督教は日本魂と合はず、東洋道德と合致せず、當然排斥すべきものなり、之を防ぐには我神道家、國學家、漢學家、佛教家一致協同して之に當らざるべからず、然れども既に人心漸く侵透せる今日、宜しく國家の力を以てすべきなり」(政教時論)と、又中西牛郎曰く、「此一大衝突たるや教育と宗教の衝突と稱するも、實は日本國民が耶蘇教に對する信仰と皇室に對する感情との衝突なり、耶蘇教と日本國家との衝突なり、基督教が全然非國家主義なりとは云ひ得ざるも、我國體に對する時は全く並立する能はざる性質を有す、我邦の皇統は天孫なり、日本國民は其祖先を同じうし共に皆祖宗より分派したりと云ふ一種天啓的の歷史、國民の腦裡を支配し、忠君愛國の感情萬古を經て磨滅すべからざるものあるに職由せずんばあらず、もし此歷史を殺し、此感情を殺すものありとすれば、そは耶蘇教なり。之其教義の然らしむる所なり。我教育勅語は此我國體に基きて國民教育の方針を示したるものなれば耶蘇教の教義と合はざるは勿論なり。耶蘇教徒は國家を以て輕しとし、耶蘇教を以て重しとし、君

中西牛郎
宗教教育衝突斷案

日本人の天啓的感情を殺すものは耶蘇教なり

杉浦重剛教旨辨惑

世界同胞主義は實行不可能

父を輕じ、耶蘇教を重ずるのみならず、君父と一般人類との間に著明なる差別を立てず、我が國と他の國との間に著明なる差別を立てず、然らば我國體と耶蘇教と相容れざるは素よりなり、但し儒教佛教乃至憲法制度皆外國より來りて、多少我國體と衝突したるも遂に同化して事なきに至れり、耶蘇教亦同化し了せんには敢て不可ならず、もし同化せんと欲せば舊教を以て天啓とし、又耶蘇教の基礎を舊教の上に立つることを拋棄せざるべからず（「教育宗教衝突斷案」採意）又杉浦重剛云く、「歐洲諸國が基督教を東洋諸國に布植せんとするは、其名を博愛に藉りて實は其慾を逞くせんが爲なり、　世界同胞主義の博愛なるものが實行不可能なるは識者を待たずして知るべきのみ、而も我國人の一部が之を迷信するは心外と云はざるべからず。　一方理學の發達は空想に生れたる「ゴッド」の觀念と兩立すべきにあらず。　他方我國體は皇室を最貴最尊と仰ぐものにして、基督教徒が或は辨じて其教義にも忠義の旨ありと云ふは牽强のみ、もし然らば何故に御眞影及び教育勅語の禮拜奉信を拒むの徒を其四萬人信者中より除去せざるか。　語を寄す、もし今後基督教が我邦に容れられて而も其隆盛を見んと欲せば勅語に違背する所を除き、理學の疑を容るヽ所を掃ひ以て立脚の地を定めざるべからず」（「教旨辨惑」採意）と。　其外、嘗て耶蘇教

吉森嗽雲 耶蘇教鐵正論頂門一針

徒にして後脱宗せる吉森嗽雲は「耶蘇教鐵正論頂門一針」なる書を著して、耶蘇教徒が神佛を偶像教と論ぜるを駁撃し、耶蘇教は國民をして歸向する所を失はしめ、之に乘じて國を奪はんとするものにして我國體に最も害あるものなりと論じ、

皆川愼之 興奮

皆川愼之は「興奮」を著して、我國體が歐洲のそれと異なる所以を論じ、我國の道義既に備はれる以上耶蘇教の如きものを容るゝ必要なしと述べ、耶蘇教は野蠻種族に對する政治的野心を充たすの具に過ぎずと排斥したり。

小崎弘道 基督教と國家

之等の攻撃に對し、信徒側の人として、小崎弘道は辨じて曰く「基督教は神人間の教なり、人類が罪惡の中より救はれ、光明の世界に達するの梁津なり。故に其教旨たる、人に對するより神に對するもの多く、見るべきの世界に對するよりも見るべからざるの世界に對するもの多しとす。人に對するの教、見るべきの世界に關するの教誨なきに非ず、然れども是れ皆神に對し見るべからざるの世界に對する教より生じ來るものにて、宛も欝蒼たる葉朶、艶麗なる美花、豐饒なる果實、地下に在る一個の根幹より生じ來ると一般なり。故に基督教を信じ、其救を得る者は、子、子たらざるはなく、父、父たらざるはなく、君、君たらざるはなく、臣、臣たらざるはなく、人間間の道徳は云はずして行はるゝに至らん、且つ基督教は愛の教なり、爾の心を盡し、

植村正久
今日の宗教及徳育論

人類を囚へて之を自國てふ觀念の中に禁錮するは陋俗なる國家主義國粹論者の迷夢のみ

精神を盡し、主なる爾の神を愛すべし、己の如く爾の隣人を愛すべしとは是れ基督敎の綱領なり、己の如く人を愛する敎にてあらば國を愛するは勿論、國君に對し忠節を盡す事あるを固より其敎の主旨なりとす」(基督敎と國家)と。　又植村正久曰く、「基督敎徒の熱心に從事するものは神の國なり、其敎ふる所は敬神愛人の主義にして、公けの爲めに身を勞し、犧牲獻身の心を厚うするにあり、基督敎は來世を主とするが故に現在の社會には不忠なりと云ふものあれど、此は皮相の見解にして取るに足らず、聖國を降臨し給へ、聖旨の天に行るゝ如く地にも行はれしめ給へとは基督敎徒の常に祈る所なり。　國家現在の有樣に制限せられ、從家の歷史を牆壁として進步の前程を遮斷せんとする守舊頑冥の俗論黨はともに人類及國家の大問題を論ずるに足らざるなり、人類を囚へて之を自國てふ觀念の中に禁錮するは陋俗なる國家主義、國粹論者の迷夢のみ。　吾人は國粹の虛名を耳にすること久し、吾人徒に愛國を呼號するの聲を聽くもの一日に非ず、爾の國粹とは何ぞや、汝の愛國とは如何なるものぞ、吾人之を世の俗論的愛國者に反問せん。　基督敎は神を愛するの主義を第一に置き人をして其制限の下に己を愛しまた他を愛せしむるなり、吾人の愛國も亦然り、正義なる愛を以て國家を愛せざるべからず、基督敎の君主に對する地位亦之と大同小異のみ、君主の重ずべきは新約聖書既に其明文を載せたり、基督教は決して不忠の道を主張するものにあらず」(「今日の宗教及徳育論」採意)と、之等の類今一々擧げざるべし。

佛教家の井上加胆

爰に看過すべからざる事は、佛教家の井上加胆なり。井上は「宗教と教育」として論じたりと雖も、其攻擊する所は耶蘇教徒を目標としたる事固よりなり。然れども、其我國體と相容れざる論旨は耶蘇教が世界的にして國家的ならざる點にあり、此論移して以て佛教に應用すべし、佛教も亦其根本義は世界的なる事毫も耶蘇教

佛教徒の矛盾

と撰ぶなし。而も此際佛教徒は擧げて井上派に加膽して耶蘇教に當れり。耶蘇教側にて此點を捕へたるものなきにあらず、大西祝、元良勇次郎の如き即ち之なり、就中前者は「世界的なるが故に我國體を破壞すと云はば、佛教は元より、儒教亦然り、哲學然り、理學然り、詩歌然り、何ぞ獨り耶蘇教のみを論難せんや」と高潮せり。而も佛教徒聞かざる眞似して全力を傾けて耶蘇教を攻擊せり、加之、更に一歩を進めて佛教と國體と深き關係ありと主張するに至れり。井上圓了の如きは其代表的の

井上圓了日本政教論

ものなり。之よりさき未だ衝突論の惹起せられざる二十二年九月、既に日本政教論を著して皇室と佛教との離る可らざる關係ある事を論じたる事あり、大要に曰

公認教の必要を論ず

佛教は日本の佛教なり

國體と佛教との關係を說く

く「歐米各國に在ては皆信仰の自由を公達すと雖も、其下に國教を立て、又は公認教を置く國あり、我邦も目下信教自由制度ありと雖も又政治上公認教を設くる必要あり、そは數萬の信徒を有するもの、及び數千年來布教せるものを以て公認教とすべし。　而して其主なるものは神道及び佛教なり。　佛教は印度傳來のものなるも、今日にありては日本の佛教にして、印度の佛教にあらず、且つ佛教は我邦にありて一千數百年我社會の文物と互に混同し、共に成長したるものなれば、神佛二教は純然たる我邦舊來の宗教といふべし。　神道は暫く措き、佛教も古來皇室と關係深く、又國家鎭護の一助たり、即名實共に佛教を以て國教に組織したるものなり、もし此緣故を廢するに於ては歷史上の事實を廢するものにして、歷史の事實を廢するに至りては我皇室國體の永續を期すること難かるべし。　我邦皇室國體の永續を期せんと欲せば歷史上緣起深き寺院は之を保存し、其宗教は之を特待せざるべからず」と、論中牽强附會ありと雖も亦多少の眞實なきにあらず、蓋し滔々たる國粹論に對抗する意味ありしなり、然るに偶然、教育宗教衝突問題起りて爰に佛教は國粹論に合致して耶蘇教に當るに及びて更に一歩を進めて、國體と佛教との關係を說きたるものは日本倫理學案と、忠孝活論となり。　日本倫理學案（二十六年一月著）に云ふ、

日本倫理學案

國異なれば國體亦異にして其國の獨立繼續する限りは其特有の國體を維持せざる可らず、そは敎育も道德も共に其國體を基として組織せざる可らず、上古より中世の間我邦の敎育宗敎等は大抵皆支那三韓印度より漸々入り來りしも、自然に我國風に一變し、我國體を維持するを以て目的とするに至れり、因て今後の方針も飽迄國體を基本とせざる可らず。

皇統一系天壤無窮の原因三條

我邦の國體の萬國に卓絕する所以のものは上に皇統一系天壤無窮の寶祚を戴くにあり、然して其由て起る原因は次の三條なり。一、皇室ありて後人民あり、人民ありて後皇室あるにあらざること、二、君臣一にして二ならざること、三、忠孝一致を以て人倫の大本となすこと、

億兆の人民皆是れ皇室の臣下なり、同時に皇室皇族の末裔なり、從て君臣、一家忠孝一致を知るべし、此美風は獨り倫理上一國の精華なるのみならず、國家の團結を鞏固ならしめ、國務を强大らしむるに大に利あり。

と、此には佛敎と明言せざるも宗敎以下支那三韓印度より來れりと云ふもの暗に佛敎其他を指せるに似たり。　次で七月に公にせられたる忠孝活論の大意に曰ふ、

忠孝活論

我國體を論ずるには客觀主觀の兩面より觀察せざる可らず、第一客觀上物界

にありては我邦は氣候溫和地味豐沃風景秀美なる事、世界其比を見ず、之れ天然の賜なり、同、人界にありては上に一系連綿なる一種無類の皇室あり、開國以前より儼然として永存せるものにして遙に他の禪讓放伐に依りて立つものと異れり、次に主觀上、心界にありては古來一種の靈が凝然として大和魂を成し、最も精誠なる忠孝を發育し之によりて一種神聖なる國風を形成せり。

日本は神國

實に我國は神國といふべきなり、皇室は太古純然の氣の今日に永續せるものなれば即ち神聖の皇室なり、臣民は皇室の分派にして神子皇孫の末なれば神聖の臣民なり、而して我忠孝は此の臣民の精神界に固有なる靈氣の發動にして神聖なる皇室より分賦せられし吾人の有する德性なれば亦此忠孝は神聖の忠孝なり。

佛門忠孝論一斑

佛敎と國家主義

と、爰にも亦敢て佛敎を言はず、然れども附錄として「佛門忠孝論一斑」を添へたるが、そは著者が第一高等中學德風會員の依賴に應じて講演せるものにして佛敎中にも、忠孝の起るべき原理ありと論じて佛敎を國家主義に結び付けんと欲したるものなり。

村上泰音立敎論

此外村上泰音は立敎論を著して(二十四年九月)耶蘇敎を攻擊し、同時に佛敎と我國體と離るべからざるものありと論ず、大要に曰く「試みに彼の外敎徒が敎育上に於ける心操行爲の如何を見るに、動もすれば、紀元節、天長節などの如き重要なる國祭日に尙學業を休まず、彼の外敎徒の建設若くは管理する學校に於て其休業日の多きことは其學生及び父兄の痛歎する所なり。　而して其學業課程の上に於ても彼等が奉ずる神に對して讃美歌を唱へ、祈禱を爲すが如きは隨分多くの時間を費せり、而して其時間を嚴に勤め又は神に奉ずるの觀念に於て能く其敎意に契當するもの丶如きは其點票の多數を與ふるを以て例とせり。　無邪氣にして優等の及第を欲するの生徒、豈に知らず識らず其敎化を蒙らざるを得んや。　然るに彼れ外敎徒は國家敎育を重んずる政府の下に官立學校の職員を奉職する如き場合に於てすら動もすれば敎育上の勅語の奉讀式等に於て不敬の行爲に涉り、己れ他の生徒を敎育する職を以て却て他の生徒の憤懣激昂を買へり。　己れ日本臣民たる身分を以て、却て宗敎上の觀念より、臣民たる義務に背けり。　然るに是れ等の行爲を以て若し一己人に於ける迷想誤惑に過ぎざるものとせば其の敎育に關係なきものとして敢て之を齒牙に掛けずとするも、彼れの同敎徒殊に同敎徒中に幾分の名を知られたる同敎徒は敢て彼を警戒せず、却て彼れを辯護して益々其非を飾らんとせり、而して其の言ふ所を聞けば失體にも「我皇帝陛下を政治上の王としては敬事するも宗教上の王として之れに敬事せざるものなり。今紙に寫せる文字（勅語）に對して漫に敬禮を表するが如きは宗教上の迷信を教育上に混用するものにして當を得たるものにあらず、我等斯くの如きことをなさば罪を神に得るものなり、若し強て我等をして斯の如き事を爲さしめんと欲するものあらば、我れ等死力を盡して之を抗爭せざるを得ず」との意を以てせり、是れ我國體と宗教とを混同したるの罪なり、然るに我が佛教が皇室に對する心操行爲を見れば、其忠誠愛護の念、實に例ふべからざるものあり。既に前にも云へる如く、各宗各派の寺院に就て其の本堂に詣れば概ね「今上皇帝聖壽萬歳萬々歳」を祝延する靈牌を設けざるはなく、又某寺門の如き新年三旦及び毎月朔望の辰を期して祝聖と稱し皇帝陛下の寶祚長久を祈る式あり。且つ某々寺門の如き大寺名藍に住持たるものは先づ其入院の始めに於て祝國開堂なる法式を擧行し、國家安寧、聖算無窮を祈るを以て第一義の法要となし、又某寺門に於ける授戒會五則會等の上堂に於ても先づ皇帝陛下の萬歳を祝禱せざるはなし、而して古來の朝廷我が法教の國家と皇室とに忠愛なるを信認して其勅請住持に賜はる所の綸旨の如きも概ね「某寺住職事應」勅請」宜」奉」祈」國家安全寶祚長久」者依」天氣」執達如」件」の語あるを見る。之れ綸旨は教意と、實に冥契ある所といふべし」と。　又太田敎尊は「勅語と佛敎」を著して(二十七年二月)佛敎の國家を重んずるは實に其本來の敎理にして決して日本に渡りて後に然く順應したるものにあらずとて古來我邦に於ける高僧等が國家を重じたるを例證し、西洋の權利自由の思想の我國體と相容れざるを說き、又儒敎も其天命說の如きは皇統連綿を以て根本義とする我國體と相容れず殊に耶蘇敎に至りては天帝を奉ずるは我君父を輕んずるものにして到底許すべからず、獨り佛敎は社會の人類に尊卑上下貧富貴賤の差あるは皆過去の宿因によるものなれば互に之を害すべからず、一天萬乘の尊き身に生れて四海の君王となり給へるは、然るべき原因ありて然るものなれば、決して之を侵すべからず、人の臣と生れては其君に忠を盡さゞるべからず、之れ佛敎の主義にして要するに佛敎は其敎理上に、又其歷史上に、能く我國體と適合し、皇室と離るべからざるの關係を有す、と論じ敎育勅語の章句を擧げて其示す所と佛敎の敎ふる所と一致する所を縷述せるもの、素より牽强附會の嫌なき能はず、而して別に我國體に就きて論じて曰く「謹で惟ふに諾冉二尊始めて此瑞穗國を生みなし給ひ、又吾人の祖先なる諸神を產み給へり、されば此日本國は先、君王ありて而して後に臣民あるの國體にして劫初以來此土地は皇室の有にして皇室は邦人の君家なり、邦人は皇室の臣子なり、我國君臣の分義既に此に確定せられたり、吾人の祖先なる諸神は其初天皇陛下の御先祖なる諸冉二尊の生み給ふ所にして、爾後の祖先も亦悉く皇室の一門なれば、天皇陛下の御先祖は父なり母なり、吾人の祖先は子なり孫なり、皇室の一家漸く繁殖して此に日本國をなせるものなり。されば、皇室と臣民とは其間一家族の關係を有し我國は一家組織の國體なり、即ち忠孝一本は實に我國道德の根本義なり」と。

之等滔々たる保守的國家主義思想と、佛敎家の之に對する追隨論の中に釀成せられたる國體論の主なるもの二三を此に掲げん。

渡邊重石丸固本策

平田派の皇學者渡邊重石丸は二十三年三月「固本策」を公にして、儒者洋學者等が自國を尊重せずして外奴の如き態度あるを難じ、古語拾遺論、古事記論、祝詞式論を掲げて我國體を論ず曰く、

神皇の治天地の道を奉じ以て億兆に君臨す、其意一に至誠に出づ、之れ報本反始の禮由て興る所以なり。報本反始の禮は唯祭を大なりとなす、天照大神の尊を以て猶親ら新嘗をなし以て祭祀の道を奉ず、其旨深し。(以上古語拾遺論)

帝系の上帝に出でて赫々疑ふべからざる者唯我大日本帝國を然りとなす。蓋上帝の號、四海萬國同神異名、各尊崇を極め稱して造化の神といふ。而して萬國の開闢は亞細亞に起り、亞細亞の本は支那に在り、支那の本は神州に在り、神州に帝あり須賣良美許登と曰ふ、須賣良美許登とは猶宇内統馭の主尊といふが如し。内に萬世不易の主を立てゝ以て經綸の業を制し、國造あり、縣主稻置あり、直あり、別あり、碁布星羅以て其根を固めて寶祚動搖の憂無からしむ、是祖宗内を治め外を馭し以て國を建つる所以の大體なり。(以上古事記論)

祭祀は王道なり

人道は祭祀より大なる莫し、祭祀は王道なり、決して巫祝の私すべきに非ず、祭は政教の根本たり、根本既に立てば則ち諸政擧る、是故に我上古の世、祭を以て政となし、政を以て祭となす、祭は以て教たり以て治たり、祭政一致、治教合一、無爲の化、不言の教是に於てか成る、人各其本を祭つて國に不忠の臣なく、家に不孝の子無く、風俗の美亦宜ならずや。

祭政一致治教合一

國を神國と云ひ、人を神裔といひ、書を神典といふ、天子即位の初、政を神に告げ、民に令するの詔も亦之を高天原に繫け、以て其起元を明にす、以て國體を愼む所以なり。凡、事、源儀を詳にせざれば則以て遠きを行ふ可らず、古、朝廷の禮の如き悉く法を天上の儀に取るは之が爲なり。今廢を興し絶を繼ぎ以て國體を振起せんと欲せば則ち宜しく、法令を一新し、以て人民の耳目を警醒すべし、何をか人民の耳目を響醒すると云ふ曰く。天皇、皇祖天神を齋場に親祭し以て大孝を申べ、宜しく神武天皇鳥見山の例に依るべきなり。(以上祝詞式論)

神武天皇鳥見山の例に依るべし

と、

蘆廼舍德明「大道原論」

蘆廼舍德明なる人、隨在天神一七九號(二十四年七月)に「大道原論」なる論題を掲げて云ふ、(大意)

皇統連綿天壤無窮の原因

吾が皇統の一系連綿、萬世不易なる所以は天壤無窮の神勅に淵源す。然れども之れ近因なり、遠因は皇室の太祖の我國土鎔造化育にあり、即ち其結果として其嫡孫たる皇室の列聖此天地を統御し給ふべき王權を有するなり。此上下の分定まれるもの即ち大道の理原なり、此理原一たび定て後、國體の眞僞是非は自ら炳焉なり、謂ゆる其國の體裁此實理に合するものを眞とし、是とし、此實理に合せざるものを非とす、蓋し我が皇國の國體の如きは太古の神聖之が極を立て條理秩然として君臣の大義開闢以來斷乎として變動せず、此則ち世界無比金甌無缺の眞君主國なるは天然造化の眞理に則ればなり。

穂積八束「祖先教は公法の源」

と、次で穂積八束は國家學會雜誌五巻六十號六十一號（二十五年二月三日）に「祖先教は公法の源なり」と題して、

何人も幼時父に劣るが故に、父を崇拜し、之を推し及ぼして祖先を崇拜す、之れ世界共通の事實なりしなり、此父を崇拜する事が親族法の發生する所以なり、此親族法の發達に就て始めて人倫の教と云ふ事起る、人倫の教と公法とは今日に於てこそ區別せらるゝも、原人社會に於ては其區別なきを以て人倫の教の發達を確むれば公法の發達したると同一なり。

と論ず、國體云々の文字こそ無けれ、我國體の根本義とせらるゝ所の祖先崇拜の思想を以て公法の根原とせるものなり。

近衛篤麿「君主無責任の理由」

次で近衛篤麿は國家學會雜誌五巻五十五號（二十四年九月）に「君主無責任の理由」と題し、憲法に關連して國體の根本義を說ていふ。

凡そ立憲君主國の憲法に於て、君主に責任なき事を明記せざるもの稀なり。我憲法の第三條は之なり、此神聖の二字は我國體上、我天皇の神孫に在らせ給ふによりて加へたるものと見るべきなり「侵す可らず」の中に無責任の意義を含むなり。

主權と國權

君主の地位より此事を論ぜんに、君主の大權なるものは主權と國權との二に分つべし。國權とは施政權にして主權とは統御權なり。國權は制限し得べく、主權は制限し得ず、主權は儀式上國家を一身に引受けて外面に表示するの權なり、換言すれば、君主は內外に向て國家を代表する最高の機關にして、各般の政務を統一するの地位にあるものなれば、其下位に在る所の機關にして之に責を負しむることは到底行ふ可らざればなり。故に君主の無責任なることは、其「主權者なれば無責任ならざる可らず」といふ固有の一理あるに依るなり、

加藤扶桑日本國體論

と、次で二十五年二月、加藤扶桑は日本國體論を著して其大要に云ふ。

皇統は國家團結の中樞

四千年以來世界各國の或は亡び、或は亡びて蘇り、又合併せられたる中に、一度も建國以來變を見ざりしは我日本あるのみ、一は地理的有利の位置を占めたると又國民有爲なるとが致したるものなれど、別に其原因存せざる可らず、萬世一系の皇統即ち之なり。此皇統こそ我國家團結の中樞なれ、萬國皆其朝を屢々革むるに、我邦獨り萬世一系なるは我國家成立の基本大に外國と異なるに依る、曰く、我日本國を組織する所の民は悉く同一なる人種に屬する事是なり。

始めて我邦を治平して國を作りたるものは、我皇室の祖先にして、之を扶けた

るものは皆其支家なれば、天位に昇るべきは當然其皇祖の嫡統たるべし、他は其資格なし、故に我元首の地位は極めて安泰なり。

君民一家なるが故に君民は政治的に主從の關係あるのみにあらず、又上下互に溫情を以て相對す、之れ又皇家の安泰なる原因の一なり、之れ又我邦が外國の如く流血を見る事無くして容易に立憲の制を取るを得たる所以なり。

と、又同年十月磯部武者五郎は「國體述義」を著はせり、其大要に云ふ、

磯部武者五郎國體述義

我邦の最美とする所は此四千萬の一大民族が開闢以來秩然其序を紊さず、君は君たるの道を全うし、臣は臣たるの忠を盡し、父は父たるの慈、子は子たるの孝を致して彝倫道德を全うしたるにあるなり。

我日本人民は一大家族をなし、四千萬の人悉く其先祖を一にせり、吾人は皆父母兩性の生む所、親の親、遡て其先系を考へ其極所に到達すれば、皆高皇產靈神皇產靈二柱の神より出づ、故に此二柱の神は我四千萬人の太祖なり。此二柱の神より正系を追て連綿傳統し給へるは我王室なり。故に我王室は吾四千萬人の宗家なり、天皇は即ち宗家の父に在ますなり、我民族は必ず我王室は宗家にして天皇は宗家の父なり、衣服飮食より學藝道德に至る一に王室より出で其標準悉

く王室に在て、歴世の皇恩ならざることを知らざる可らず、天皇は立法行政二機關の上に立ち給ふを以て恰も人身中にて其頭に方る故に國家の元首といふ。

我邦土は皆天皇の所有たり

我邦土は皆天皇の所有たり、我先王の開き給ふ所なればなり。天神天孫を降し給ふや、豐葦原の瑞穗國は吾子孫王たるべき地なりと詔す、此一言萬世誣ゆ可らず、衣食住に用ゆる諸要素其元々を尋ぬれば悉く皇祖の創造し給ふ所なり。一國人民相集りて社會を成す以上は互に道德を守らざれば全き能はず、其道德中最重きを忠孝となす、特に孝を重しとす、忠は孝より出ればなり。

又我邦の學藝技術も亦王室の率先して開き給ひし所なり。

敬神尊王愛國は我同胞の公德

以上の理由に由りて獨立尊嚴を保てる我國家國體を保護するには敬神尊王愛國の三用に據らざる可らず、此三者を我同胞の公德といふ、而も此三公德は實は三にして一、一にして三なり。

祖先の靈を敬拜するは東洋の風習にして殊に吾日本特有の風習なり、祖先の靈を敬拜するは孝道の終りにして吾同胞道德の最大なるものなり、吾同胞が祖先の敬拜を怠らず、之を勉むるときは人心一和國體を鞏固にするものなり、吾同胞と近き祖先より更に遠き祖先に及ぶときは王室と四千萬の同胞と其祖先を一にするなり、故に祖先敬拜の念固きときは王室人民一體となり、國家一心となる、かくの如くにして國體鞏固萬世動かす可らざるなり。

既に國家の祖先及び歷朝天皇を敬拜す、敬神の義此に盡く、更に進んで當代天皇を尊敬し忠を盡すことを勉むべし、尊王の義之なり、愛國も亦同じく國體より來る、即ち一國を擧げて祖先を同うする兄弟姉妹なり、故に其一般公共に關係する德義は其兄弟姉妹に對する德義なり、かくて國を擧げて相信愛するは即ち國を愛する所以なり。

と、

久米邦武の「祭天古俗說」

此外、久米邦武が史學雜誌に、我神道の祭天の古俗なるを論じたる一文を公にするや、天下囂々として之を駁し、其我國體を毀損するものなりとして彼を攻め(下田義夫の祭天古俗說辨明、宮地嚴夫の祭天古俗辨義等即ち之なり)遂に大學教授の職を失はしむるに至りたるも此頃なり、又二十五年九月には雜誌「神道」發刊せらる、其始めに神道總裁の斯道綱領を掲ぐ、

雜誌「神道」綱領

伏て惟るに神道は皇國の大道、天祖の懿訓にして皇統一系天壤と窮り無きは

則ち斯道の存する所以なり、夫皇國の臣子たる者誰か奉戴せざる者あらんや、是れ余が七旬に餘る身を以て總裁の命を拜して辭せざる所以なり、苟くも職を奉ずる者宜しく余が意を體し黽勉從事皇國をして隆盛ならしめんことを望む。

深江遠廣「神祇官復興すべきの梗概」

と、又隨在天神二一七號(二十六年十二月)に深江遠廣は「神祇官復興すべきの梗概」と題して、我が大日本皇國萬古不易にして宇內誇稱する所以の者は皇天二祖の三大詔ありて上下之を繼承し國體を重じ來るが故にして、其三詔(豐葦原……、吾兒視₂此寶鏡₁……、皇祖高皇產命詔曰吾則起₂樹天津神籬及天津磐境₁……)は本朝國體の神髓にして萬世に亘りて動かす可らざる至貴至重の大典なれば此一典を闕くときは國體完備せざる所以を述べ、二十七年三月には長野義虎は愛國篇を著して國體の尊重すべきを說く。大要に云く、

三神勅は本朝國體の神髓

長野義虎愛國篇

今日に當りて尙未だ世界を呑倂する國あるなし、此際に當りて達眼の士、大策を施さば他日各國を一丸と爲し、到る處旭日を飜す事を得ん、然れども之一に今日邦人計畫の如何にあり。

抑も我邦は彈丸黑子の一孤島なれども、高祖神武天皇卽位以來玆に二千五百五十三年其皇統連綿として未だ嘗て一の神器を覬覦するものなく、又嘗て他國

の掣肘を受けし事なく、寶祚の隆盛實に天壤と究りなきもの豈に偶然ならんや、上に天胤の重きありて天業を經綸し、以て四海に君臨す、億兆の民擧て之を奉戴し、協同一致能く忠孝の大訓に從ひ、君臣の大義を守り、乾坤遠邇、一人の天光を仰慕せざるものなし、是れ我皇室の神聖犯す可らざる所以なり。

と、而して同時に設立せられたる愛國教會の教旨を述べて曰く、

凡そ人一家に在ては一家の安全を計り、一死以て一家を保護せざる可らず、一國に在ては一國の安全を計り、一死以て一國を保護せざる可らず、故に一家に在ては其一家を毀損せんとし、或は放火せんとするものあらば、務めて之を防遏するは當然の義務なり、一國に在ては一國を損害せんとし、或は之を侵略せんとするものあらば務めて之を制止するは亦當然の義務なり。 之を全くせんには一朝事あるに當ては國民皆義勇兵となり、常備軍に加りて戰鬪すべし、

と、而して之れ此尊貴なる國體を盛にし、他日世界の覇者たらん爲めに此愛國教會を設立せんとする所以なり、といへり、次期の始めに高唱せられたる日本主義なるものゝ伏線とも見るべきなり。

明治二十七、八年の交、日清戰役ありて、我彼に勝つや、國民的自覺勃然として起り、

一般思想界の風潮又大に異なるものあり、以下第四期として述べんと欲す。

(六) 明治時代第四期

(明治二十九年頃より四十二、三年に至る)

日清戰役と國民の自覺

内に保守的國粹主義漸く磅礴せんとするに當りて、外に日清の戰役あり、內外等しく意想外とする所の大捷を得て、我國の實力は自他の共に認むる所となるや、茲に國民的精神は更に其光焰を盛にせり。此に於て從來、歐化と云ひ國粹保存といふも極めて漠然たるものにして、要は名に依りて異を立つるの嫌なきにあらざりしも、日清戰爭以後に於ては夫等の主義なるものも內容漸く明瞭を加へ、從來の如く物を一概に論じたるの風を脫するを得たるの觀あり。之れ學者によりては之を名けて自覺時代と稱する所以なり。

湯本武比古「日本倫理學」

二十八年九月に湯本武比古は日本倫理學を國學院雜誌に連載して日本の固有道德を論じ、國體の本領を明かにせり。其大意に云ふ。

言擧せぬは我國上古

言擧げせぬは我國上古の美風なり。彼の儀則節文の如きも先づ之を具備して而して後人を之に從はしめたるものにあらず。其幽微なる原動こそ皇祖諸天神に出でたるなれ、之をして主義たらしむる所の所謂忠信、義務を果たすの精神は却りて先づ大に皇祖諸尊の發暢せしめ給ふ所なり。肇國とは單に土地を開き人民を殖するの謂にあらず、一定の國土内なる住人は國家の實體なりと雖も、國家其ものは此住人にあらずして却て之を支配する所の理念なり。皇祖は言擧げせずして國を肇め給ひたり。惟神の道は言擧せぬ間に成り、敬神の敎は言擧げせずして行はれたり。是れ倫理學上の上乘なり。我惟神の道は世界人類の道とする道の中に就きて最も高く尊きものなり、而して君臣の關係の千古に渉りて渝ることなき所以は其の親子の關係と混和一致して、臣の君を奉ずること單に君としてのみならず、又時に子として之を俯庇し給ふにあり、斯く忠孝一致の國に於てのみ君臣の分は渝ることなきを得るものなり。

大日本敎會

と、翌二十九年五月には柴田峽治は稻垣乙丙、加藤弘之、湯本武比古、品川彌二郞等數十名の贊同を得て大日本敎會を組織せり、其主義とする所は「敎育勅語を大經典とし之を社會全般に普及し感化の實績を收めんと欲す」るにあり。次て首唱者柴田峽治は大日本敎なる一書を著して敎育勅語を講明し、國家主義を高調せり。

其主義

柴田峽治 大日本敎

穂積八束國民敎育愛國心

翌三十年六月には穂積八束は「國民敎育 愛國心」なる一書を著して我國體と祖先敎との關係を說き、最も此國家主義の爲めに氣を吐くあり。其大要に云く、

國體及び國民道德の基礎は祖先敎に淵源す

我が日本國有の國體と國民道德との基礎は祖先敎に淵源す。祖先敎とは祖先崇拜の大義を謂ふ、我が日本民族の固有の體制は血統團體なり、我が固有の國民道德たる忠孝友和信愛の道は一に皆祖先崇拜の大義に溯源し、血統團體を保維するの軌轍たり、我が堅固なる家國の體制は祖先敎の基礎に存し之を千古に建て之を萬世に傳ふるは我が民族の特質にして我が國體の精華たる所なり。

血統は之を祖先に受け之を子孫に傳ふ、故に其團結は永久なり。利害を以て離合斷續するを得ず、之を統一するものは祖先の威力なり。家に在りては家長は祖先の威力を代表し、家族に對し家長權を行ひ、國に在りては天皇は天祖の威靈を代表し國民に對し統治權を行ふ。

汝の父母を敬愛し其の慈愛なる保護の權力に從順なるの至情は延て之を其の父母の父母に及ぼすべし。吾人の祖先の祖先は即ち畏くも我が天祖なり。天祖は國民の始祖にして皇室は國民の宗家たり。父母拜すべし、況や一家の祖先をや、更に況や一國の始祖をや。

人は信仰に依りて動作す

人は信仰に因りて動作す、限定せられたる人智は宇宙の現象を總合して之を其根底の眞理に照明し、絕對の理法を自覺して行動すること能はざればなり。吾人の祖先は肉體の外に不死の靈魂あることを確信し、又子孫を慈愛する父母の威靈は顯界に於て其肉體を亡ふも、尙幽界に在りて其子孫を保護すと確信せり。

祖先崇拜の淵源

是れ祖先崇拜の大義の淵源にして敬神の我が國敎たる所由なり。我が固有の國體、民俗、祖先の祭祀を重んずるより重きは無し。我が祖先崇拜の大義は國民の確信に出で、不朽の國體は之に由りて其基礎を立て、國民の道德は之に由りて深厚なり。斯の民を千古に溯り萬世に亘りて保持する者は此の國體の精華たる我が固有の祖先敎の力なり。

家を合して國を成す

國は個人の合衆なりといふは我が國史の事實に反す。國民は家族制に依りて分屬し家を合して國を成す、家籍を以て國民籍の基礎となすは此の所由なり。若我が固有の祖先敎を打破し、家制を廢することあらば、延て皇室の神聖なる源由を侵犯するの虞あらん。

國は統治權に依りて保護せらるゝ民族の團體

國は統治權に依りて保護せらるゝ民族の團體なり、我が統治權は之を國民の始祖に受け之を其の直系の子孫に傳ふ。皇統は民族同祖の正系正統の子孫に

皇位は天祖の靈位

して皇室は國民の宗家なり。天皇は統治權を天祖に受け之を皇胤に傳ふ。皇位は天祖の靈位なり、天皇が國民を保護するは天祖に對する任務なり、國民が皇位に忠順なるは天祖の威靈に服從するなり。祖先敎に由り構成せられたる血統團體は其の社會の主力を崇拜す。故に法令の本源たると同時に敎義の源泉たり、其崇拜は崇拜すべき理由ありて之を崇拜するなり、怪力を迷信するにあらざるなり。

日本の主權は神聖なるが故に敬愛せらる

外國の主權は强大なるが故に服從せられ、我が國の主權は神聖なるが故に敬愛せらる。

雜誌「日本主義」

と、國家主義的風潮斯の如き時に當りて、先きに掲げたる大日本敎會は、此年五月、其機關雜誌「日本主義」を發行して其主張する所を宣傳す、其主義綱領は左の如し。

主義綱領

日本主義によりて現今我邦に於ける一切の宗敎を排擊す、我國民の性情に反對し、我建國の精神に背戻し、我國家の發達を阻害するが故なり、而して之に代ふるに國家主義を以てするなり。

君臣一家は我國體の精華なり、之れ我皇祖皇宗の宏遠なる丕圖に基くものにして、萬世臣子の永く景仰すべき所なり、故に國祖及皇宗は日本國民の宗家として無上の崇敬を披瀝すべき所、日本主義は是故に國祖を拜崇して常に建國の抱負を奉體せん事を務む。

綱目十ヶ條

と、而して其綱目として揭ぐる所は一、國祖を崇拜し、二、光明を旨とし、三、生々を尙び、四、精神の圓滿なるを期し、五、淸淨潔白を期し、六、社會的生活を重んじ、七、國民的團結を重んじ、八、武を尙び、九、世界の平和を期し、十、人類的情誼の發達を期するの十ヶ條にありと稱す。

木村鷹太郎日本主義國敎論

此主義の爲めに最も努力したるものは木村鷹太郎にして其意見は三十一年三月に單行本として公にせられたる「日本主義國敎論」に最もよく現はれたるが故に今其大概を揭げん、曰く、

日本主義は保守的國粹主義に非ず、卑屈なる外國崇拜の輕跳主義に非ず、日本の自我を守りて生物學の原則に從ひ、外來の文物を我に同化し、以て自我を養ひ、以て自主の實現を期するものなり。

先づ國敎を定めよ國民精神の統一

先づ國敎を定めざる可からず、國敎とは國家が其目的、其主義、及其理想を定め國民に其信奉を求め、其敎育を力むるを云ふなり。 之を國民精神の統一と爲す、而して國家にして國民の精神を統一せんと欲せば其思想、其道德、其宗敎、其嗜好、

其祭禮、其節等を統一し、苟も國家の目的と理想とに合はざる者は盡く之を禁止せざる可らず。殊に宗敎に於て然り、國家主義の理想に害あるローマ敎グリーキ敎、ゼスキット敎等は嚴禁せざる可らず。自由も國家の精神に反するものは許可す可らず。

國家主義に害ある宗敎を嚴禁せよ

國敎の基礎條件

此意味に於て國敎を定めざる可らず、其如何なるものを基礎條件とすべきかといふに、一、國民性の發表せるもの、二、國體と和合すべく、三、國家的なるべく、四、國家の歴史上常に好意を有し、國體を汚したることなきものたるべく、五、生々的にしてよく國家的生物原理に適合せるもの、六、快活にして心身共に健康を旨とし、常に希望進歩の念を持ち、厭世悲哀を勵ます事無きもの、七、敎理的實行的に國體に從ひ、皇室と密接なる關係を有し、中心をこゝに置き、之を至上と崇むべきもの、八、精神の高尚優美を貴ぶと同時に實際を重んじ、實業を奬勵し、實力を養成することを敎ふるもの、九、國民的國家的たるを以て又よく祖國を愛するものたるべく、十、平和を理想とするも亦尚武の精神を有するもの、十一、健全なる精神の美術を發生するを得るもの、十二、敎育的にして科學に反せず、迷信を唱へざるもの、十三、女子を卑しまず相當の位置を認むるもの、十四、日本を世界の中心と考ふる所の國民的自信大抱負を有するものたるべし。

我國の歴史を見るに悉く以上の理想によりて發展し來れるものなり。吾人の神とは吾人國民の祖先とし、或は國家の至上とし、或は其德、或は其至上權に於て或は吾人の理想として崇拜する所のものなり、

湯本武比古「日本主義」を主張す

と、斯くの如き理想を以て「日本主義」紙上に高唱せるもの、其反響頗る大なるものあり、此「日本主義」の前唱者ともいふべき「日本人」第三改刊六十二號(三十一年三月)に湯本武比古が「日本主義を主張す」と題して論說せる如きは說者素より「日本主義」同人なるが故に當然の論旨なるも同主義磅礴の一方面なり。大要に曰く、

吾人日本主義を主張すと雖も敢て漫りに排外を主張せず、國體の精華即ち國粹の保存を說くと雖も亦敢て漫りに自己を過當に評價せず、我等國人たるもの豈に又舊來の陋習に戀々たるべけんや。國家の文明富强を進め以て皇基を振起すべき爲め智識を世界に求めざる可らず、世界の英華を咀嚼せざる可らず、然れども西洋の開化を學ぶ所には開化其者が目的にあらずして皇基を振起し、建國の精神を發揮すべき目的の一方便のみ、吾人此主意より日本主義を主張し、日本國粹保存を說く、然も之を從來の偏狹頑固と同一視し、以て吾人の精神を誤解

せざらん事を望む。

雑誌「日本人」「紛々たり帝國主義」

と、次で「日本人」百二十五號に「紛々たり帝國主義」と題する社説を掲げて曰く、

近時帝國主義頓に頭を擡げ殆ど人の爭ふ可らざるものゝ如し。然れども其意義に至りては一定の説なし、我邦に於ては必ずしも歐洲に於けるものを其まゝ用ゐるを要せず、要言すれば憲法發布の勅語に、

我が祖我が宗は我が臣民祖先の協翼に倚り我が帝國を肇造し以て無窮に垂れたり。之れ我が神聖なる祖宗の威と竝に臣民の忠實勇武にして國を愛し、公に殉ひ、以て此の光輝ある國史の成跡を貽したるなり。朕我が臣民即ち祖宗の忠良なる臣民の子孫なるを回想し。其の朕が意を奉體し、朕が事を奬順し、相與に和衷協同し、益々我が帝國の光榮を中外に宣揚し、祖宗の遺業を永久に鞏固ならしむるの希望を同じくし、此の負擔を分つに堪ふる事を疑はざるなり。

皇國主義即帝國主義

と、あるを體せば以て過誤なしとす。皇國主義即ち之帝國主義なりとせば須く上文載錄する所を體して可なり。

と、而して之等同人中、木村と共に他の機關に依りて最も此主義の爲めに健闘した

るものは高山林次郎にして、其主張は雑誌「太陽」に續々發表せられたり。即ち第三巻十三號（三十年六月）に「日本主義を賛す」と題して論じて曰く、（大意）

高山林次郎「日本主義を賛す」

本邦文化の性質を考へ、宗敎及道德の歴史的關係を審かにし、汎く人文發展の原理に徴して國家の進歩と世界の發達とに於ける殊遍相關の理法を認め、更に本邦建國の精神と國民的性情の特質とに照鑑し、我國家の將來の爲めに、吾等は玆に日本主義を賛す。

日本主義とは何ぞ

日本主義とは何ぞや、國民的特性に本ける自主獨立の精神に據りて建國當初の抱負を發揮せん事を目的とする所の道德的原理即之なり。

吾等は日本主義に依りて現今我邦に於ける一部の宗敎を排撃す。即ち宗敎を以て我國民の性情に反對し、我建國の精神に背戻し、我國家の發達を阻害するものとなすものなり。宗敎とは現實生活の自然的經過によりて到達す可らざる一種超自然的理想を思慕し、或超理的方法に依りて之に到達し得べしとする所の一種の信念なり。之が西洋にありては其文化に及ぼしたる所大なりしも、我邦にては然らず、佛敎も行はれたる如くにして實は其皮相のみ行はれたり。基督敎も其主とする所皆國民の情と相反せり、我國民の思想は由來現世的にして超世間的にあらず、多少幽界の觀想はありしと雖も之を其活潑々地たる現世的思想に較ぶれば素より云ふに足らず、百般の改造進歩は悉く皆現在に就て爲すべきのみ、世を厭ふて遁るゝ所無く、現世を外にして人生あることなし。我國民の國民的抱負の偉大なる、夙に神孫降臨の事蹟に照して百世の臣民が其遺業を奉體して怠らざる所なり。社會的生活を尙び、國民的團結を重じ、君民一家忠孝無二の道德を維持するは現世的國民として、皇祖建國の鴻圖を大成すべきの運命を擔へる所以にあらずや。

宗教國家の利益と背戾す

宗敎は到底國家の利益と相背戾す、國家は現世に立ち宗敎は未來を尙ぶ、國家は差別を立て宗敎は平等を說く、其間自ら相容れず。

蓋し國家は人類發達の必然の形式なり。人は一人にして生息する能はず、家族を成す、家族にして生活する事能はず社會を生ず、社會の上叓に統治の主權を確定して之を制御す。要は民衆最大の幸福を企圖するにあり。此理想は佛耶の如き宗敎とは決して相容れず、卽ち日本主義を立てんとする所以なり。然らば日本主義とは如何なるものぞ。

君民一家は我國體の精華

君民一家は我國體の精華なり。之れ實に我皇祖皇宗の宏遠なる丕圖に基くものにして萬世臣子の永く景仰すべき所なり。 故に國祖及皇宗は日本國民の宗家として無上の崇敬を披瀝すべき所、日本主義は即ち國祖を崇拜して常に建國の抱負を奉體せん事を努む。

「日本主義と哲學」「日本主義に對する世評を慨す」「世界主義と國家主義」「宗教と國家」「基督教徒の逢迎主義」

と、續て「日本主義と哲學」「日本主義に對する世評を慨す」「世界主義と國家主義」「宗教と國家」「基督教徒の妄想」「國家的宗教」「國家至上主義に對する吾人の見解」「國民道德の危機」等の論文を公にして日本主義を高唱し、三卷二十號（三十年十月）には「基督教徒の逢迎主義」と題する論文を掲げて、基督教が我國體に迎合せんとするの陋を笑ひ、且つ、如何に迎合するも根本的に改變せざる限りは到底我日本主義と容るゝ能はざるものなるを說く。 其概略に曰く、

今を去る三月前「日本主義」記者は其第二號に於て「宗教家の語勢忽然一變と題して左の如き短評を掲げき。

「宗教は國家的なる可らず、國民的なる可らず、眞正の宗教は萬人普通世界的ならざる可らず」とは實に是一ヶ月前までの宗教家の語調なりしなり。 然るに今日は忽ち一變して折衷的となり、曾て其眼中に置かざりし所の「國家」「國民」を言ふに至らんとせり、 これ何の原因ぞ、他無し唯吾人の「日本主義」の新運動の强固遠

慮なる大組織と其嚴肅なる國家的敎理の敵す可らざる事實と論理とを傳へ聞き、未だ是主義の發達せざるに先ち、衷心恐懼の念を起し、他日國家的國民主義に改說し、適合せんの準備として今日より折衷的語調を取り來れるものに外ならず。」と、

吾人は其動機が「日本主義」記者の云ふが如くなるやは知らざるも、最近半年に基督敎徒の語調に著しき變化ありしことは事實なり。吾人は此逢迎主義を贊す、如何にして日本の歷史と基督敎との連絡を成就せんか、之れ逢迎問題の第一義なり、一基督敎徒は六合雜誌百九十七號に論じて曰く、

歐米に於て基督敎が社會の大勢力たる所以は、其國の歷史と連絡して相離す可らざればなり、歐米諸國が由りて以て立つ所の根底は基督敎に關係なきは無し、然るに我日本の基督敎は宣傳日尙淺きに因るとは云へ、未だ吾歷史と連絡を全うする事能はず、其盛衰は日本國家の盛衰と毫も關係する所なし、苟も世界の大勢と列國の交際とに鑑むるものは我日本が基督敎を等閑視することの國家の發達に甚だ不利益の擧たるを覺知するに難からざるべし。と、

之れ宗敎の俗化衰亡墮落なり、逢迎主義の弊玆に到る。六合雜誌の記者は更に其言を續け、基督敎と日本歷史との連絡の方法を述べて曰く、

一、基督教は進で政治的要素となるを要す。

二、社會的運動の最要素となるべし。

三、外交上の勢力となるを要す。

あゝ基督教徒は三十年の宣傳に國民性の遂に動かす可らざるを見て其脚地を政治外交の上に求めんと欲するか、其志や善し、而も一宗教が政治社會の要素となり、外交上の勢力とならんが爲めには、國民性情の中に如何に深遠なる根帯を有せざる可らざるかを悟らず、徒に自家勢力の極衰を回復せんが爲めに苦楚煩悶するの狀憫殺すべし。

更に基督教徒の中最も先見あり學識あるものは更に一歩を其逢迎主義に進めて、日本建國の精神及び理想に鑑みて、皇室及び神道の爲めに基督教の教義を傅會せり、一基督教牧師が六合雜誌百九十九號に於て、

今や我帝國は建國以來の大理想たる開國進取の大理想を發揚して、更に獨立自治の大本を完うせんと欲す。是時に當て區々陳腐なる富國强兵論を以て國民を感奮せしめんと欲す、亦陋ならずや、吾人は唯大に日本人が開闢以來抱懷せる敬天の精神を覺識して、そが恩祐の下に國を爲し、民を爲し、我皇室を

日本國民の敬天の思想は皇室の上に萃まる

中心として一團の神民玆に極東に勃興する者なるを自ら覺らんことを欲す。

と、論じたるは即ち此傾向を表はせるものなり、然れども之最も拙なるものなり。

日本國民の敬天の思想は祖先教に出でゝ、國家の中心臣民の宗家たる皇室の上に萃まる。 吾人の依つて以て國を爲し、民を爲し、一團の神民として極東に勃興するの運命を有するを得たるは皇祖皇宗の丕圖に本く。

近頃公父教の唱道者は是逢迎主義を繼續し、更に百歩を進めて直に大膽にも基督教と神道との抱合一致を絶叫せり。 論者は素、基督教の先醒にして神道の熱心なる研究者なり。 以爲らく、神道は其本來の有神論を研磨して國家の基礎を鞏固にし、帝室の尊嚴を擁護し、臣民の品性を高尚ならしむべき天職を有するものなり、是天職の自覺は、山崎をして天御中主神を推尊せしめ、本居、平田をして産靈神を崇敬せしめ、黑住をして天照大神の御開運を祈願せしめたり、之れ新日本の欝勃たる大精神に指導せられて雄大なる一神教を生み出すの已むを得ざるに到りしなり。 然れども山崎、本居、平田、黑住去りて是大精神亦逝きぬ。 今や日本は一大新天地を開き、新日本の大理想を造らんとす。 之れ須らく世界的大理想によりて養成せられざるべからず。 世界的大理想とは何ぞ、即ち公父教なり、と(「宗教」七十、七十一)日本主義は神道の復興と稱せらるゝも、現に自ら宗教に非ず、實踐道德の主義なりと宣言せるにあらずや。　大日本の大精神、大理想は明に國祖崇敬國家至上の主義の中に含蓄せらると宣言せるもの、豈獨り吾人の日本主義のみならんや、宗教家以外の忠誠なる國民の亦等しく認識する所、即ち所謂公父教なるもの何の關する所ぞ。

と、顧れば數年以前に於て國粹論者が、我上古の制必ずしも西洋の代議制に矛盾するものにあらずと述べて、以て我國粹を辯護せるものと地位相轉換せるものにして驚くべき變化といふべし。

「我國體と新版圖」

次で二十二號(十一月)に「我國體と新版圖」と題して其國家主義を主張して曰く、

日本の國體は君臣の特殊なる關係より來る

皇室は宗家にして臣民は末族

我國體の宇內に冠絕せること帝國々民たる吾人が中外に誇る所なり。　此天下無双の國體は要するに君臣の特殊なる關係より來れるものなり。　即ち此帝國の國土は皇祖皇宗の創定したる所、其國民は概ね神孫皇族の末裔にして、祖先以來皆是域內に生息し、一系の皇族に奉仕したりしなり。　即ち皇室は宗家にして臣民は末族なり。　建國當初の家長制度は二千五百年を經由して大に其範圍を擴張したるも、其本來の精神には異變あるなし。　我國體の特性は此君臣一家てふ國民的意識に起源せるものなり。

世に一種の論者あり、君臣一家の國體を難じて曰く、「君臣一家を以て我國體の基礎となさんが爲めに、一家ならぬ民人を我國民の中に包含し易からざること明けし、然らば君臣一家に重きを置くことは果して能く我國の膨脹的國是と相容るべきか」と。

新版圖に臨むは權力關係の外なし

此新版圖に臨むには如何との問題は權力關係の外なし。即、内に此君民一家の鞏固なる國體を作りて其力を以て新版圖に臨み、一面に仁恵を施すの外なし。

「國粹保存主義と日本主義」

と、更に四巻十號には「國粹保存主義と日本主義」と題して、明治二十年後に起りたる反動的國粹主義と日本主義との同じからざるを述べて曰く、

國粹保存主義と日本主義とは其系統を同くするも、自ら其内容を異にす。日本主義は世界今日の時局に處し、日本國史の獨立進歩と、日本國民の安寧幸福とを保全せんが爲めに最も適切なる國民道德の實行主義を立て、之によりて闔國の人心を統一するにあり。是に於て先づ縦に成敗の跡を過去の歷史に徵し、横に興亡の理を世界の大勢に求め、國體、民性を中心として廣く且つ深く自他内外の事物に對して精微なる商量を遂げて以て一國思想の指針たらんことを期す

るなり。

日本主義の二大制約

日本主義は國體の維持と民性の滿足とを以て國家の獨立、國民の幸福を保全し得べき二大制約となし、是二大制約を中心とし核子とし、以て內外諸種の文物に對して公平なる研究を試み、是研究の結果によりて取捨選擇を行へり。

姉崎正治「日本主義に促す」

と、是等非常の熱心を以て主張せられたる日本主義は、其反響頗る强烈なりしは勿論なるが、又其內容に就きて一二の反對論無きにあらず。姉崎正治が「日本主義に促す」と題して太陽三卷二十四號(三十年十二月)に、日本主義は復古的精神に基きて外來の迷信的宗敎を排斥せんとするは可なり。更に進んで其主義を歷史的に明證し、其主義が依つて以て立つといふなる旣成の深遠なる歷史的研究の結果を公にせざる可らず、從來の所にては其外圍、外形のみを宣揚して其內質を示し居らざるの嫌あり、と論ぜるが如き、又早稻田文學記者が日本主義は野に叫べる豫言者の聲

「早稻田文學」記者

中島德藏

に非ずして中に熱誠無く理想無く人物無しと述べたる如き、中島德藏が、日本主義の理想は已に其具體的記載を得たり、然れども未だ其理論的根據を有せずと批難せるが如き即ち之なり。又宗敎を排斥するに對して、釋雲照は太陽三卷十八號(三

釋雲照「佛敎對日本主義」

十年九月)に「佛敎對日本主義」と題して、佛敎的立場より、之を反駁して曰く、

此頃、佛教は非國家主義にして大に國家に害毒を與ふと主張するものあり。之れ佛教を知らざるものなり、佛陀の慈悲は弘大無邊なれども父母妻子を苦しめて他を惠むは之を戒め、君主に對して忠義の薄弱なるやといふに、四恩の中に君恩なるものありて國王に忠義を盡すことを説く、要は佛教は非國家、非世界主義なり、非國家非世界主義なるが故に能く國家的世界的に應用利益なることを得るなり。

佛教は非國家非世界主義

と、佛教家特有の謎語的語調を弄するの嫌ありと雖もやゝ基督教が迎合的に出でたると相似たるものあり。兎も角も日本主義の勢力頗る强烈なりしを見るべし。

大日本實行會

三十二年十月三十日には「敎育勅語の聖旨を遵奉實行し普く家庭に及ぼし國民の品性を涵養するを目的とする」所の大日本實行會なるものが組織せられたる如きも其結果ならずとせず。

久米邦武の非國體論

此年二月に、先きに祭天古俗説を出して世の反論を招ける久米邦武が、國體論なるものは戀舊心より起りたる迷想なりと斷言せる如き異例ありと雖も、一般に此日本主義的理想を以て國體觀を發表せるもの多し。今其三十四、五年頃までの國體に關連せる論説の主なるものを要約して此に掲げん。

加藤弘之

加藤弘之は東洋哲學六編六號に「日支兩國の國體の異同」と題する論文を掲ぐ、曰

く、

日本國體の大原則は憲法第一章第一條にある「大日本帝國は萬世一系の天皇之を統治す」とあるもの即ち之なり。之れ三千年來の大事實なり、憲法は只之を文字に記したるのみ。

「日支兩國の國體の異同」

林甕臣帝國敎典

と、同年八月林甕臣は帝國敎典なる書を著して曰く、

日本は天賦ノ君主國體

我が大日本帝國の國體は天賦の君主國體なり。其由來は皇祖皇宗の天業に起因す。君民一祖同族の血統團體なり。國は衆人組合ひて土地を相擔ふ義なり、其團體組合の體面を指して國體といふ。共同團體は治者即君主、及び被治者即ち人民を要す。其二者は絕對的に尊卑を異にし、同族中、直系正統の尊族之れに君位し、支系分統の卑族之に從屬す。

我國體を人體に比するに、首は內閣、手足は臣民、頭腦は皇室なり。

帝國敎憲

と論じ、更に附錄として帝國敎憲なるものを掲げて曰く、

大日本國體は祖宗神皇の天業に由來せる天賦の君主國體にして、萬世一系の皇統と倶に萬世變更す可らず、君民一祖同族の血統にして、道義の本源、國家の基礎の存する所、唯一獨尊の皇上億兆に君臨し、國民之に從屬す、血胤系統を重んじ、

祖先を追遠敬慕し、子孫の繁榮長計を圖るべし。土地の所有權古來皇室に歸し、政府の公有たり。皇上之を祖宗より受領し玉へる所、土地の所有權臣民に在ることなし、唯だ耕耘殖産業務のため政府より之を分賦せらるゝのみ。

國家は祖宗神皇の遺訓に則り、皇上之を統治し、萬世一系の皇上祖宗神皇の威靈を代表し、無限の大權を以て之を特裁專治し給ふ。祖宗神皇の御遺訓たる天地の公道に基き、皇上之が萬機を公論に決し給ふ。民主國體たる世界一般の通則を以て國民之を概言し之を論議するを得ず。

皇祖皇宗を崇拜し奉り、各自の祖先を厚く祭り以て報本反始の禮を盡すべし

鳥尾小彌太
人道要論

と、次に、三十三年二月、先きに王道論を著したる鳥尾小彌太は人道要論を公にし、國體に論及して曰く、

我が國體の至嚴なるは人の臆想を以て無形の至尊を立つるを許さず、皇祖即ち神に在まして其居ます處を天と稱す。神といひ祖といひ王といふも、皇祖の外に決して別の至尊なし。天壤無窮の神勅に因て君民の分際は一身の元首股肱の如く、神代の昔より既に形に見分れて盡未來際亂るゝ謂なし、是れ即ち神隨の姿なり。

神隨の姿

西歐の諸國は古來より、一神敎を奉ず、故に其俗最も天道を重んじ、人道を輕視す。是を以て其學者と稱する輩も大概此先天の氣習を稟け、乃ち君臣父子、夫婦の倫も人爲習慣の規範にして天意にあらずと思惟するもの多し。されば進んで人道を講究せざるのみならず、天然の法にあらず、却て其家國を捨てゝ世界人類を一視し、此の人類自然の有樣を大觀し、各々理窟を求め、一新說を唱ふるを以て能事となす。是れ頗る高尙のやうなれど其實は世界人類の大禍は悉く此妄想界より生起し來る。社會說も是より出づ、共產說も是より出づ、無政府黨も是より出づ、優勝劣敗說も是より出づ、天賦の人權說も是より出づ。

王民は一國の體

王民は一國の體なり、尊は卑に依りてあり、貴は賤に依りて保ち、上層は下層に依りて存す、莊嚴美麗の宮殿も其基礎土臺の上に安立す。されば國を保つの道は斯民を利し、斯民を養ひ、斯民の禍害を去るを以て先とし急とす。徒に世の所謂開化を競うて獨り功利の徒の志を滿しむべきにあらず。

小柳一藏人道原論宇宙道義の三大原則

と、三十四年三月に小柳一藏は人道原論を著はし、我が皇祖の立て賜へる國體に宇宙道義の三大原則備れりとて、其三大原則を揭げて曰く、

一、我が天皇の萬世一系なるは我が國民が忠孝の至誠を守る所以、夫の楠氏を

一、忠孝の至誠

國士無双と稱するは忠の爲めに生れ、忠の爲めに死するを以てなり。故に至誠は至微にあり。實に忠孝の至誠は國家を安全ならしむる所の一大原則なり。

二、智識の精錬

二、我が國人の世界無比なるは、我が國民が智識の精錬に達する所以、夫の巨塊の炭礦の價は一微分子なる金剛石の價に及ばず。故に博識の用は之を審約して用ふるの優れるに如かず、眞に智識の精錬は國家を進歩せしむる所の一大原則なり。

三、主權の單一

三、我が國力の萬世無疆なるは我が國民が主權の單一を保する所以、夫の民心不和の老大國は民心一致の勇小國に及ばず。此故に我國の主權は神聖なる天皇の統一し給ふ所にして、之が立法は忠良なる臣民の協贊にあり、實に主權の單一は國家を强固ならしむる所の一大原則なり。

と、而して以上の三大原則は是れ我が皇祖の立て賜ひし者にして、其厚德の宏大無なるや、我か皇祖を崇め奉りて天照すと申し、我が天皇を崇め奉りてすめらみことゝ申す。故に神聖にして侵す可らずと定む。而して亦我が國土を日の本と稱、し、我が國人を大に和する人と云ひ、之を世界の優等人種と云ふ。我が國體は夫れ天に在ては日輪たり、地に在りては全地球の主冠たる者なりと論ぜり。

湯本武比古
日本倫理史稿

日本の國體は我國家主義の倫理思想を胚胎す

此年又湯本武比古、石川岩吉は合著として日本倫理史稿を公にす、中、國體に關して述べて曰く、

皇祖高產靈尊は少彥名神を始め、八十柱の實の御子を持たせ給ひしかど、この國の經營は伊邪那岐命伊邪那美命に命じ給ひけり。この二神、命を奉じてこの國土を經營したまひき。我が國體及び道義の原はこゝにあり。二神この命のまに〱經營し給ひて、後共に議りたまはく、吾れ已に大八洲國及び山川草木の神を生めり。何ぞ天の下の主たる者を生まざらんと宣ひて、こゝに日の神を生み給ふ。大日孁貴と申す、次に月神、素神を生み給ふ。我國君臣の分は明にこゝに定まる。天照大神の御子天忍穗耳命、皇祖の命に依りてこの國に降りたまはんとす。この時に當りて大國主神、素盞嗚命の子としてこの國をうしはき、不逞の徒を討伐し、民に醫療禁厭の方を敎へ、出雲の地にまして四隣を威服せり。天神、諸神を遣はし、最後に健甕槌神、經津主神を遣はして、大國主命より國讓の儀あり。此に忍穗耳命の御子邇々藝命、天降り給ふ。其時葦原千五百秋瑞穗國の神勅ありかくて日向國に國都を定め給ふ。

建國の由來かくの如し、この國體は即我が國家主義の倫理思想を胚胎し來るものなり。

杉田敏定國體精華惟神道話

大倭魂

と、此七月には杉田敏定は國體精華を著はし、次で翌年五月には惟神道話を著はす。前者は我日本の國性たる、自ら天壤無窮隆盛なるの特性を其開闢に具へ、其大義祖宗の遺訓に煥發せられ、歷年の育養上其性を厚固ならしめたるものにて、是れ日本が今日に衰頽を來さず、永く遠く國運の隆盛一日の如くならしむる所以、斯て此國性の土風民情に發揮する者之を大倭魂と云ひ、之を國體精華と云ふものなるを述べ、後者は心學道話に則りて俗話として述べたるものにして、幾分固有保守の精神を加入し、神祇によりて附與せられたる善性を發揮して行動し、之を惟神の道と稱するものなる事を述べたり。

宮西惟助「神代史の新研究と神社制度の革新」

此年宮西惟助は國學院雜誌に「神代史の新研究と神社制度の革新」と題する論文を掲げ國體に論及して曰ふ、

國體の精華は皇室と臣民との民族的關係に起因す

吾が特殊なる國體の精華は決して神怪なる太古史を有するに基くに非ずして、我が皇室と吾人臣民との民族的關係に起因し緣由す、數千載の歷史は益々其間に密接なる秩序的發達を證するに於て餘あるにあらずや。たとへ研究の結果、記紀二典所傳說の幾部分は神話的記事に屬するものなりとせらるゝに至るも、高天原の所在判明せらるゝに至て其は學術上の進歩として寧ろ喜ぶべきも、これを以て神聖を害するものとして畏る丶が如きは固陋の見と云はざる可らず。たま〳〵有り得べからざる不可思議の古傳說によりて我國體の基礎を作らんとし、又其を維持せんとするものあらば其こそ却て我が國體をして砂上の建築たらしめんとするものにして牢固なる我國體の基礎を危ぶむのあまり、却て浮動の地位におきて之を守らんとするものたるを免れず。よし大勢に通ぜざる這般固陋の盲擊背馳は確乎不拔なる我國體の上に今更に動搖を來すものに非ずとするも、少くとも眞面目なる態度を要する研究の場面に一種の滑稽を交へたるが如き失態たるを免れじ、即ち我國體の基礎を浮動の地位に置くものは神代史の新研究者に非ずして寧ろ其を排せんとするものに存すと云ふべし。

と、

日露戰爭

日比野寛 日本臣道論

斯る間に明治三十七年正月に至り、日露の國交破れて我國未曾有の大敵に對して鐵火相見ゆるに至れり。此に於て愛國的氣勢一段の熾烈を加へ、國體の擁護せざる可らざる所以益々盛に唱道せらる、例へば三十七年六月に日比野寛の著はせる日本臣道論の如きは其所產にして教育勅語の衍義なるが、其內國體に關連して論じて曰く、

日本臣道の型範

日本臣民の守るべき道は實に忠の一點にあり。忠とは皇家を恒久に奉戴するにありて尊皇愛國の大義至正に外ならざるなり、而も日本臣道の型範とすべきは、一、皇室典範、二、憲法、三、勅語之なり。今物質的文明の汎濫し來りて一時は眩目惑心せんばかりなりしも、克く之れを腦裡に藏め、克く之を實際に施して能く今日あるを致せるもの、固より其因なくんばあらず。然り吾人帝國臣民の大忠至孝は實に之れが源たるなり。而して之れ實に國體の精華にして教育の淵源亦實に爰に存す。然らば國體の精華とは何ぞ。古今東西國を爲す者多しと雖も國の存する所國體の伴はざるものなく、國あれば則ち國家統治の主宰力あり。此高大無限の統治力を握有する人の多數者、若くは共和團體なると、少數者若くは一人なるとに由りて國體を異にし、從て國體に諸般の名を生ずるに至れり。

我國は君主國體

我帝國は君主國體にして天下の大權は、上、唯一の聖天子之を掌握せさせ給ひ、下、萬民仰いて我皇室を奉戴して唯其及ばざるを恐れざるなし。此上下雍々の美風は我が帝國の礎と共に薫化し確立して今日に及び、未だ曾て渝らざる所たり。之れ我國體の精華の存する所以なり。即ち東西王朝交替常ならざる中に、獨り我帝國に於て一の覬覦者なく、一の叛逆者なく、一の嘲罵者なく、一の怨嗟者なく、凞々として春風常に四海に溢れ、我肉は是れ我皇の肉たり、我心は是れ我皇の心たる者、獨り我國に於て見るの特徴にして、又實に我國體の眞髓たり、精華たるなり。　忠は百行の基にして百善の礎なり、大義至忠は吾人臣民の本願にして百般の業務に勵み、額に汗して孜々勞を覺えざるもの豈他あらんや、一に君國に資せんが爲めのみ。　此至誠は我建國の太古より綿々として我民族の獨有する所にかゝり、皇室に獻身的奉仕をなして忠勇無二なるは世界の史上に異彩を放つの美點たり。

戰勝と國體

井上哲次郎「日本の强大なる原因」其七箇條

と、戰機漸く進みて陸に海に連戰連勝するや、國民の意氣益々昂り、內に戰勝の因て來る所を探りて國體の優秀に及ぶもの愈々盛なり。　井上哲次郎は「日本人」第四百號(三十七年十二月)に「日本の强大なる原因」と題して、一、日本民族の統一、日本民族は皇室を中心として鞏固なる統一を成せること、二、日本民族の比較的純粹なること、三、我國文明の猶ほ壯健なること、四、我邦に一種の武士道の發達せること、之れは全く皇室を中心とせる日本の歷史的發達に淵源せること、五、古今二千數百年に延長せる歷史を有すること、六、宗教に冷淡にして迷信の極めて少きこと、七、世界文明の粹を萃めて打ちて一丸と爲しつゝあること、等を數へて、光榮ある戰勝が我國體に關加藤弘之「吾が立憲的族父統治の政體」

係する所深きを説き、三十八年七月に加藤弘之は「吾が立憲的族父統治の政體」と題する講演をなし(東洋學藝雜誌所載)て、我國體の根本を說く。其大意に云ふ、

同じく立憲君主國といふも、歐洲の諸國と我國のそれとは同律に論ず可らざるものあり。何となれば、歐洲各國の君主は皆尋常一樣の君主なるも、獨り我が天皇は之と異り、實に日本民族の族父にして且つ君主たる者なればなり。歐洲各國は今日純粹の一民族又は一民種と稱するものが一國を成し居るに非らずして、或は數民族、數民種相混じ、又は一民族種が數國に分れ居るもの多し。然るに吾が邦は之と異り、建國以來一帝室は連綿と今日迄續きて而も之が吾が日本民族の宗家なるなり。尤も吾が邦と雖も有史前に多少他民族の混合もありしならん、又有史後も皇別神別の外に蕃別も少しはあり。然れどもかゝる異民族も今日は全く日本民族の血統に混じて別民族となり居らず。然らば吾邦のみ建國以來今日迄日本民族の族父たる天皇が君位を保ち給ふ國なれば、余は吾が邦を立憲君主統治國と稱せずして立憲的族父統治國 Die Konstitutionelle Patriarchie と稱するを至當とするなり。

と、是れ多くの國體論者が我國體の尊嚴にして鞏固なる所以として第一に數ふる

所なり。

著者は更に一歩を進めて「吾國體と基督敎」を著はし、日露戰爭當初より非戰を唱へたる基督敎徒に挑戰し、此に明治二十三、四年頃一度演ぜられたる國家主義者と基督敎者との間の爭議を再び惹起せり、而も其主客の地位全く顚倒せるは最も注意すべき時勢の變動と云はざる可らず。

我國體と基督敎

「吾國體と基督敎」の公にせられたるは四十年八月なり。其大要に云ふ、

宗敎なるものが悉く迷信なる事は今更論ずるまでも無し、基督敎、佛敎共に世界敎なり、民族敎にあらず、從て國家に害あり、何となれば國家は至高至尊のものならざる可らず。國家の外に世界敎を信ずるに於ては人民は國家の支配を受くる外に其世界敎の支配を受けざる可らず、即ち支配權が二途に出づるが故なり。又國家が各一有機體として存在する以上は、其分子たる國民は萬事を國家の利益のために行はざる可らず。然るに世界敎にては、一國家を眼中に置かず、從て其信仰者は國家の爲めに身を犧牲にして盡すといふ事は有り得ず、内外親疎は世界敎の主義と矛盾するが故なり、即ち國家主義と合はず。次に我國體との關係はといふに、我が國體はいふまでもなく、日本民族の大父なる帝室が萬世

祖先崇拜

佛敎と我國體

統治の大權を掌握して、族子たる吾々臣民を撫育し給ひ、又族子たる吾々臣民が統治を受けて臣子たる道を盡すといふに過ぎず。 之れ現今に於ては世界唯一の國體なり、故に吾邦にては皇祖皇宗と竝に古來皇室國家に殊勳ありし人々、即ち大功臣を神として崇拜する所以にして、是れ吾が邦の祖先崇拜なり、然るに佛敎が輸入せらるゝに及んで、我神よりも尊き佛を持ち出すが故に之が行はるゝに於ては我國體は亡ぶべきなりと當時の排佛論者は歎息せるも理なきに非ず。故に佛敎が漸く隆盛なるに從て、奈良朝時代の如き、國體を汚すに至れる事決して少からず。 最も尊かるべき天皇が三寶の奴と稱し給ひ、又本地垂迹說等を設けて神を佛の後身の如く述べたるが如き其著しきものなり。

　次に基督敎なるが、之も世界敎なるが故に、國家等いふ者は更に眼中にある事無し、かゝる敎が族父統治國たる吾が日本に輸入せられたるものなれば到底日本の不利たるは明かなり。 只佛敎は多少日本に同化したる點あり、即ち日本には固有の神ありて日本人に其神を崇敬する心意强きが故に斯る日本人の心意を全く排除することは容易にあらずと氣附きて、本地垂迹說等を唱へたり。 然れども基督敎は其趣を異にす、天父なる唯一眞神なるものを立てゝ、其他一切の

基督教と國體

崇拜物を悉く偶像として排斥するなり、又あらゆる人間、天子も王公も皆悉く罪人視して其罪惡を償はんには、只管、唯一眞神を信仰して之に祈禱するより外に道なしとするなり、之が日本の國體と矛盾するは自明の理なり。日本は世界萬國無比の族父統治なるが故に皇祖皇宗と天皇との外に至尊として崇敬すべき筈のもの一もあるなし、此至尊の上に尚唯一眞神を戴く抔いふ事は決して國體の許さゞる所なり。

基督教側の反駁

と、加藤弘之の此基督教攻撃論公にせらるゝや、世論囂々として起り、就中基督教徒に至りては一宗の浮沈に關るが故に辯難大に努めたり。今其主なるものを掲げん、

布川孫市

布川孫市（東京經濟雜誌第五六卷第一四一號）

加藤氏は宗教を絶對的無用物となし、宗教的信仰一切を迷信と呼べど、宗教信者の至誠は認むべきものなり、宗教にも進化あり、一切迷信とはいふ能はず、世界教とて實際國家の害となることは決して無し、加藤氏は只現實にのみ止りて毫も理想といふ事に注意せず、基督教と雖も一切國家の事を眼中に置かずといふ事なし、又基督學校の勅語奉讀を僞善とするは誤れり。

海老名彈正（太陽第一三卷第一三號、新人八卷一號）

自然法と忠君愛國

神に仕ふると君主に仕ふるとは別途なり

科學主義なる加藤氏の說と我國體とが全然一致すとは考へられず、御先祖が神にして高千穗嶺に天降りませりといふ事と進化論とは矛盾す。又加藤氏は餘りに知を偏重せるも、情意の方を輕んずるは非なり。明治初年の基督敎信者は皆愛國者なるが故に、若しも國體に有害のものと知らば決して信仰せざりしならんも、國害なきのみならず、基督敎にあらざれば帝國の發展は望む可らずと認めたるが故に萬難を冐して其布敎に努力したるなり。歐洲の基督敎は決して加藤氏の云ふ如く衰微しつゝあるものにあらず、加藤氏の自然法なるものは忠君と衝突せずや、せずといふは詭辯に外ならず。加藤氏は進化論者にてありながら人君が下等動物の後裔なり抔と言ふ事を憚りてそれに論及せざるも、大に困憊し居るは疑ひなし。然るに神こそは實に人間以上なるが故に、余は神に仕ふる道と君主に仕ふる道とを全く異なるものとするなり、故に君主の言行が神の命令に反したるものならば、斷然君主に背きて神に從ふべき筈なり。加藤氏の如きは利己主義の立場より忠愛を論じて己を利せんが爲めに君を愛する抔と論ぜり實に云ふに堪へざる事にあらずや。

山路愛山（六合雜誌第三二二號）

國體は生命宗教は衣服

人間は信仰の上に立つ

古代より儒佛兩教が漸次吾が邦に入り來りて結局は我國に利益を與へたり、決して我國を害したりとは云ふ能はず。然らば近來基督教が新に入り來れりとて矢張同樣の結果なるべし。國體は生命なりとすれば種々の宗教抔は宛も衣服の如きものにして、身體の生長するに從て衣服は種々に變ぜざる可らず。國の生命さへ盛なれば外教が輸入せられたりとて毫も憂ふるに足らず、却て國の利益となるべし。古來佛基兩教に就て隨分反對論もありしかど、我國體は益々盛大になりて存在し居るを見ても明かなり、加藤氏は有神論は非科學的なるが故に信ずるに足らずと稱すれども、併し科學の知り得べき限界は物の行進に限られたるものなり「何故」といふ事は科學の知り得る限りにあらず。例へば道德を以て利己の發達したるものなりとまでは科學の知り得る所なるも、人は何故に利己的ならざる可らざるかといふ事は科學の論證し得べき所にあらず。斯く論じ來れば人間は唯生活を欲するが故に生活すといふ獨斷的肯定に立到らざるを得ざる事となるに非ずや。然らば人間は結局信仰の上に立たざる能はざる譯にて、科學は決して人間の行爲を奬勵し若くは責讓すべき權能なしといふ事となるなり。

向軍治（新公論第二二年第一〇號）

加藤氏は宇宙を支配するものは、科學的研究に依れば唯一の自然法といふ大勢力より外に何者も無しと云ふも、其大勢力が即ち神なりといふ人あらば如何するか、神にあらず大勢力なり、否神なりといふ水掛論に終らんのみ、其大勢力には智識もあり、感情もあり、意識もあり、無しと思ふは謬なりといふ人あらば加藤氏は何とすべきか、加藤氏はあるといふ證據何處にありやと問ふならん、然らば無しといふ證據は何所にありやと問ふ人あらば何とするや、宇宙を支配し從て此世のあらゆる智識感情意思を支配しつゝある大勢力は、更に大なる智識感情、意思なることを信ずべき筈なる所の加藤氏の大勢力を死物と考へ居る事が抑謬見の基なりと云ふ人あらば加藤氏は何と云ふべきか。

石川喜三郎（正教新報第六四四・五號）

近來物質主義が大に精神主義に壓倒せらるゝ事になれるに拘らず、加藤氏が猶唯物論のみを固守して進むは解する能はず。一體物質なるものは如何なるものか近來は殆ど疑はしきものとなれり。ラヂウム其他陰電光陰線等が發明せられては唯物論を以てしては到底何事も解釋し得ざるに至れり。近來は醫師の中にも唯心論が流行するが如き傾向となり、又進化論中にも有神的の說が出で來れり。加藤氏は世界敎起りて以來、世界の開明を促したる點もあれど又大に國害をなしたりと述べたるにも拘らず、其事實を擧げて居らざるは解し難き事なり。中古羅馬法皇が權力を擅にして歐洲各國を壓制したるを以て國家の大害をなしたりと考へ居るらしきも、そは敎權を以て壓制したるにあらずして俗權を以て壓制したるなり、加藤氏は吾が皇帝の上に唯一眞神を置きて尊崇するは甚だ我が國體に害ありと論ずるも、凡そ尊崇すべきものは世の中に種々あり、そは必ずしも上とも下とも云ふべきものにあらず、唯一眞神は宗敎上に於てこそ人格的なるが如く說けども、學理的に言へば唯一實在、實體と稱するものにして、かゝる人格的ならぬものを尊崇する事が、國體に害ありとならば、例へば種々の科學的の理法を尊崇することも不都合にあらずや。

基督敎新報(第三卷十一號以下)

加藤氏の議論は亂暴なり、氏は「新人」記者の「吾人は……國家の一分子なり、國家に對して義務を負ふと共に正當なる權利を有す、或る意味にては主權の源なり」

と論じたる言を評して「是れ全く共和主義と言はざる可らず、主權の源なりとは何事ぞ、基督教徒が箇樣なる共和主義を抱くに至るといふも全く妄想的なる唯一眞神なるものを信ずるが爲に、吾が族父なる天皇の至尊たる所以を忘却したる結果なり」と言ふ、加藤氏の論ずる如く、唯一眞神を信ずるは基督教徒の妄想なるべきか、天皇の性質に關しては二大學說あり、一は統治主體說にして、他は天皇機關說なり、加藤氏が之を知らざる筈なし、知らば何故「新人」記者が「或る意味に於て吾人は主權の源なり」と言へりとて大不敬でも働ける如く言ひ罵るや、一雜誌記者の片言を咎めてクリスチャンに戰を挑まずとも、憲法上の議論の如きは堂々と論陣を張りて法學者と是非を爭ふて可なり。クリスチャンはクリスチャンとしてゞ無く、一個の理性ある人間として兩說の中何れにても自由に選擇する權利あり、現に「新人」記者に反對の意見を有するクリスチャンもあり。何事ぞ、妄想的なる神を信ずるが故に箇樣なる事を言ふなりとは過言にあらずや。

武本喜代藏

武本喜代藏（基督教世界第一一二五號以下）

伊勢大廟は皇祖皇宗の遺跡

偶像の崇拜を禁じられ居る基督教徒は伊勢大廟を拜することは出來ぬ筈なりと加藤氏は言へるが、成程基督教徒は決して偶像は拜せざるも、伊勢大廟は決てし宗教上の偶像と認めず、皇祖皇宗の遺跡なりと認むるが故に國家的崇拜物として崇拜するなり。

小山東助（中央公論一巻一號）

小山東助
「國家進化論」

「國家進化論」と題し、近來日露戰爭の大勝利に依りて國體論が健全なる發展を失ひて無謀なる國體論と化し去れり。吾國體の進化は外國の開化をも取るに基因したるものなれば今日外國より世界教が輸入せられたりとて吾國體のために憂ふべき道理無きなり。

世界教輸入は我國體に害なし

大澤一六（雜誌「坂東太郎」）

大澤一六

國體を以て基督教を評するを止めよ

斯様なる問題は國體を以て基督教を批評することをやめて眞理を以て國體と基督教とを併せて批評するにあらずんば明快なる斷案は得可らず。加藤氏は云ふ「宗教は知るといふ手段を用ゐざるが故に迷信なり、知るといふ手段を用ゐて信ずるといふは、例へば牛馬犬羊が飼主の平生の行爲を知りて其慈悲無慈悲を信ずるが如し」と、果して然らば加藤氏の知るといふは只五官に觸れて知るを得る如き事に過ぎず。加藤氏は人智が如何に進歩したりとて到底吾人に解釋の出來ぬことありと述べ居れり。然らば假令加藤氏が神を知る智識を得ず

加藤は宗教を知らず

とするも、信徒に神を知る智識ありといふ者あらば如何、加藤氏は解す可らざることを直ちに神祕奇怪又は超自然的現象と思ふは大間違なりと論ぜるも、何と思ふもそは人々の自由なり、それを間違なりと斷言する資格は何人にもある事なし、加藤氏は宗敎を知らず、故に其用語に暗し、天堂地獄や復活や輪廻の如きは現代の宗敎家にて信ずる者は多からず。　然るに加藤氏の如きは是等の語の眞意義を解せず、加藤氏は社會又は社會內の階級の開否に依て神佛とするものに優劣ありと言ふも、加藤氏は少しも神佛なるものを知らず、加藤氏自ら云ふ如く、人智が如何に開くるとも決して圓滿無碍に達する能はざるものとすれば到底神佛を否定すべき時代は來るべき理由なし。　加藤氏は自然法なるものを宇宙唯一の法則なりと說けど、其自然法なるものも甚だ曖昧なるものにして、或は神の法則なりと說かば何と答ふるや、又天皇陛下は日本民族の族父なり、日本臣民は族子なりと述べ居るも、只それのみにては少しも科學的證明とは云ひ難し、一國の主權は其國の社會組織の結果にして、主權の所在、其國の歷史によりて定まるものとすれば遡て古代の社會組織と歷史との研究に從事せざる可らず、斯くすれば其結果として天皇は神權を以て國家を統治すといふ天皇神權說と、天皇は國家の機關として國家を統治するといふ天皇機關說と何れが是なる乎を明かにするを得べし。　後說是なりとの結論を得れば皇室と人民との關係は主權者と被統治者との關係に過ぎずして、唯主權者の系統が連綿たるものなりとのことゝなる、所謂國體の壯嚴を失はしむる恐るべき結果となり、更に國家主權の上に神の法則(或は自然法制)ありとするの是非問題を殘す。　國家の主權は固より最高なり、圓滿無限なり、されど國家に就ていふべきのみ、日本の主權が外國の主權より高しと主張する能はず、日本に於ける日本人が外國の主權に服從せざるが如く、外國人も亦遠き日本の主權に服從すべき所以なし、自然即ち神の法等が國家の主權以上にあらざる乎、されば此主權問題は又第一の國家問題に歸せざる可らず。

渡瀨常吉「國體と基督教」(單行本)

加藤氏は宇宙には唯一の自然法ありて、其他の超自然法や、神祇等いふものは絕無なりと斷言するも、そは獨斷なり、如何となれば加藤氏は超自然法や神祇の「無しといふ證據を擧げざるが故なり。　加藤氏は云ふ、先づ知るといふこと無くして信ずるといふ事の起るべき道理は決してなき筈なるに、宗教者は信仰は知

渡瀨常吉
國體と基督教

基督教は進化論に從ひ智識を重ず

識を超絶する抔と云ひて先づ知るといふ手段無くとも信仰はあるべきものなりと云ふも、そは甚しき謬見なりと、然れども基督教徒はかゝる事は決して言はず、併し從前はかゝる人もありしかど、基督教者が一時反對したる進化論も今日は盛に採用して舊時の面目を一新せり。以來決して左樣なる事無く頗る智識を重んじつゝあり、故に基督教會にては、今日智識なき信仰抔いふ事を主張する者は絶てなきなり。知より信に入るは當然なるが、又信より知に入る場合もあり、小兒と父母、兒童と國家皇室の關係の如き是なり。加藤氏は基督教を以て全く內外親疎を分たざるものとすれども、決して然らず道に背かざる範圍に於て內外親疎の別が行はるゝことは當然なり。基督自身すら其弟子を取扱ふに親疎ありき、親子の慈愛兄弟又は君臣の情誼抔は他人に對すると一樣のものにあらず。忠君愛國の如きも基督教の本意なり。我が帝國の存在を危くし世界の平和を亂し不義不正を行はんとする者があらば已むを得ず我が國家は干戈を執て膺懲するの覺悟なかる可らず、而して此時には吾人は基督教徒たる日本人として最も勇敢に戰ふを辭せず、基督教は日本に入りて既に四十年になれりと雖も決して害は與へ居らず、加藤氏は基督教を誤解して、基督教にては天父の前には天皇も吾々人民も平等なりと認め居れり、又眞の國家は天國なりと認め居れり、地上に天國を建設するが吾人の務なりといふ妄想を抱けりなど論ずるも、平等は決して絕對的のものにあらず、平等中に差別を認むる事が當然なり、加藤氏は德富蘆花以下の事を不敬といふが却て忠愛を以て利己快感より來れりと云ふ自分の方が不敬にあらずや。

平等中に差別あり

中島德藏

中島德藏（丁酉倫理講演集第一六號）

加藤氏は凡そ宗教は迷信なりと云ふが、全く其言の如くなりや如何と云ふ事と、又宗教が忠君の思想と一致せぬ乎如何と、いふことは能く研究せざる可らず。加藤氏の科學といふは自然科學と精神科學を併せて言ふ乎如何、少しく解し難き點あれど、若し精神科學をも併せ言ふならば、精神科學にも迷信は少からざるを認めざる可らず、然らば加藤氏の言ふ所は單に自然科學のみを指す如くにも見ゆれど、宗教を凡て迷信とするには今少しく複雜なる手續を要す。又宗教は出世間的にして道德は世間的なるが故に、世間的にて忠君を心掛け、出世間的にて敬神尊佛を心掛くれば境界を異にするが故に決して差支なし。歐洲各國の臣民が其君主の上位に唯一眞神を置き、それに最大なる尊敬を捧ぐるといふは甚だ君主を侮蔑する道理なれど、歐洲にてはかゝる憂は更になきが故に議論も起らず、特に日本に於てのみかゝる問題あるべき筈なし。

廣井辰太郎
「我國體と基督敎評論」

廣井辰太郎（六合雜誌三二五號―七號）

宗敎は學術の淵源

題「吾國體と基督敎評論」、加藤氏は凡ての宗敎は迷信なるが故に人文の發展を害すといふも、能く、歷史を研究するときは宗敎は却て學術の淵源なるが故に其恩人なりと云ふべし。　加藤氏は、宗敎家は信仰を以て知識を超絕したるものと云ふも、かゝる道理は決して無し、先づ知て而して後に信ずるにあらざれば正信とは云ふ可らず、知らずして信ずるは全く迷信に過ぎずと主張す。　是れは一應尤なる論なるも、斯く知と信とを分ちて、信は全く知に依るものにあらずといふ如き事を言ふは古代の基督敎徒にして、今日の進步的基督敎にはかゝる事を云ふもの殆ど無し。　然れども信を以て全く知の界限內に局するものと思ふは又甚しき誤謬なり、信は知の達せざる所まで達するものなり。

信は智の達せざる所に達す

信は數理的論理的のものにあらず。　加藤氏が自然法因果法抔を說ける所は道理らしく聽ゆるも、獨り國體論に至りては全く非科學的にして取るに足らず。

加藤の國體論は非科學的なり

氏は進化主義者にして又稀代の利己主義者なるが此進化主義や利己主義が忠君愛國主義と果し

て能く調和して兩立するやは疑はし。　加藤氏は國家の權力は至高至尊なるが故に世界教の權力と兩立するものにあらず抔云ふも根本的の誤謬なり。　國家と宗教とは全く其目的を異にするが故に同一なる地盤の上にて較論すべきものにあらず。　加藤氏は極端なる利己主義、冷靜なる因果說、猛烈なる進化論等を主張するが、それが吾國體の一種特別に造られ居る事を是認するや疑ふべし。加藤氏は世界教の教徒は帝王の忠良なる臣民となる能はず抔云ふも加藤氏の利己主義、進化主義は如何、是等の主義も全く忠愛と相容れざるものにあらずや、加藤氏は國家の個人は自己を全く國家の犧牲として盡さゞる可らずと述べ居れるが、犧牲と利己とは氷炭相容れざるものにあらずや。

浮田和民

聖書全編を通じて國體と矛盾する點なし

儒教の方が國體に害あり

浮田和民（丁酉倫理講演集第七六號）

聖書全編を通じて吾國體と矛盾する論は毫も是ある事なし、加藤氏は基督教が吾國體に大害ありと主張するも、余の考にては基督教よりも儒教の方が却て害あり、儒教は堯舜の禪讓を理想とするものなるが故に、其害は明かなり、孟子の民主的傾向が最も有害なり。　加藤氏は日本は古來今日迄民族教を奉じたる國なりといふ、そは氏が日本を族父統治の國なりと言へるにて明かなり。　加藤氏

今日日本の國體は既に族父統治の時代を經過せり

は族父統治の吾が邦にあつて世界教は害あり、就中基督教は最も有害なり、國家は絶對無限の主權なかるべからざるに、其國家の上に世界教ありては大に國家の絶對無限の主權を妨害するに至ると論ずるも、强ち然らず、民族教にても世界教にても能く國家に服從するものならば毫も國害になる事なし。若しも宗教的團體の如きものが宗教的法律を主として國家の法律を蔑如するやうになればそれは有害なり、有害無害の差別は國體に關係あるものにあらず、今日吾日本の國體は既に族父統治の時代を經過せりと余は信ず、尤も大和民族が主となり居れども、尚臺灣人もあればアイヌ人もあり、更に朝鮮人も滿洲人も日本人になるやも知れず。然らば今日尚族父統治論を唱ふるは不都合なり。吾が邦には古來祖先崇拜といふことあり、又中古以來武士道盛になれり。然れども今日となりてはかゝる事のみにては不可なり、否既に古代に於て吾が國體に合はざる儒道輸入せられ、又佛道の輸入せられたる事も畢竟吾が邦の固有文明のみにては間に合はざるが故なるべし。今日日本にては教育勅語の旨意を、毎日修身に說く事が學校の規則なれども、それが爲めに家庭に德義が行はれ居るかといふに必ずしも然らざるが如し。それよりも儒佛基の三教孰れにても、西洋に於ける日曜說教の如き制を設けて日曜日に老若男女を集めて修身上の感化をなすを可とす。

龜谷聖馨「吾國體と宗教」（單行本）

佛教輸入以來我皇室御歷代、皆佛教を重んじ殊に聖武天皇の如きは吾が佛教を廢する時は吾皇統も廢すぞと仰せられたり。かく我國體と佛教との關係は重大なりき、されば傳教大師の天台宗を開くにも王城鎭護を標榜したり。其他或は王法爲本を教理とし、立正安國を眼目とせり。かく佛教は我が皇室の御信仰を得て國體擁護に盡したりき、本迹說の如きも我が天照大神を以て宇宙遍一切處の盧遮那と合一したるものにて却つて天照大神の神威を廣大にしたるなり。

次には基督教に對する攻擊なり、加藤氏は日本の天照大神を以て非常に狹き意味の神に解したるが、天照大神は世界を指配すべき理想の神とせざる可らず、然るときは耶蘇教の唯一眞神と同化する事は當然にあらずや。又加藤氏は神の前に一切平等とする事は我至尊をも一平民をも同一視するものにて我國體を汚すものなりと論ぜらるゝが、進化論の立場より一切の人類は皆猿より進化したりとするときは果して我皇室の祖先に累を及ぼすの恐なきか、要するに基

龜谷聖馨「吾國體と宗教」

天照大神は世界を指配すべき神とせざるべからず

督教を佛教と同じく日本化して吾國體に理想化せしむる事は出來得ると思ふ。又神が一切の人間を罪人と見る事が我皇室に對して不敬なりとせるも、今日獨立を計る爲めに戰端を開き等するも以上やはり圓滿なる神より見て一種の罪はあると信ずる事を得。

井上哲次郎（東亞之光四十一年一月、二月）

井上哲次郎

國體は漸次進歩發展す

加藤氏の國體論はあまりに窮窟なり。吾が國體が神武天皇の時に定まれりといふ事は無論なるも、それが爾來漸次進歩發展し來れるなり。國體の形式は既に一定して不變なれども、內容は複雜なる變化を經たり。此の如く國體が漸次進歩發展して來れる所より自然佛教をも吾に同化せしめたるものなれば、又基督教を同化せしむることも出來る道理なり。

以上の如く啻に基督教の側のみならず又佛教家其他の側よりも紛々たる反駁の聲は擧りぬ。而も基督教と國體との關係は寧ろ副に扱はれて宗教と科學との關係が重く論ぜられたるの觀あり。蓋し加藤弘之は國體を擁護せんが爲に基督教を攻擊したるよりも、基督教を排斥せんが爲めに國體論を用ゐたるかの疑なくんばあらず。故に第三者より見るとき加藤弘之の論は國體に權威を加へずして、却て煩を及ぼしたるの嫌なきにあらず。然れどもそは加藤の多く意とする所に所あらず、只宗教が迷信なる事を論破すれば可なり、故に上掲紛々の反駁論に對して直ちに筆を取りて再び之を攻擊せるは四十一年七月に公にせる「迷想的宇宙觀」にして、要に云ふ、

諸種の宗敎は、皆、宇宙の本源には一大目的なるものが一定し居りて、凡そ宇宙に起る一切の現象は悉く此一大目的に依りて定められたるものなりとす。之全く迷想に過ぎず、人間は悉く利己的の本性を有せるものにして、利他的のものが存する事は利己が必要上變性したるものに過ぎず、利他も究竟は利己に歸するものなり。是は生存競爭優勝劣敗なる宇宙の大法に依つて支配せらるゝに外ならず、皆進化主義に依りて說明すべきものなり。

と、著者は此論を根據として「吾國體と基督敎」に對する批評を逐一反駁せり、而して批評に對する駁論は「我國體と基督敎」にありし事を繰り返せるに過ぎず、例へば、海老名彈正の批評に對して、

余が進化主義なりとて余の國體論に「種の起源」を持ち出す必要なし、余は唯人間界なる吾國體に就きて論じたるものなり。

と云ひ、山路愛山の批評に對して、信仰は獨斷なりと斷じ、基督教新報の批評に對して、天皇の統治、主體說と機關說との分るゝは族父政治の亡びたる歐洲の事にして我國には此必要なしと云へる類なり、而して附錄として最後に次の二問を提出して基督教徒に挑戰せり。

基督教徒に提出せる二問

第一問、神若くは宇宙本體が、若しも全知全能にして又情意を有し、隨て至仁至愛の大德を有するならば、何故に自然界に大矛盾、即動物竝に人間が自己と同一有機體なる動植物を食料とせざれば生存する能はざる如き殘忍なることの存するか。

第二問、こゝに甲國が乙國に對して戰端を開ける場合に於て、甲國の開戰が若しも不義に出でたるときは甲國の臣民にして基督教徒たるものは國家主義よりも寧ろ世界同胞主義を重しとして此不義戰に加はらず、却て義なる敵國を助くべき筈のものなりや、將世界同胞主義よりも寧ろ國家主義を重しとして此不義戰に加はり以て義なる乙國を倒すべき筈のものなりや。

此「迷妄的宇宙觀」に對しては何故かあまり多くの反響を見る事なくして止めり。

「基督教徒窮す」

此に於て、加藤弘之は四十二年七月に「基督教徒窮す」の一書を公にせり、「迷妄的宇宙觀」に對して反駁せるギューリック、吉田清太郎、芦田慶治、加藤直士、小山東助、渡瀨常吉、龜谷聖馨、武石蘇堂、横山砂氏等數者の論に對したる論なるも、双方共云ふに足るものなく、殊に宗教其ものゝ價値に關する論にして、要は基督教の愛及び神の全智に對して其不徹底なるを攻撃したるを繰り返したるなり。

「我邦の倫理教育と基督教」

此月別に雜誌東亞之光に「吾邦の倫理教育と基督教」と題するものを公にして、基督教は極端なる兼愛説なるが故に忠孝、愛國心を重ぜず、先づ忠君愛國又は父母若くは近き親戚を特に敬愛するを主義とすべき我邦の倫理と相容れざるものなりと論ぜり。

吾人は再び本路に立ち還りて國體説を辿らん、

有馬祐政日本國道論

四十年九月に、有馬祐政は日本國道論を著して、我國の祖先崇拜、忠君等が國民道德の根底を形り、又國體の基礎をなせる所以を述べて曰く、

日本人には祖先崇神の觀念强盛なり

祖先崇拜の觀念は天然崇拜の觀念と共に古來未開の人種には必ず有し居たる所なるが、我が日本民族は其地勢の孤立獨存的なると、其發生の單純にして家族的なるとによりて、祖先崇拜の觀念殊に强盛なり、即ち祖先、就中最上の祖先を天然のものに結び付け、而も實に之を神とし尊敬し仕事するに至れり、蓋し其の

意義は祖先を以て吾人の根源となし、長上（カミ）となし、吾人に對し最も仁慈にして啻に此の身軀を作りしのみならず、此の生命、此の心靈、此の氣力、此の職業、又此の土地、此の食物を附與したるものとして、一は其の功德を景慕し、一は其の恩惠を感謝するにあり、而して之が根基として、忠君愛國の思想、孝親愛家の思想、名譽の思想顯現して以て日本道德の光華を放てるを見る、故に此の崇祖敬神の思想は我が國道の原泉と稱すべきものとす、其事蹟は遠く神代に現はれ、世界無比の國史を開始したると共に、神聖にして尊嚴なる我が日本國體の淵源をなせり。而して今日に至るまで歷代皆此思想を以て主義となし給へるものなり、祭政一致政體は是より出づるなり。

此事は啻に天皇及び國民が皇祖皇宗に對する時のみにあらず、國民が各自家の祖先に對する情態も亦異なる事なきなり。

次に何れの國に於ても忠及び孝の德に關して多少の敎を設けざるものなし、然れども多くは忠と孝とを別箇の德と認めたり。獨り我國に於ては此二德全く同一のものなり。之れ云ふまでもなく我が民族はすべて唯一の祖先より發生し增殖したるもの、又我が國家は全く唯一の家族より成立し擴充したるものなれば、皇家の祖先は即ち吾人の祖先にして皇室は本系たり、宗家たり、總本家たり。吾等臣民の家は支系たり、別家たり、分家たるの關係を有し、以て一家族即ち國家を組織するものなれば、天皇及び其祖先、其の子孫は吾人臣民の宗親なるを以て其の恩惠に對して爲すべき吾人の德行は即ち兩樣の意味、二種の作用を兼ね併する事となりて君と親とに對する行を併合するものたり、即ち之を忠といふべく同時に孝と名け得べきなり、是れ我が國體の根本義なり。

廣池千九郎伊勢神宮

我國體の依て來る所七箇條

と、次で四十一年に廣池千九郎は「伊勢神宮」を著して、我國體の由て來る所は、

(一)、我國に於ける家族制度の特質(君民同族)
(二)、天祖天照大神の聖德
(三)、天祖天照大神の大詔
(四)、歷代天皇が天祖の宏謨に從ひ給ひて下民を子の如く愛撫し給ひし聖德
(五)、祖先崇拜の國風
(六)、天祖天照大神に對する我國民の絕對的信仰
(七)、天祖天照大神に對する國民的崇拜

我國體の完成と伊勢神宮との關係

の七箇條にありとし、次に我國體の完成と伊勢神宮との關係を述べて、我國體は三

三大時期に於ける三大原素

大時期に於ける三大原素の融和化合により完成せりとし、三大時期に於ける三大原素とは、第一は天孫の降臨と、神武天皇の東征とによりて國基を成立せしこと、第二は亞細亞大陸文明の感化によりて其國基を培養して鞏固不動のものたらしめしこと、第三は歐米の新文明を輸入し其感化によりて更に古代形式の政體を變革して立憲政體を採用し、而して二千五百年來鍛錬せる我國體に新血液を注入して一層其基礎を固くし、所謂萬世不易の國基を確立せしこと是なりと論ぜり。

佐藤鐵太郎帝國國防史論

主人なき世界は魑魅罔兩の巣窟となる

佐藤鐵太郎は帝國國防史論を著して我國體に論及す、大要に云ふ、

主人なき世界は魑魅罔兩の巣窟となる、主人たるべき靈位ありて主裁するに至らば人に一點の情量妄念なきが如く、世界は極めて平穩なる體裁となるべし、然れども天成の君主、統を萬世に垂れ所謂「開闢以來君臣之分定矣、以臣爲君未有之也、天之日嗣立皇緒」底の神聖にあらざれば此の俊德の宿るべき靈にあらざるなり。君主國に於ては君位を覬覦すること比較的に少く、國家は自ら靜穩なる發達をなし得べきは疑もなき事實なり。況して君位を覬覦すること絶無にして天來の靈德嚴として監臨主裁する國家は極めて幸福なり。天照大神より皇孫に賜へる神勅及び大御神に奉る祝詞（……天の壁立つ極み……）に依りて窺し

我國體は家族主義の轉化にあらず、絕對位を中心として確立したる神來の理想的國體なり

まつれば建國の大精神は自ら明瞭なり。
世人或は皇國の御國體を以て家族的觀念の向上となし、之を支那思想と同一視するものあり、其根底の不確實にして而も淺薄なるは吾輩の嗤ふ所なり。我國體は決して家族主義の轉化にあらずして絕對位を中心として確立したる神來の理想的國體なり、家族的觀念を犧牲として絕對位に向ひ奉獻するは我國上世の歷史に於て明かなり。我國には君を離れて國なきが如く、忠を離れては孝道もなく、仁なく、貞悌なく、禮智なく、信なくまた勇なきは勿論なり。換言すれば忠道を離れて人道なく、たゞ一念絕對位に向ひて無上なる忠誠を盡すを以て人道の精華なりと確信せざる可らざるなり。

佐々木高行「國體の淵源」

と、四十二年五月に、佐々木高行は「國體の淵源」と題して國學院雜誌に於て、國民が認めて以て權威となす所を以て國體を見るべしとて論じて曰く、

父の後は子をして之を繼がしむべき事人情の自然なり、且つ尊貴の感情はその境遇に附隨するものにして一朝一夕のよく養ひ得る所にあらず。君主の子としてその尊貴の感情を受け繼ぎたるものは父に次で尊貴の地位に座するに適當すべきこと自然なり。それ啻に感情の自然なるのみならず、畫然上下の分

萬世一系主義は自然的出現

を限定して國に主權爭奪の擾亂なからしめんには極めて必要なる制度なり。此の故に他に何等の事情なくして唯自然の發達に放任するに於ては萬世一系主義の實現となるべき理の當然なり。

日本に於ける無上の權威は皇室

我國に於ける無上の權威は皇室なり、詳しく云へば皇祖皇宗なり。　陛下が大事を宣告し給ふに當りては恒に皇祖皇宗の遺訓を云々し給ふ、戊申詔書然り、敎育勅語然り、憲法發布の詔然り、維新當時の大詔然り、近く三十七、八年戰役に於て戰鬪の勝利を賞せさせ給ふにも、以て皇祖皇宗の遺靈に對ふるを得たるをのたまへり。　延喜式の祝詞を見ても冒頭必ず高天原に神留ります、皇が睦神漏岐神漏美命もちての句を冠せざるは無く、國初以來常に此の如し。　我が君權は祖宗より出で以て天壤無窮に子孫相傳へたまふ、天照大神が、寶祚之隆當㆘與㆓天壤㆒無㆖窮者矣の神勅を發したまひしも尙御祖の神以來の遺訓を明徵にしたまひしものと覺し。　この神勅ありて始めて萬世一系主義の確立せしにはあらじ、要するに我日本民族を統一する所の權威は支那の思想における天にあらず、耶蘇敎に於ける造物者にあらず、實に皇室の御祖先なり、萬世一系の國體は之によりて創まり、之によりて無窮に傳はるべし。

と。

(七) 明治時代第五期

(明治四十三年頃より明治の終に至る)

大逆事件と南北朝問題

斯の如く、國體論の横議愈々高潮に達せる時に當り我國體の問題に關して一層國民の思想を刺激せるものあり、明治四十三年に於ける社會主義者の大逆事件及び四十四年の所謂南朝問題之なり。大逆事件の道德的批判といふ如き事は我國に於ては全然國民の問題となるものにあらず、只從來國民の夢想だもせざりしかゝる大不祥事が突發せるを見て愕然として、我國にも猶此法外の徒の出現する餘地あるかを思ひて一般は之を悲み、識者は我國體の一層深く宣明せられざる可らざるに想着し、國體に關する研究は一層盛大を來せり、此頃井上哲次郎が其組織せる東亞協會を中心として國體研究會を設けたるも亦是等の影響ならずとせず。

國體研究會

國體研究會は隔月其研充の會を開き、其講演の筆記は其機關雜誌「東亞之光」に連載せり。(其會は最近まで猶之を繼續せり)

今其重要なるものを其梗概を取りて此に揭ぐ、(便宜上最近までの分を此に纒めて收むることゝせり)

岡澤鉦次郎「國體と皇位」

「國體と皇位」　岡澤鉦次郎(東亞之光六ノ四、五)

我國體を說いて皇室の御祖先が天照大神に在すが故に尊しといひ、天照大神の神勅によりて傳へられたる三種の神器あるを以て尊しといふ者あり、事實は然らん、然れどもたゞ斯くいふのみにてはよく國體を說き得たるものにあらず、よく皇位の尊きを說けるものにあらず。

皇位の標準

今玆には問題の範圍を狹めて我國體に於る皇位の標準といふ事にて述べん。

我が皇位の標準が大體に於て天照大神の御正系たる神器の存在の上に定まるものなる事は爭ふ可らず。世には國體を以て敎義となし信條となす人あり、故に國體に關係する論と云へば敎義的道德的に云爲すべきものにして史學的に云爲すべきものにあらざるが如く思考する人あり。之れ誤なり。

國體は國家の體質

國體は國家の體質なり、故に國體は歷史的に或る產出の淵源を有し、或る發展の歷史を有し、國家の生命と一致抱合して或る國家の形體を成し、時代の進行に伴ひ或る軌道を馳するものにして國家を離れて國體なし。

我國體に於ける皇位の標準論をなすには二の題目に分たるべし、一は皇位標準の大則、他は人と器との關係なり。

皇位を中心とする我大和民族は史前時代「神代」より既に皇位は必ず天照大神の正系にまします御子の繼承し給ふべきものにして皇位を繼承し給ふ御子は必ず天照大神の神勅のまに〳〵三種の神器を傳承し給ふべきものなるを信じたるものなり。 而して今日まで國民は之を信ぜり、此信念は即ち我國體の眞髓なり、此事實より見る時は南北朝兩立論は消失すべきものなり。

「國民道德と南北朝問題」 井上哲次郎（南北朝問題の項下に掲げたれば今略す）

奥田義人「家族制度に就きて」

「家族制度に就きて」 奥田義人（東亞之光 六ノ五）

國體の基礎鞏固なる所以

第一、皇室を尊敬する觀念と家族制度との關係、我國民が皇室を尊敬する念の厚きは無類にして、國體の基礎の鞏固なる所以實に之に基けり。 之れ主として家族制度の下に涵養せられたる祖先尊崇の觀念は正しく皇室を尊敬するの念をして益々鞏固ならしめたる原因なり。

家族制度の中心は祖先尊崇

家族制度の中心は必ず祖先尊崇なり。此信念より進みて我民族の宗家たる皇室の祖先天照大神を以て民族共同の祖先として、之を尊崇する觀念をして愈々深からしめ、之より皇室を尊敬する事益深厚なるに至れるなり。 其外節義道、世道人心、等皆家族制度と離る可らざる關係あるなり。

我國體と家族制度」井上哲次郎(東亞之光六ノ九)

井上哲次郎「我國體と家族制度」我國は綜合家族制度

家族制度には個別家族制度と綜合家族制度との二種あり。我國は其綜合家族制度の究極のものにして、其家長が天皇なり。建國以來君臣上下の關係が最も家族的の性質を帶びたるは即ち之なり、歷史上其事實は多々あり。すべて家族制度なるものは家長が中心點を成す、而して家長の存するは祖先の血統と意志とを繼ぎて行く必要あるが故なり。故に家族制度は祖先崇拜と密着不離の關係を成す、之が日本の國家全體の上に現はれ來る、日本の國家の中心點をなし居るものは帝室にして、此帝室は血統の繼續を重んじ且つ祖先の意志を重んず、而して祖先崇拜が此家族制度に伴ふなり。此皇室を中心とする一國が即ち綜合家族制度なり。即ち綜合家族制度が我國體と一致し居るなり。

國家の中心は帝室

國體は主權の所在に依つて定まるものなるが、主權は常に萬世一系の皇統に存す。此綜合家族制度が實に我國の特色なり、我邦に忠が重ぜられ又擧國一致の可能なるは此特色と相應ずるものなり、我國體と綜合家族制度との深き關係のある點は此所なり。

「所謂國體論に就きて」、美濃部達吉（八ノ三）（別項に述ぶべければ此には略す）

深作安文「我國の國體と青年の任務」

「我國の國體と青年の任務」 深作安文（八ノ一〇）

我邦の國體の優秀なる理由を、一、皇統一系、二、君先民後、三、君民一家、四、君國一體、五、君民一德の五項に數へて論じたるものなり。

井上哲次郎「神道と世界宗教」神道の四種

「神道と世界宗教」 井上哲次郎（十ノ八）

神道は實は宗教なり、予は今此立場より論ず。神道を四つに分つ事を得、一は國體神道、二は神社神道、三は自然神道、四は實行神道なり。今前二者に就て云へば、日本の國體を推窮めて行けば神道に關聯し來る。故に日本の國體は神道の一方面なり。次に神社神道は、神道の精神は神社に於て顯著に現はる、此二者が實際は神道の中樞なり、今の制度にては十三派を神道として居れるが、實は此方が眞の神道なり。

日本國體を推し窮むれば神道に關聯す

國體は古神道に淵源し居れるものにして謂はば天壤無窮の神勅が本なり、又日本民族の宗教心が神社の形を成して現はれたるなり。

大澤治作「神道興振と國民教育」

「神道興振と國民教育」 大澤治作（十ノ十一）

我國にて行はるゝ宗教は基督教、佛教及び神道なり。前二者は我國體に適せざるが故にやはり神道を以て適するものと見ざる可らず。而して神道も他の二敎と共に甚だ不振の狀態に在り。之を振興せざる可らず、就中井上氏の所謂國體神道を興作せざる可らず、其方法如何、先づ不振の原因を考へざる可らず。

神道不振の原因

一、物質文明の輸入、二、敎育方針が在來の仕來りを輕じたる事、三、宗敎當事者の腐敗墮落、等なり、之を振作せんとするには、

振起の方法

一、保護、

二、敎育方針の改善、

第一に國民をして其屬する國家國體を理解せしめ、國民としての立場を自覺せしめざる可らず。

三、宗敎當事者の墮落腐敗防止、

其他或る制限の下に祭禮を奬勵する等も其一方法なり。

浮田和民「國體の研究」

「國體の研究」　浮田和民（十二ノ九）

二十世紀の世界の大勢に照して見るとき日本國民としては一大覺悟を要し、又此世界の大勢に應ずる覺悟を要す。

君主國體滅絕の傾向

實は君主國體といふものが世界には今日滅絕の傾向あるが故なり、形の上にては君主政體になり居れるも內容は民主

國體なるもの少からず、白國、英國皆然り。

日本は神權主義の國體

日本の國體は一面より觀れば神代より傳はり來れる所謂神權主義の國體にして、何れの時代に人民より天皇が權力を承け傳へられたりといふ事はあらず、即ち天照大神以來の傳統なり。所謂正統一系萬世に亘りて變らず、即ち天子は神の權威を以て萬民をしろしめす事となり居れり。歐洲にて云ふ神權主義の國體なり。然るに西洋にては十九世紀の初め頃より國家は君主の私有物にあらずして國家は一の公共團體、君主は其公共團體の元首なり、即ち一國を一の有機體と見、君主を其主腦機關と見、人民を其肢體と見る思想は、決して在來の神權主義の國體論と矛盾するものにあらず。寧ろ神權主義の國體論が今日は所謂公權主義の國體論と一致合體して初めて日本の國體を永遠に繼續し又發展することを得と信ずるなり。日本の皇室を歴史的に戴ける內地の人民即ち大和民族は殆ど皇室と其祖先を同じくせりと考えて、皇室が本家にして人民の方は末家なりと認め居るが故に、祖先崇拜の從來の宗敎に基きて少しも今日我が國體と矛盾する所を見ず。然れども今日は西洋の新思想も輸入せられ、祖先崇拜と反對の耶蘇敎も輸入せられ居り、又無宗敎も輸入せらるゝといふ時代なるが故に宗教を基礎となせる神權國體一體張りにて內地も臺灣も朝鮮も千島も同樣に統治せんとするは却て國家の瓦解を來す虞ありと信ず。

國法學より見たる國體

此に於て公共團體としての國家、即ち君主は公共團體の元主として最も公平なる不偏不黨なる主權の中心點なる事を、苟も帝國の憲法又は法律の下に生活する人民は、宗旨の如何に拘らず、或は民族が如何に起源を異にせるに拘らず、皇室に對し、天皇に對し、又國家に對しては皆同化し共同一致して行く事を得る如き國體を解說し、以て我が國體を發展せしめざる可らざる時代なり。以上は國法學の上より見たる場合なるが、次に道德の方より見ざる可らず。

道德の方より見たる國體

此場合に於ても、內地の大和民族、即ち歷史的に大和民族と言はれ從來の神道の基礎的概念を有ち居る人民に對する場合と、或は近頃歸化したる他の民族、若くは內地人にして耶蘇教化し、或は新思想を受けて宗教を一切信ぜざる人民にても、猶皇室に對し天皇に對して專心一意忠義を盡す事を得るやう國體の概念及び國體に關する教育の基礎を廣くし、其根底を堅くせざれば危險なる時代に到着し居れりと信ず。それは此萬世一系の皇室を奉じて行くは最も肝要にはあれど、其國體の根本を解說し、又之を擴張せんとするに方ては餘程西洋の所謂倫理學の概念を用ゐざる可らずと思ふ。

忠義道を根本的に立てよ

簡單に云へば忠義といふ道德を根本的に立つるなり。從來の日本帝國に於て萬世一系の皇室に對して忠義の必要あり、又是迄行はれ來る事は云ふまでもなく、將來に於ても然り、之は君主國體のみならず、共和國體にも必要なり。米國等は共和なれども國民が憲法に對して忠を守りて始めて國家が成立し居るなり。ロイスの書きたる「忠義の哲學」にも大に此事を論ぜり。日本にては忠といひ、西洋にては自由平等博愛といふ、皆同一根底より來れるものにして、寧ろ忠義の方が自由平等博愛の生命となり、或は基礎となる所の主觀的道德にはあらずやと思ふ。

カントの所謂人格の絕對價値を吾人は認むるも、此人格の絕對價値を認識するときに、第一其の理想より出で來るものが忠義の念なり。人格の絕對價値を認識すれば、人格を神聖とせざる可らず、人格の爲めに身命を擲たざる可らず、此人格を實現するための國家なり、此人格を實現する必要上國家は夫より造られたるものと見るが神權主義なり。所謂天子の尊きは啻に皇城の壯なるが爲めにあらず、所謂人格を具備し人格を發展せざる可らざる億兆の人民の上に君臨

吉田熊次「我國體の社會的基礎」國體なる語の二の用ゐ方

する其天子又は王侯なるがためなり。此に於て天子の尊きことも學術上又事實上十分理解する事を得と信ず、新附の國民を說くは此方面よりせざる可らず。

「我國體の社會的基礎」吉田熊次(十三ノ八)

國體といふ言葉に二つの用ゐ方あり。一は主權の所在に關する點に於ての特性、二は一般民族の道德觀念の上に於ての特性之なり。第一は我國は萬世一系の皇統が主權を繼承せらるゝものにして、此は即ち我が國體の憲法上若くは國法上の特質なり、我國は天祖の神勅に由つて萬世一系の皇統を戴くといふ事になり居れるが、之を社會學的國體學的方面の解釋より云へば我國に於て主權の所在が定まれりといふ事も亦一般社會學及國家學の原則に依つて論定せられざる可らず。我國は此一般原則に依つて、皇室を我が民族の、又我國の大本といふ風に考へて、之を中心として、より幼稚なる原始的なる社會團體より國家といふ社會まで進み來れるなり。皇室を中心とする所の民族團體が漸く發達して永遠に皇室を中心として其團體全體を榮えしめて行かんとする國家の成り立ちに依りて、萬世一系の皇室を戴くといふ基が開かれたるなり。天祖の神勅も社會發達より考ふれば、かゝる事情に依つて現はれたるなり。

即ち憲法上國法上の意味に於ける我が國體は國家の成立の上より見て最も自然なる又最も合理的なるものと信ず。

憲法上國法上に於ける我國體は成立上より見て自然合理的なり

我が國體は萬世一系の皇統を主權と戴くものなるが、其君主が常に國民を視ること同族の如くせられ、君臣の義に父子の情を兼ね給ふ、而して一般人民は君主に對しては唯權威權力に壓服せられて其れに服從するといふ如き機械的服從狀態を離れて、吾等の同類同族とし、吾等の保護者たり、吾等の代表者なりといふ如き情誼を以て視るものなり。此に我國體は我が國の由來といふ事を離れて一國家といふ社會團體として見るも最も理想的のものとすべきなり。

次に廣義に於て我國體、即ち我國家及民族の特性といふ點より見て我が國體は如何なる價値を有するものなりやといふに、之を一々數ふれば際限も無き事なるが、敎育勅語にある「克く忠に克く孝に」といふ根本原理に歸するものなり。

國家民族の特性より見たる我國體の價値

「予の國體觀と國家人格論」　大島正德(十三ノ四、五)

大島正德「予の國體觀と國家人格論」

予は國家人格論といふ立場より國體を考察せんと欲す。普通の見方を以てすれば日本の國體は萬世一系の天皇が天壤無窮此日本國を知食すといふことより外に何等附加すべき事も無く、亦差引くべき事も無し。然れども法律的國家的解釋や、社會學的心理學的乃至哲學的解釋を施して我々の信念に理論的根據を與ふる必要あり。此に於て各人の立場より種々の意見出づ、法律家より見れば國體の相違は主權存在の形式に依りて別る、之に依れば日本の天皇は主權者なり、然れども是丈けにては只權力者といふ意味にして不十分なり。

日本國家心

一層深く廣く此日本國家社會の精神或は民族の精神、日本國家心の深き所より天皇といふものを解釋せざれば眞に日本の天皇と位置を說明すること能はず、隨つて日本の國體を說明すること能はざるなり。

天皇が權力者なりといふ事は或心的の意味より來れることを了解せざる可らず、即ち日本國家心の主なる所より來る。此權力以上の心的の或ものが存するといふ事は詳しく云へば一は道德的關係に於て、他は血族的關係に於てなり。日本に於ける天皇陛下は天皇と臣民との關係が所謂權力服從關係に於てにあらず、吾人は天皇を唯權力を行使する人として考へず、常に慈愛を垂れて民を育するといふ心持を有し給ふ人と思考す。即ち民本主義を抱き給ふ御方と思考す。次は血族關係なり、之は我國體の鞏固なる所以なり。

血族關係
國家は人格的の存在

次に予は國家は人格的の存在、精神的道義的の存在なりと考ふるなり、即ち意識的の統一體なり、換言すれば國家は自主自立自足獨立の存在なり。人格に自我あるが如く、國家にも自我あり、而して君主國に於ては天皇が即ち其自我なり、唯一永久の不遍的統一意志としての自我なり、國家人格の永久の主觀なり、憲法に天皇は神聖にして侵す可らずと云へるは即ち之なり。

佐藤鐵太郎「國體の研究」

「國體の研究」佐藤鐵太郎(十三ノ三、四)

國に紛議起れる場合之を判斷するには双方に利害關係なきものならざる可らず。然らば民主々義なるものは國家を永遠に泰平ならしむるには不適當なり。日本の皇室が建國の當初よりありて先天的に日本の主人なりといふ事、國民の思想が犧牲的精神に富みて自己の事よりも先づ國家を先きにするといふ事、例へば人體の中の一細胞が、其全體を保全するために犧牲になり行くと同一の狀態を有し居ること、國民が抱容性を有し居りて他國の美點を受け入るゝ事、又殘忍性を帶びざる事、等は我國體をして千古變ずることなからしめたるものなり。

鹿子木員信「國體の主要問題」

「國體の主要問題」鹿子木員信(十三ノ六、七)

國家は吾等全體のものなり、故に何人のものにもあらず、即ち我等の凡ての者

國家の主權は我等の一切に超越せるものならざるべからず

を超越せるもの、國家は即ち超越的國家ならざる可らず、我等の內、一人たりとも國家の權力を私すべきにあらず、同時に又其一黨、一派、一階級、若くはそが依然全體の部分に過ぎざる以上、假令多數黨たりとも之を私すべきに非ず。 國家の主權は我等の一切に超越せるものならざる可らず、一切に超越して始めてそは我等全體の主權なりといふ事を得べし。 而して此關係を體現するに近き國家が最も理想に近き國家なり、而して日本國家は實にその根底に於て此關係を體現するものなり、蓋し我等の萬世一系の君は我等一切の國民に超越し給ふなり。我等の君、日本國家主權の象徵、その體現者は實に「天上の人」、我等一切の者に超越し給ふなり。

日本國家の使命

然れども之は日本國體の半面なり、日本國家の「使命」を尋ねて始めて我國體の全般を明にする事を得、一般には我萬世一系の君といふ事を我國體の原因とするもこは誤れり、萬世一系の君といふ事は結果なり、原因にあらず。日本の國家的生命の中心を形成するものは「日本の使命」なり、然らば使命は何ぞやと云へば、征服と政治、戰鬪と善政なり。

帝國主義は國體の淵源

我が建國以來の歷史は悉く其體現なり、即ち帝國主義なり、之れ即ち我國體の淵源なり。

田中伊藤次

「我國の國體」 田中伊藤次（十三ノ八）

「我國の國體」

國體とは國家の理想を云ふ

國體とは國家の理想をいふ。我天壤無窮の詔勅は實に我國建國の大理想にして我國體の價値は此理想の價値に存す、國體は之を法律的に見れば建國法その物なり、道德的に見れば皇祖皇宗の遺訓なり、理想は價値其のものなり、故に國體は國家の價値なり。

國體は國家の價値

吾國の國體は尊嚴なりとは吾が國の有する價値の大なるを意味し、吾が國の國體は神聖なりとは吾が國の有する價値の絕對なるを意味す、吾が國體は金甌無缺世界に冠たりとは吾が國家の價値、吾が國家の本質、吾が國家の品位が他の國家より卓絕せることなり。國體なる觀念は斷じて國家の形式に非ず、故に國體の差別といふ事は國家の本質差別、國家の價値的區別、理想の差別といふ事なり。

國體と國相

法學者が行ふ所の主權總攬者の區別よりする國家の區別は無意義のものなり、之れ國體の區別にあらずして國相の區別なり、形式の區別なり。

此體相の別を誤解せる爲めに生じたる誤れる國體說を以て吾が國體は神聖なりと云はば實の無き形容なり、眞に國體の神聖を冒瀆し皇業の基礎、國家の生命を危くする誤解なり。此誤解の僞を作れるものは穗積博士なり、憲法提要に、國家の體制といふ事を現はすために假りに用ゐたるに始まる、Staatform を譯したるものにして、國相と譯すべかりしなり。　市村博士は帝國憲法論に「國體とは國家の形體なり」と云ひ筧博士は「國體とは建國法に依り定まりつゝある國家の體裁なり」と云へり、何れも誤れり。　又穂積博士は歷史の成果にして國民の確信に依りて定まると云へり、之も冠履顚倒なり、歷史こそ國民理想の發現、信念の發動なれ、吾國には理想先づ現はれてその結果國家となり歷史となれるなり。　眞の國體の區別は本質より見たる國家の區別、換言すれば價値より見たる國家の區別なり、價値は國家の目的即ち理想に依りて定まるものなり。

　君民の一心同體を見事に實現し得、而も實現し得たる狀態を建國の當初より現在まで持續し來り、更に天壤無窮に及ぼさんとする國は世界に唯日本あるのみ。

君主機關說と君主主體說との長所短所

　天皇は神聖なりと雖も國家を統治の客體として國土人民を私有物としてウシハきて可なりの意味に非ず、ウシハく事は天皇の神聖を汚す所以なり。　君主機關說は君主の專制を防ぎ、國民の人格の尊嚴を認むる點は正し、されど極端に走る時は天皇を機械の如く考へ、人格を認めず、天皇の神聖を說き得ず、忠君の根底を說き得ず、君主を國家より後に存在する者と見る等幾多の缺點あり。　君主主體說は君主の神聖を認め、國民の横暴を抑ゆる點は正し、然れども之も極端に走れる說あり、其說は國土國民を君主の財產視する君主の專制を防ぐ能はず、人民の人格の尊嚴を認めず、君主一人の私意を國家の意志と認むる等多くの缺點あり、機關說も主體說も共に君臣の一心同體といふ理想に戾り、國民の理想信念と一致せず、君主主體說を奉ずれば當然官尊民卑となり、機關說を採れば官卑民尊となる。吾建國の理想に從ひ、皇祖皇宗の遺訓に則れば官尊民尊ならざる可らず、西洋の君主主義も民主主義も共に我國體を說明するに足らず。

官尊民尊

吾人の國體は神聖なり、かゝる圓滿なる國體が如何にして獨り日本にのみ實現せられしか、それは次の二の原因なり。

日本國體實現の二原因

第一は家族制度なり、國家構成の單位を家に採る制度といふ意味の家族制度にあらず、家が發達して國家の體制を得たるものなりとの意味の家族制度なり。

一、家族制度

第二は祖先崇拜なり、我國にては家族は各その家の祖先を崇拜す、之が發展して一鄕村をなせば村全體の共同祖先に當る氏神を崇拜し、更に國家となつては國民全體の祖先に當る天照大神を崇拜し、天祖の神勅を奉じて違背することなし、之國家の理想たる國體を萬世に亘りて維持し得る所以なり。

二、祖先崇拜

橘惠勝「國體と佛敎」

國體とは思想に關するものなり

「國體と佛敎」 橘惠勝（十四ノ九）

國體といふは國家の本なれども政治機關にもあらず、又社會制度にもあらず民、族的本能ともいふべき心的始源より現はれ出でたる意味の存在ならざる可らず、國家的生活の傳統的文化は國體の精華ならざる可らず。國體とは形式に關するものにあらずして思想に關するものなり、形式の上より結束したる國家は決して强固なるものにあらず、我が國體の特性を觀察せんとするものは我が民族思想の歷史的生命の內面性より其原本を發見して先天的なる同化的原理に着目せざれば根本的なる理解は得可らず。我國民思想の本來は沒我的のものなれども儒敎の主義思想を迎へて民族的傾向と一致せざることを意識したるときに、それが爲めに生じたる神心の混亂を解決すべき哲學を要求する事となり、其哲學の未だ創始せざりしときに佛敎が傳來して其要求に應ずることゝなれるなり。

民族思想の傾向より觀察するときは、我邦に創始せられたる哲學は、佛敎思想が到來せざりしならば佛敎と相似たる思想が開發したるならんと思はるゝなり。即ち佛敎思想の根本義は我が國民性の上に發見せらるべきものにして、國家的生命意識に普遍的意義を説明すべき理論を佛教より仰ぎたるに過ぎざるなり。要するに我國民的理想といふものと佛教の思想といふものは相契合すべきものなり、我國體の基底たる思想には佛教思想の横はり居れりともいふべきなり。

南北朝問題

前に述べたる如く、大逆事件と踵を接して起れる事件は所謂南北朝問題なり。南北朝正閏説に關しては明治時代には大體大日本史と同じく南朝正位を認めたること無論なるが、中には對立説を採れるもの無きに非ず、明治二年に彦根の人

菅原正典
皇統傳略

菅原正典の著したる皇統傳略に兩統對立説を採りたるが如き是なり。然れども未だ社會の問題となるに及ばざりしが、明治四十四年第二十七議會に於て所謂南北朝問題なるもの起りて、爰に端なくも國體に關する一大議論を惹起するに至れるなり。事の起りは國定教科書なる尋常小學校日本歴史卷一の教師用にあらはれたる南北朝對立に關する編者の所見が、皇統一系を主義とする我國體に反すといふ理由より、一部の小學教員を激昂せしめ、やがて新聞記者を動かし、四十四年一月十九日發行の讀賣新聞は國定教科書の中に不都合の文字あるを報じたり。之を讀みて早稻田大學講師松平康國、牧野謙次郎の兩人は善後の策を講究し、代議士

藤澤元造に依りて之を帝國議會の質問案として提出せんことを謀り、藤澤元造之を承諾せり、而して其質問を二月十六日と決す。

其問題は尋常小學校日本歷史に、南北兩朝を同等に認め居り、其敎師用參考書に「容易に其間に正閏輕重を論ずべきに非るなり」と明記しあるにあり。

之に對する藤澤代議士質問案の要旨は、文部省の編纂にかゝる尋常小學校用の日本歷史は國民をして順逆正邪を誤らしめ皇室の尊嚴を傷け奉り敎育の根柢を破壞する憂なきかといふにありき。　此質問案が議會に提出せらるゝや文部大臣は藤澤氏に會見を求めて切に其質問書の撤回を求め尙三上、喜田兩博士をして編纂の趣意を述べしめしが要領を得ずして別れたり。　即ち二月十六日に藤澤代議士の質問演說ある事になれり、然るに政府は百方手を盡して之を牽制し遂に藤澤氏をして志を飜して代議士の職を辭するに至らしめたり。

此に於て世論囂然として勃興し、先づ運動を起したるは水戶市の敎育會にして二月十八日附を以て次の建議書を文部大臣に提出せり、

藤澤元造

水戶敎育會決議書

建　議

尋常小學校日本歷史卷一敎師用下百十八頁より百十九頁に至る南北朝に關

する注意の部は、別記理由書の通り、國民教育上不穩當と思考せられ候間御加除相成度本會の決議に由り此段及建議候也。

明治四十四年二月十八日　　水戸教育會長　菊地謙二郎

文部大臣　小松原英太郎殿

一、大日本史が南北朝正閏論を唱道せし以來、之に關する國民の倫理思想は一定し、南朝方の將士は當然忠誠の士にして、北朝方の將士は姦佞の輩なりと固く信じて疑はざる所なり。然るに今俄かに兩朝の間に正閏輕重の區別を立つべからずといへば、是一朝國民の倫理思想を變改するものにして穩當の措置と謂ふべからず。現在の小學教師は業に既に南朝正統說を以て教育せられたるものなるに其思想を枉げしめて兩朝對等論を兒童に說かしめんとするは徒らに虛僞の言辭を弄せしむるものにして、教育の根本義を誤れるものなり。若し大日本史の正閏論に誤謬ありて之に準據せる倫理思想は大害を生ずるものとせば之を變改するは正當の業なりと雖も、正閏論は我國體の上より見るも、史實の上より見るも、將た教育上より見るも、錯誤なきのみならず、正當の說なり、況や明治三十三年十一月十六日大日本史の選者たる德川光圀卿に正一位を追贈せられし時、詔を以て光圀が皇統を正閏し、人臣を是非せしことを是認して稱美し給ひしに於てをや。南北朝の正閏に關する一般の思想は一定せること前述の如くなるが、特に當地方は大日本史發生の地にして、大日本史を稱美あらせられたる聖旨に感泣する故に、其思想の根底は牢として拔くべからず、一朝正閏說を飜して對等論に從ふは小學敎師等の忍ぶべからざる所ならん。要するに一片の命令を以て國民の倫理思想を變改せんとするは敎育上甚だ取らざる所なり。

一、南北兩朝を對等とするときは國定敎科書に明白なる矛盾を生ず、即ち尋常小學日本歷史卷一に「神器は代々の天皇相つたへて皇位のみしるしとなし給へり」とありて皇位と神器とは離るべからざるものと斷定せるに關せず、神器を有せざりし北朝をも正統となすは矛盾なり、南北朝の對立は一時の現象なるが故に常例を以て律すべきにあらず、故に矛盾する所なしと辨ぜんか、一時の現象即ち變態なればこそ大義名分を明かにする要あれ、變態なるか故に正閏の區別を立つる必要を生ずるなり、一時の變態なるが故に不刊の大典を以て律すべからずとせば、是、亂臣賊子に口實を與ふるものなり、亂臣賊子起りて爰に始めて變態を生ずるものなればなり、一朝の變態なるが故に正閏輕、重を論ず可らずといへる思想を以て國民を教育するは甚だ危險なり。

一、南北朝の間に正閏輕重を立てざる國定教科書は御歷代數を兒童に教示せざる方針を執れども處々に御歷代數を點出するは撞着なり、即ち尋常小學日本歷史卷一に「神武天皇は我が大日本帝國人皇第一代の君なり」とあり、高等小學日本歷史卷一に「神武天皇より九代を經て崇神天皇位に即き給ふ」とあり、又尋常小學讀本卷九に「人皇第十二代景行天皇の御代」とあり、南北朝以前の御代數は算定し得るが故に教示すれども南北朝以後は算定し難きを以て教示せざる方針なりとすれば是甚しき僻說にして歷史教授の統一を缺くものなり、南北朝以前の御代數を教へられたる兒童が南北朝以後の御代數を問へる場合に教師が之を指示せずとせば統一を缺けるなり、若し又斯の如き場合に南朝より算ふれば何代北朝より算ふれば何代なりと言はば、兒童をして一種奇異の感想を抱かしめ教育上甚だ忌むべきことゝなるなり。　抑々國定教科書は御歷代數を教示せざる方針なるか、皇統連綿として無窮なる我國體を知悉せしむる國史の教授に御代數を教へざるは國民教育の本旨に背戾するものと謂はざるべからず。

一、小學校用の國史は南北朝を對等とするに拘らず、中學校の國史教科書として文部省の檢定を受けたるものは悉く南朝を正位とし北朝を閏位とせり、是小學校と中學校との國史教授上溝渠を穿てるものにして教育上の缺陷なり矛盾なり。

一、南北朝の間に正閏輕重を立てざるときは當時の兩朝に屬せし將士の是非曲直甚だ不明となり、倫理思想を養ふこと能はず、國史教授上倫理思想を養成する好個の材料は南北朝時代に及ぶものなし。　從來の如く南朝を正統として北朝を閏位とするときは南朝に叛抗せしものは姦臣にして北朝に對抗せしものは忠臣となること一見甚だ明かなり。　然るに兩朝を正統とするときは忠姦の區別甚だ曖昧模糊たるに至るべし。　國定教科書には說明として尊氏は武家政治を再興せんとしたるものなるが故に、皇室に對して忠誠の士と謂ふ可らずとあれども、武家政治を興せしものが皇室に對して不忠の臣なりと謂ふべからざるは源賴朝に見るも德川家康に見るも明かなり、家康の如きは別格官幣社に祭祀せらるゝ光榮を荷へるにあらずや。　縱ひ武家政治を再興せしが故に不忠の臣なりとするも、斯の如き理由は尋常小學校の兒童をして了解せしめ得るものにあらず、了解せしめ得ると豫想するは到底机上の考案たるを免れざるなり。　已上。

又國民黨にては二月二十一日を以て大逆事件竝に南北兩朝正閏論に關する左の決議案を衆議院に提出せり。

国民党決議案

決議案

恭く惟るに我日本帝國たる、肇建極めて遠く載史の久しき世界に多く類例を見ず、是れを以て時に治亂なきに非ずと雖も、皇室に對し奉り未だ嘗て大不韙を犯したる者あらず、是れ列聖覆育の皇澤深く民心に信孚するに由りてなり。況や今上陛下登極以來宵衣旰食大政を親らし民を視ること赤子の如く撫愛至らざるなきに於てをや、又況んや聖恩宏遠國運に玄鑒し夙に國家を憲政に納れ臣民の慶福を增進したまふに於てをや。然るに今や陛下御宇の下に悖逆彼が如き狂豎を出し以て國體の尊嚴を汚瀆せり。是れ陛下の忠誠なる擧國臣民の恐懼惶惑措く能はざる所なり、唯是れ悖逆彼が如き狂豎を出したるは閣臣亦責を逃るゝを得ず、彼や閣臣陛下の政府に坐し大政の輔弼に任じながら悖逆の企を未萠に杜絕する能はず、又遂に刑獄を起すの已むを得ざるに至りたり。是れ身閣臣として陛下の朝に立つ者の自ら安んずる所なる歟。且つ閣臣等は國民中少しく詭激の新説を講ずる者を睹れば直ちに目して吾國を危くするものと爲し、威迫脅壓至らざる所あらず、終に驅りて彼が如き狂擧を激成せしむるに至りたり。是れ其身閣臣として陛下の朝に立つ者の自ら安んずる所なる歟、一旦罪を扆座の下に待ちたるに似たり、而も其意特恩を冀ひ一たび優旨の下るに會へば罪責共に滅すとなし、駟々として自得の情を掩はず、是れ人臣たる者の君主に奉對するの道と爲す歟。將た大臣たる者の輔弼の責に任ずる所以と爲す歟。

獨り是れのみにあらざるなり、國民敎育なるものは立國の要義に合し、國民の國民たる志操精神を涵養するものならざるべからず。然るに政府が國定敎科書の一として昨年四月より普く全國の小學に課したる日本歷史に於て、皇祖の神誓と皇室典範とを藐視し、赫々たる天皇神器の在る所を問はず、萬世一系の皇祚に對し奉り、敢て濫りに正潤なしとの妄說を容る、斯くの如きは嵒々たる閭巷の小民と雖も未だ嘗て夢想だに上せざる所なり、而して政府は公然之を國定敎科書に錄載し之を全國に布行して忌憚する所あらず、顧ふに一國の人民は是より歸向を失ひ同時に權姦口を藉するの大端を滋啓せんとす、閣臣たるもの夫れ何の辭ありて此罪を遁れんとする歟。

帝國憲法第十五條を按ずるに、曰く、國務大臣は天皇を輔弼し其の責に任ずと、閣臣今や輔弼の道を失ふこと斯の如し、宜しく自ら處決して元首に奉對するの責任を明にすべし。 右決議す。

理由書

皇室に忠誠なる我國民中より偶悖逆の徒を出したるは國民一般の恐懼に任へざる所にして、其罪惡の容すべからざるは固より言を待たず、然れども金甌無缺の帝國に於て彼が如き不詳の事體を現出せるもの一分は施政の其道を失へるに職由せり。 一種の理想に根據せる社會改善說は今や布きて萬國に在り、審に之を甄別すれば其中には自ら急漸の同じからざるありと雖も、謂ふ所の無政府主義とは覺然歸趣を異にせり。 然るに關らず政府は之を同一視し、苟も社會改善上の新說を講ずる者あれば、其の如何を問はず擧げて之を無政府主義の徒となし、高壓至らざる所あらず、是が爲めに往々無告の窮地に擒せられ、永く寃枉に苦しむ者尠からざるは政府自らも之を認むる所なり。 近くは狂悖彼が如き不詳の事體を目睹するに至りしものは、半ば政府の之を激成せるに由らずんばあらず、其失敗豈容るるを得んや、若し夫れ萬世一系の皇祚に對し奉りては赫々たる皇祖の神誓に賴り、國に根本法の存するあり、之に加ふるに推古天皇の憲法を以てし、之に加ふるに文武天皇の大寶令を以てし、其義炳焉日星の如きものあり、不幸にして中葉以降の時、兩朝の狀態を現出したるが爲めに皇威の陵夷となり、大權の下移を馴致せしも、尊王愛國の大是を悲憤し、世を易へ人を代へ、正潤の別を辨ずるあり、是に於て乎大義名分再び昭明なるを得て、國民皆王愷に敵し、以て明治の維新を翼成したりしなり。故に維新以降今日に至る迄の諸法制は概ね確然公定せられたる大義名分の上より成立せざるはあらず。然るに政府は國定日本歷史を發行して南北兩朝に正潤なしとの妄說を公布し毫も忌憚する所あらず、是れ明かに明治制法の破壞なり。就中皇室典範の破壞なり。且つ是れ國民敎育なるものは國民の國民たる志操精神を涵養するを以て目的とするものなり。而して國定敎科書の說示する所や彼が如し。之に同化せられし所の未來の國民は其れ何れを正鵠として以て皇室に奉對すべきや、人心の歸向を失ひ權姦の覬覦を生ずる禍機は伏して此に在り。獨り是のみには非ず、等しく國定日本歷史なり。然るに尋常小學科の敎科書には光嚴天皇を絕對の皇位に入れ、高等小學科の同書には同一の天皇を對立の皇位に收む、又等しく國定敎科書なり、然るに其日本歷史に於ては南北朝に正潤なしと說きながら其の小學讀本に於ては北朝の軍を指して朝敵と斥稱せり。國民たる者夫れ何れにか適從せん。是れ明かに國民敎育上の無政府主義を顯現するものに非ずや、政府の失態や其れ斯の如し、爰に閣臣の引責處決を決議する所以なり。と、又内田旭及び三鹽熊太は大日本國體擁護會を設立して其主意書を發表せり。

大日本國體擁護會主意書

曰く、

大義名分は國家の綱紀にして人道の標的なり。大義明かならず名分正しからざれば綱紀壞れ標的墮ちて國家紊亂し、人道頽廢し、其の國危亡せざる莫し。而して我が大日本の國體に於ては特に其尊重すべきを見るなり。南北朝の正潤に關しては水戸義公、山崎闇齋以來、大義名分上より南朝を以て正統と論定し、識者擧て之に從ひ、國論又一致し、此精神は遂に皇政興復の偉業を成すに至れり。是れ二百年來歷史の證明する所にして、今新に理論を述べざるも、此大義名分が我が國體の精華たること復た言を待たず。之を以て今上陛下は近年に及び義公に正一位を追贈せられ、維新以來、政府も亦此の主意を採り、文部省は創立以來今日に至るまで中學校所用の日本歷史には南朝の正統なるを承認して、之を生徒に課せしめ、正統天子に奉事するの大義を以て今上陛下に奉事するの忠誠となし、父師の教ふる所、子弟の受くる所、皆是れに遵はざる莫し。

然れども今や國民の思想は、專ら勢利に趨き、士人の行爲は道義を顧みず、甚しきは皇室に對し奉りて、敢て不軌を圖る者出づるに至れり。此の時に當りては尤も綱常の扶植を大聲疾呼せざるべからず。而るに文部省は却て正統大義の主意を變じ、小學日本歷史を改編して、南北兩朝對立の體となし、其の參考書には「南北兩朝の間容易に正潤輕重を論ずべきにもあらず」と明言し、忠君の道も其の本を二つにするに至り、海內の萬衆をして「大義名分」の意義に疑惑を抱かしめ、人心は動搖して適歸する所を失ひ、世を擧げて將さに益々綱常を蔑如し、專ら勢利に依附せんとす。是れ實に國民教育の標的を失ひ、臣民統一の綱紀を紊り、國家安危の關する所にして其の禍害たるや最も大なり。是を以て吾濟は憂慮措く能はず、速かに大義名分の明確なる國論を集め、文部省編纂の小學日本歷史を廢棄せしめ、以て人心の歸嚮を定めんと欲す、伏して冀くは海內同感の志士翕然として來應し以て大に援助せられんことを　と、

二月二十三日、犬養代議士は問責演説をなせり。但し秘密會なり。二十六日に

水戸に於ける講演會 政友會有志決議

は水戸市に於て本問題に關する講演會を開き、東京よりは市村、姉崎二博士、笹川、木山の二學士出演せり。二十七日には政友會中の有志者たる戸水寛人以下二十八人、紅葉館に會して左の決議をなし猶實行委員を擧げて運動に着手せり。

決議

吾人同志は教科書失態問題に對し左の決議を爲す。

一、速かに教科書の改訂を爲さしむること。

一、速かに當局者の責任を明かにせしむること。

貴族院質問 國民黨代議士質問

又三月七日には貴族院に於て德川達孝伯及び高木兼寛男は文部大臣に對して教科書に關する質問を試み、十五日には國民黨代議士村松恒一郎より左の如き質問書を衆議院に提出せり。

一、政府は南朝の正統を認め教科書改正に着手したるが如し、然るに同一の委員にして先に兩朝竝立說を主張し、今又飜て南朝正統に一致したるは如何なる理由に基くや。

一、政府が南朝の正統なるを認むるに至れるは如何なる事實上の根據に基き、且つ如何なる理由に依るや詳細に之を明示せん事を望む。

一、政府既に其非を認めて教科書の改正に着手したる以上、過去一年間忠奸正邪の別を紊り、國民の思想の動搖を惹起し、國體の基礎を危くせんとしたるに對し内閣は何故速に處決して其責任を明かにせざるか。

友聲會

三月には嚮きに述べたる國體擁護團を解きて更に友聲會を作り、四月には吉野の南朝古跡を探れり。

新聞雜誌の論議

此外、弘道會、丁酉倫理會等にも夫々活動する所あり、又諸新聞雜誌等の縱論横議底止する所を知らざらんとせり。　即ち東京朝日新聞が「歴史的教育問題」「問責案の否決」等題して論議する所あり、讀賣新聞には「政治家の惡辣手段」と題し内閣の不公明を述べ、又「兩朝正閏の問題」と題して兩立論者の尊氏以下を逆賊とせる說の不徹底を攻め、又「當局者の反省」と題して當局が非を改めたるを稱し、萬朝報は「正潤以外の問題」と題して此問題に關して政府が藤澤氏に對して採りたる迫害的手段を弄したるを攻めたる等、遂に非常の混亂を見るに至れり。

斯くして漸く學者の間に眞面目に此問題の論議せらるゝに至り、之に關する專門の著書も三四に止まらざるの有様となり、遂に南朝正位論に局を結ぶ事となり、教科書も改訂せられ、當面の責任者たる喜田文學博士を休職とせり、其學者間の議論の分るゝ所、南朝正位論、兩立說、北朝正位說の三種となす。今其主なるものを列擧すれば次の如し。

南北朝對立說 喜田貞吉

南北朝對立說

喜田貞吉

國史の敎育

「國史の敎育」中に、後醍醐天皇が光嚴天皇に授け給へる神器が擬器なりしは事實としても眞器と認めて受け給ひて即位せられたるものなれば、之を以て北朝の皇位を絶對に否認する能はず、されど後醍醐天皇は眞器を奉じて吉野に君位を稱し給ひしなれば何れをも並立せしむべきなり。と論じ、

三上參次

三上參次

東京朝日新聞、時事新報、太陽等に談話筆記あり、要は、北朝の天子は持明院黨、南朝の天子は大覺寺黨にして、此二派は迭立の勢をなし來れるものが別れたるものにして、臣子の分として其間に正潤を云々すべきものにあらず、神器のみを以て論ずるは却て弊あるべし、一時は天に二日あるも變態として止むを得ざる事なり。と云ひ、

久米邦武

久米邦武

「大義名分と正統論」

二月十九日讀賣新聞紙上に「大義名分と正統論」を掲げ、皇朝の分るゝ如きは只帝室の御事情にして其處置は帝室及び輔佐の人々によつて決せられ、武家が帝位を左右せり等見るは不敬なりとし、足利尊氏が逆臣なるが故に、夫に奉戴せられたる北朝は閏統なりといふは不可なりといひ、次で三月五日の讀賣新聞に「南北朝問題の根本的疑義」と題し、後に云ふ所の姉崎正治氏の「南北朝正閏問題に關する疑問並に斷案」に對して起草したるものにして、神器の問題は當時の臣民の知る由なかりしを以て南朝に事ふるも北朝に事ふるも忠なり而も政務は京都に依つて行はれ居たるが故に北朝をも認めざるを得ずと論ず。

「南北朝問題の根本的疑義」

柏軒學人

柏軒學人

「南北正閏私議」

二月十八日、やまと新聞に「南北正閏私議」と題し、國史眼、皇位繼承篇、纂輯御系圖等に北朝に對しても帝號、天皇號を用ゐたる事、又今上陛下の御血統に渡らせ給ふ事を數へて對立說を採る。

北朝正統說

北朝正統說

吉田東伍

「北朝が正統なり」

吉田東伍

二月十四日東京日々新聞に「北朝が正統なり」と題して、北朝正統の意見を掲げしが、四月の太陽に「皇位正統の所在」と題して更に詳細に論ず。要は、現皇室は北朝の後にして而も萬代榮ゆべきもの、南朝は然らざるが故に北朝を正とすべし又、神器の所在は必ずしも正統の皇位たるを證するに足らずといふにあり。

「皇位正統の所在」

浮田和民

浮田和民

太陽四月號にあり、之を事實問題、法理問題、道徳問題の三に分ち、現皇室が幕府の頃まで北朝を正位に認め居られたる事、又南北共に正しく皇胤なること、而して皇位の正否は左の諸條件に合するや否やにあり。

一、皇系に屬すること、二、先帝の禪讓、三、神器の授受、四、上皇の院宣、五、群臣の迎立、六、天下の歸順

此内にて北朝が具備せざるは神器の事のみなるが、之は神器なくして帝位を踏まれたる事は前例のある事（高倉帝の事）なれば必ずしも固執する必要なし、五、六、は北朝の方に具はれりといふにあり。

貿易新聞

「南北朝正閏說につきて」

貿易新聞

二月十五日「南北朝正閏說に就きて」と題し、北朝は血統に於ては南朝と優劣なきに、其實力に於ては遙に勝れり。故に北朝を正しとすべしといひ、又尊氏の心

事の惡醜を以て奉戴せられたる皇位まで否む能はず、と云ふにあり。

南朝正統說
牧野謙次郎

南朝正統說
牧野謙次郎

東京朝日新聞二月二十日にあり、兩統迭立の制は後醍醐天皇建武中興と共に消滅せり、而して天子が一人以上有り得ざる以上、南朝の嚴存せるに北朝なるものが成立する理由なし、と論じ

松平康國

松平康國

二月十八日の東京朝日新聞にあり、當時の諸書は大抵北朝側の手に依つて成りたるものにて之に依つて北朝を立つる理由にすべからず、と述べ、

萬朝報
南北朝正閏論

萬朝報

二月十二日、十三日、十四日に涉りて「南朝北朝正閏論」と題して此問題は我邦の國體に關すること最も深しとて、我邦には皇位は一あつて二ある可らずとし、之を有りとすれば我が國體は國體を爲さず。忠君道德の根本も破壞せん、然らば兩者を對立とすることは絕對に不可なり、而して南朝の天子が國初以來即位の正證たる三種の神器を奉じて立てる以上、北朝の天子は閏位とせざる可らざ

る事明白なりと說き、

穗積八束　穗積八束

二月十六日東京朝日新聞記者への談話にあり。憲法より見て我國の國體は、一、皇位は、一にして無二なる事、二、皇位は皇統の人々にあらざれば位に即くを得ざること、三、皇位の繼承は先帝の崩御又は讓位受禪の二個の原因の孰れか一に因る事、四、皇位の繼承は神器の渡御に依りて表明することと之なり、之に合する方を以て正統とすべし、と論じ、

井上哲次郎　井上哲次郎

「國體上より南朝の正統なるを論ず」「敎育上より見たる南北朝問題」「國民道德と南北朝問題」

二月十七日東京朝日新聞談話、三月十三日日本及日本人「國體上より南朝の正統なるを論ず、」三月二十日敎育界、南朝號「敎育上より見たる南北朝問題」四月一日東亞之光「國民道德と南北朝問題」等にして同一趣旨なるが、大要は、南北朝問題を解決するには國體の立場より見る必要あり。我が國體は萬世一系の皇統を以て基礎とす、憲法第一條に「大日本帝國は萬世一系の天皇之を統治す」と定められたり。國體は主權の所在に依りて定まる。日本にては主權は常に皇位にあり、此國體は我邦にては萬古不易なり、然るに過去に於て只一度變あり、即ち南北朝

五十七年間皇統二系ありし事之なり、只是は史上の事實なり、然れども國民道德の立場より見れば之を對立とする事は許す可らざる事なり、一方を取らざる可らず、然らば何を以て正不正を定むべきかといふに、

一、皇系に屬すること、二、一人あつて二人なきこと、三、正統の繼承者たること、四、繼承たるに適當なる身心狀態を有する事、五、三種の神器の附隨すること、六、人民の歸順すること、

此第六は實際上我邦に於ては無用なるやも知らざれど假りに附けたり。

後醍醐天皇は此全部を兼ねたるが故に無論正統なり。然らば一あつて二なきものとすれば北方の成立する理は無きなり。又神器も北朝のは虛器なりき。其他に色々の說もあれど皆大義名分を基礎としたる說にあらざれば論ずるに足らず。日本にては國民道德の基礎は確乎不動なり。永遠不變なり。何となれば國民道德は國體より出で、國體の基礎は萬世一系の皇統なり。此國體の基礎が永久不變なる以上は國民道德の基礎も動搖する理なきが故なり。

猪狩史山

二月十七、八、九日の毎日電報に見ゆ、先づ三上博士の正閏論を否定し、神器所在

は常に確に南に在りたりとて南朝の正しきを論じ、對立可能論が將來に危險を遺すべきを述べたり。

笹川臨風
南朝正統論

笹川臨風

下野新聞、日本及日本人、中學世界、讀賣新聞、萬朝報等に掲げたる論文を蒐輯して一册となし、南朝正閏論といふ。又諸所の講演會に於ても其說を發表せり。要は、天に二日なく、國に二王なしとは我建國以來の憲法にして國體の尊嚴此に存す。即ち對立論は絕對に成立せず、而も之あるは大日本史に對する學者の偏狹的反抗思想より來れるものに過ぎず。而して神器の南朝側に常に在りたる以上、南朝の正しきは明かにして北朝は立ち得ざるなり、此南朝正統說は道德上の方便說にあらずして全く事實なり。

黒板勝美
「尚早論」

黒板勝美

二月十八日、東京朝日新聞に「尚早論」と題して、茲に萬世一系といふ點より、何とか之を定めざる可らずとならば、第一に歴史家の見地より尚早論を唱へて舊來の南朝說に從ひ置くこと、及び今日まで闡明せられたる史實に道德的判斷を重くするならば又南朝を正統とすることの穩當なるを信ずと述べ、

「神器の所在」「南北朝正閏論の史實とその斷案」「南朝正統論」

二月二十日同紙「神器の所在」
三月十五日日本及日本人「南北朝正閏論の史實とその斷案」
四月一日太陽「南朝正統論」
等に研究的態度を以て「意見」を述べたる後、斷案として南朝を正位としたり。但し北朝天子の態度は常に惡意あるものにあらざりし事を辨ぜり。

菊地謙二郎 「皇室と大日本史」「南北朝對等論を駁す」

菊地謙二郎

二月十九日東京朝日新聞「皇室と大日本史」と題して明治天皇が大日本史を嘉賞あらせられたるを述べ、
三月十五日日本及日本人「南北朝對等論を駁す」と題して喜田博士の説を駁す。

日本及日本人

日本及日本人

三月號の社説に、南朝北朝と云ふは非にして、正閏と云はずして眞僞といふべしと論じ。

福本誠

福本誠

二月二十三日國民黨懇親會席上に於て、天位は正しき皇胤たらざる可らざること、正統なる皇位繼承者たらざる可らざること、正統なる神器の繼承者たらざる可らざること、率土一王たらざる可らざることを論據として南朝を正しとし、

副島義一
「國法上より南朝の正統を論ず」

副島義一

三月二日の大日本國體擁護團の講演會に於て「國法學より南朝の正統を論ず」と題して、血統、神器、及び天子一人なるべき論據より論じて南朝正統說を述べ、

姉崎正治
「南北朝問題と國體の大義」

姉崎正治

三月二十一日「南北朝問題と國體の大義」と題する書を公にして、歷史家が研究を公にするに當りても、よく社會名敎の上に及ぼす影響を顧慮せざる可らざるを說き、我國體の大本が建國と共に定まり居る以上、南北朝問題の解決も亦之に準據して行はるべきを說きて南朝正統說を認定せり。

三浦周行
南北朝論

三浦周行

四月一日の太陽に「南北朝論」を揭げて詳細なる史實を據として南朝正位說を述べたり。

事件の落着

斯くて六月に至り、文部省に於て南北朝を改めて吉野朝となし、夫々敎科書を改訂して事、決着したり。

南北朝正閏論

猶五月には史學協會の南北朝正閏論出づ、

南北正閏論の分岐點と決論　小池素康

大義名分論と正閏論(前出)　　久米邦武

南正北閏　　三宅雄次郎

根帳論(北朝說)　　久米邦武

道義上より見たる南北朝問題　　姉崎正治

等を始めとして數十の論文あり。

七月には前掲友聲會は正閏斷案國體之擁護を公にし、

南北兩朝の由來と其正閏を論ず　　黒板勝美

南北朝正閏問題と道義思想　　姉崎正治

　此問題が國體の存する所を根本に置きて論ぜざる可らざるを說く。

法理上より觀たる南北朝正閏論　　副島義一

　正閏問題の法理上の標準として神器が皇位繼承と最も重大の關係あるを論ず。

南朝正閏思想と維新大業との關係　　牧野謙次郎

　維新の大業が南朝正閏思想の正理に依りて刺勵せられて成れるを論ず。

孔敎より觀たる南北正閏論　　牧野謙次郎

國定教科書事件に關聯せる七不思議　松平康國
南朝正統論發達史　内田周平
南山の飛花落葉　後藤秀穂
浮田博士の北朝正統論を駁す　内田旭
明治年間に於ける南北朝並立論發生裏面の事情　三鹽熊太
義公の神靈に告ぐるの辭　松平頼壽
義公を頌するの詞　内田周平
水戸義公と其時勢を論じて南朝正統論に及ぶ　大木遠吉
舊高松藩の修史事業と南北朝正閏論（維新以前京都の北朝正統思想）　松平頼壽
非南朝正統論七博士の說を難ず　内田正
史學の趨勢と國體觀　松平康國
　歴史の教育が國體觀念の養成に最も重大なる關係あるを以て史家は愼重
　なる用意を要すと論ず。

等の論文に依りて南朝正統を宣揚し、此後も猶諸學者の續々其說を發表し、或は諸種の團體を作りて南朝正閏說を主張すること旺盛を極めたり。　山崎藤吉、堀江秀

松韻會南北朝正閏論纂

雄が國學院大學出身者に依りて成れる松韻會の決議に基きて編纂せる南北朝正閏論纂の、神皇正統記以來の南北朝正閏に對する諸論を網羅せる如き即ち之なり、今一々掲げず。

兎も角、明治の初年、福澤諭吉が其實利主義思想を皷吹するに當りて、楠正成の湊川戰死を論じ、其忠死が南朝の爲め毫も利益する所なきに於て、權兵衛が褌もて首を括れると何等擇ぶ所無しと放言せる事が何等問題を惹起せざりしと比較するときは時勢の進展驚くべきものあるなり。

山田孝雄大日本國體概論

國體は國家の組織

さて飜りて一般の學界に於ける國體說を見ん、

四十三年十二月山田孝雄は「大日本國體概論」を著して曰く、

國體は國の體なり、人に體あるが如し。　換言すれば國體は國家の組織といふ事にして、その國土國民及社會組織の如何と、その傾向とを明かにするによりてはじめて明にせらるべきなり。　我國民はその大多數に於て皇室と同祖にしてその支流たり。　この故に我等は皇室と一家の親あり、たゞに君臣の情誼あるのみに止まらざるなり。　されば如何に蒙昧の時代と雖も皇室の尊重すべきを忘れず。

萬世一系の皇統は唯一無二の主權を享有し給ふ我が神聖至極の天皇陛下の御祖及御子孫によりて表現せられたり。かるが故に我國體にては皇室皇族はたゞ一あるのみにして二流あらず。

清水梁山日本の國體と日蓮聖人一名王佛一乘論

と、次で四十四年八月清水梁山は「日本の國體と日蓮聖人」一名王佛一乘論を著して、日蓮の國體論なるものを拈出し牽强附會以て我國體と日蓮宗とを結びつけんとせり。其論ずる所奇怪殆ど說くに足らざるものなれど、斯くしてまで我國體と關聯を保たんとする所に當時の思潮を見るべきなり。

高楠順次郎國民道德の根底

同十二月には高楠順次郎は「國民道德の根底」を著はし、主として我國體と祖先崇拜との關係を說く。大要に曰く、

國家の成立

何れの國も其本源は唯一家に基く、夫が分家又分家して一族の人々次第に增殖し、その結果國家の成立となる、故に何程多くの分家あるも其本家は矢張り總本家たるを失はず。之れを本族といひ分家を支族といふ。此本支族の集まれるもの即ち國家なり。此本族と支族との關係が漸く遠ざかり、分家の數益々增加するに從ひ、之を統一して支配する必要を生ず、之れ即「國家」なり。即ち家の大なるものが國なり。

宗教的國家

宗教的國家なり、家に戶主あるが如く、國に於ても總本家の

主人が中心となりて宗主權を有す。此有樣を以て進む內、稍もすれば總本家の實力衰へて支族の勢力强大となる事あり、血統の中心と政權の中心とが二つ存在する事となる。從て政治的の權力を握る事あり、血統の中心と政權の中心とが二つ存在する事となる。此二つが常に總本家の內に存すれば可なるも、一度分るゝ時は本に歸ること容易にあらず。日本以外の國々は大抵之なり。只日本は古來此二中心が總本家の家に納まり居りしなり。之我國體なり。斯くして血統が愈々重んぜらるゝ事となれば自然湧出するは「祖先敎」なり。漸く血統が中心になると共に自己の祖先といふものが愈々大切となる、然れども個人々々の祖先は容易に解り難くなるも、吾人の系統を搜せば同一祖先に歸する事は明白なり。此に於て總體共通の祖先の敎を守る事となる、之れ祖先敎の基なり。

祖先敎の基

日本に於ては祖先崇拜主義なるものが國家敎育の主義となりて存在す。皇祖皇宗の道が即ち敎育の本源なり。此敎育の根源となり、主義となりて祖先敎が存在するといふ事は最も有力にして功果ある存在の形式なり。それが純粹に敎育の基礎となり、皇祖皇宗の道が敎育の淵源となり行けば之より完全なる祖國思想を生む。

君國一義

忠君と云ひ、愛國といふも、其實君國一義、君臣一家の日本に於ては祖先の國を尊ぶといふ祖國思想が主眼なり。祖國思想が完全に成立すれば一國は安全なり、之を君國一義といふ、國の爲めに死するも君の爲めに死するも同一なり、總本家の爲めに働くといふ事は即ち自家の爲めに働くなり。

家族主義

此に於て日本の國の上下内外を一貫したるものを家族主義となす。國家は即ち一大家族なり、君臣は一家なりと云ふ意味なり。此君國の觀念に基く國民性と祖先崇敬に由る宗教性は何れも家族の中に於て養はるゝものなり。

祖先崇拜は理想的宗教

而して理想的の宗教は祖先崇拜の宗教なり。祖先崇拜を標準とし、之を以て凡てを律せざる可らず。祖先崇拜に重きを措くか否かを見、之に反對する宗教は日本には不利の宗教なり。血統團體を破る考の人間は日本の國民とは云ふ能はず、理想的の國民と云へば血族團體、理想的の廣義の宗教と云へば祖先崇拜の宗教なり。日本の歷史は斯の希望通りに發達せるものなり。

加藤玄智「我建國思想の本義」

と、次で四十五年加藤玄智は「我建國思想の本義」を著はし、祭政一致の肇國主義を以て我國體なりと論じて云ふ、

日本は祭政一致の國柄

日本は祭政一致の國柄、日本の建國の當初は祭政一致といふことを以て成立

せりとは世間一般に云ふ事にして、今更辯を要せず、而して古來同樣祭政一致の國は幾多ありしも皆其國民と其奉ずる神とが只一定の契約に依りて保護者被保護者の關係を結べるものにして、我國の如く、實際上の血緣關係ありしにあらず、之れ我國體の特殊なる所以なり。而して國民一般は現在の天皇を以て其神の延長なりとして所謂現人神と信奉す。之が我國體の精華にして萬世に渉りて益々國家の榮ゆる所以なり。又日本人種は殆ど同一族にして其中心が皇室なるが故に天皇を君と戴き、之に對して臣民として誠心誠意盡し奉る時は即ち忠となり、又代々の天皇陛下を祖先中の祖先として奉戴し之に對して誠心誠意自己の職責を盡す時は即ち孝となるものにして此理由の下に我國は忠孝一致

忠孝一致

忠孝一本の國柄と稱せらるゝものなり。

丸山正彥「大日本は神國也」國の成立事情九箇條

と、又丸山正彥は「大日本は神國也」を著して、其神祇と國家との關係を論ずる條に、國體の基礎たるべき國の成立事情を九項に分てり、曰く、

一、吾が帝國は天神の命を以て諾冉二尊の創造せられたるものなり。

二、二尊は國土創造の功を畢へ、帝國の元首とすべき御心しらひにて日神及び素尊を生み給へり

三、諸尊は素尊に帝國を治むべきことを命じ給ひしかど故ありて素尊は之を避けてみはしの國に入らせ給ふ。

四、日神素尊の誓約によりて成れる神を帝國の元首とすべきことに日神素尊は默約し給へり。

五、素尊及び大國主神は帝國を假攝して皇孫の降臨前まで帝國を修理固成し給へり。

六、高天原出雲の交渉成りて天孫降臨ましましぬ、此に於て萬世一系の帝業その基礎全く定まりぬ。

七、神武の東征、神功の征韓、桓武の征夷等歷代の經營により、國境日に開け國體益々定まる。

八、中世兵馬政治の權武家の手に移りしも、武家は神祇皇室を離れて獨立することと能はざりき。

九、明治の聖代にいたりて憲法を欽定せられたれば我が國體は億萬年動くことなけん。

と、而して之を概括して我が國は神聖基を開き、神孫繼承し、遂に金甌無缺の國體を

神祇を崇敬するは國體を擁護する所以

成立せしめたるなれば、國家の成立に關する神祇の威德は帝國の存在する限り、之を崇敬するは乃ち國體を擁護する所以にして、要するに神祇ありて皇室あり、皇室ありて國家あり、決して國家ありて皇室あり、皇室ありて神祇あるにあらず、故に我が帝國は君民相和し、神人相樂みて始めて國家隆昌に赴くべきなり、と論ぜり。

井上哲次郎國民道德概論

又井上哲次郎は國民道德概論を公にし、國體と國民道德との關係を論じて、日本の國體は萬世一系の皇統を以て基礎となして成立し、國法學にては主權の所在を以て國體の性質を極むるが、主權は日本にては常に皇位にあり、之が憲法の制定と共に益々鞏固になれりと述べ、此國體の基礎に對して附屬的特色七種ありそは

主權は皇位にあり

國體の基礎たる特色七種

一、國體政體の分離
二、忠君愛國の一致
三、皇室が國民に先つて存在せる事
四、祖先崇拜と關係あること
五、家族制度の體系を存せること
六、君臣の分明かなること
七、國民の統一體、詳言すれば國民よく一體となりて一度も他の甚しき侵略を被

りたる事無きこと、なりとし、神道と國體との關係を論じて、神道の內、國體と關係あるは天壤無窮の神勅なり、此神勅が常に日本國民の精神を中心に引締むるの効果を有したり、と論ぜり。

(八) 大正初期

(大正の初より歐洲大戰の起るまで)

明治天皇の崩御

斯る間に我國民は、悲むべき一大事件に逢着せり、明治天皇の崩御之なり。國を擧げて悲哀に沈めり。慈父を失へるが如く慟哭せり。其悲痛の熱情の迸發到る所に目覩せられたり。國民は今更の如く皇室の尊嚴に思ひ及び、此民情を見たる外人は今更の如く驚歎の眼を瞠りぬ。爰に皇室を中心とする國體觀念に一段の刺激を與へたるは云ふまでも無し。今其間に出でたる主なる國體說を概說せん。

川面凡兒日本民族宇宙觀

大正二年三月、兼て大日本世界敎なるものを宣明して我神道を基本とし在來の宗敎宗義を總合統一する全神敎なるものを主張しつゝありし川面凡兒は國體淵源日本民族宇宙觀を著して、我國體は我神代遺傳の宇宙觀に淵源すと述ぶ、其宇宙觀なるものは、天御中主尊の旨を奉じて修身齊家治國平天下を理想とすといふにあるが如し。

石川岩吉國體要義

又石川岩吉は國體要義を著はし、國體なる語に種々の用ゐ方あるを說き、要は神代の初、諾冉二神國土を修理固成し、三貴子を得給ひ、天照大神の皇孫降臨、天壤無窮の神勅ありて此の國體の基礎定まると論ず。

加藤房藏日本憲政本論

同三月に、加藤房藏は日本憲政本論を著はし、憲政の擁護、責任內閣、憲政有終の美は是れ當今俗間の流行語にして其意を質せば畢竟政黨の嚮背に由りて大政を左右せんとするに在り。此の如きは分明に國體の破毀にして同時に憲法の違犯なりとて、我國體を評論す。大要に云ふ、

國の成立は各出發點を異にす

國の成立は民族變遷の現象なり、故意に生ぜず、他造に成らず、自然の推移に因りて國顯はれ國滅ぶ。國土は各々境地を異にし、民衆は各々境遇を異にす。故に異境に發生する各邦國は原始の時に於て既に皆其性情を同じうせず。此の國草創の時に於ける不均一不同等なる各國の性情は即ち進步發達せる現今の國家に於ける體制に差別ある所因なり。

國家は自體の繁榮を冀ひ長久を望む、猶個人が各自の健全長壽を冀望するが如し。人の體質は健全長壽するに適する者を以て最も優良とする如く、國家の體制も亦其國家が永久に榮へ得るに適當する者を以て最も優良とす。然らば國家の體制の健全性とは如何なることを意味するか、惟ふに其の特徴一ならずと雖も、集中力の强大なることは第一の要件なり。茲に集中力の强大と云ふは强力に依りて集中するの義にあらず、國家自體と個々分子と互に調和を保ち均齊を有つの結合力を謂ふ。而して集中力の最も强大なることは國家に撼かす可らざる、拔く可らざるの中心あるに依り之を期待するを得べし。人類を集結して一團たらしむる最も强き力は血統關係なり。一家族擴大して氏族をなし、一氏族擴大して一民族をなし、其大民族より成立せる一國ありとすれば、其國は即ち同根同血より出でたる一大家族に外ならざるを以て、一國家にして全民族が瞻仰して宗家となす所のもの有れば其宗家は即ち天縱にして國家の中心に位するものなり、而して全民族は期せずして此中心點に向て集中すべし。

此中心として王室あるは即ち君主國なり。而して歐洲に於ては實際上其主權は國民にあり、白國の如きは憲法に其關係を明記せり。主權既に人民に在る

國家の體制の健全性

國家の中心

が故に其の君主は國家の一機關なり。即ち君主は其國に於ける政治上の最高機關なり。之と異りて東洋に於ては國家統治の權一人の君主に在るを原則とし、又之を恒例とす。即ち東洋人は億兆民人が一人の君主に奉事するを以て國の本體となし、國家は君主の統治する者と確信す。然れども此際は君主は有德ならざる可らず、而して善政を行はざれば國民は君主を替ふべし、之れ支那の國制なり、我邦は亦之とも趣を異にせり。

國體の語は普通に用ゐられ其意義明白なるが如くにして實は明白ならず。蓋國體の語は二樣に使用せらる、是れ其明瞭を缺く所以なり、即ち甲は專ら國史の事實を基礎として、之を說き、乙は主として國法學上より之を說く。然るに國體の意義を兩種に區別するは本朝の國體を說明する場合に限りて必要あり、外國に在りては只法律派の解釋あれば可なり。

歷史派の國體觀

歷史派は本邦の歷史を基礎として建國の由來、民族の統一、君臣の大義を講究し、我が國體の金甌無缺なるを論斷す。其國體の意義は國家組織の內容を謂ふ者にして、國の體面或は國の品性と謂ふの義に通ずべし。國法學上の定義と趣きを異にす。而して其體面といひ品性と云ふは、之を他國の者と比較して類似共通の點を發見せんとするに非ず、却て他國に無くして獨り我國に存在する諸點を列擧し來りて我が國體を稱揚するは歷史派の常なり。

國法學者の國體を說くや、專ら法理に依り、權力の所在、又は排置に由りて之を決定し、毫も其他を省みず、而して自ら三派あり。

一、國體政體無差別の說

二、國體は統治權を組成する形體に依て區別すとの說

三、國體は統治權の所在に依つて定まるとの說

我が國體は專制君主國體にして憲法以後は立憲君主國體なり、其政體は憲法以前は專制政體、以後は立憲政體なり、蓋し我國の主權は憲法の有無に拘らず、必ず御一人に在りて他にあらざるが故なり。

主權の變動は國家の滅亡なりやといふに必ずしも然らず。君主國より共和國に變ぜる如き其例多し。

然れども我邦に於ては然らず、天皇は日本帝國の生命なり、日本國民の精神なり、天皇の外に國家あることを得ず、天皇は即ち日本國家なり。然れども之を他國に應用す可らず、君主即國家の大義は獨り日本の國體に依りて之を說明し得

べく之を他國の事實に求む可らず。

憲法第一條に曰く、大日本帝國は萬世一系の天皇之を統治すと、同第四條に曰く、天皇は國の元首にして統治權を總攬し、此の憲法の條規に依り之を行ふと、是れ我國の體制を憲典の上に明示せられし者にして、理義明白、秋毫も疑惑を容れず。然るに世上「憲法の條規に依り、之を行ふ」といふ正文を見て統治權を制限するものとなす者あり、彼の君主機關說を唱ふる者の如き即ち之なり。

君主機關說

君主機關說に曰く、凡そ主權は國家に在り、立憲君主國に於ては君主と議會とは共に國家の直接機關なり。唯君主と議會との權能の異なる所は君主は最高機關なり、主動機關たるに反して議會は制限機關たるに過ぎざるにありと。

君主は國家の機關なりと云ふは外國にありては可なるも、天皇を國家の機關なりと云ふは我憲法の精神に合はず。

帝國憲法を講述するに學者說をなして曰く、君主(即ち天皇)は第一次機關なり、何人をも代表することなく、自己の名に於て國家の最高機關たり、議會は國民を代表して國民の名に於て國權に參與するなり、國民が第一次機關にして議會は其代表機關たるなりと、即ち天皇と國民とは共に國家の第一次機關なりとするなり。然れども之れ曲解なり、もし天皇果して國家の一機關ならば第一條は必ず左の如くならざる可らず。

大日本帝國は帝國議會の協贊に依り、萬世一系の天皇之を統治す。

主權は唯一不可分にして君主と議會とが分ちて之を共有すべき者にあらず。

君主即國家の原理は獨り本朝の國體に於て存立す、是れ國史に照し民人の確信に徵して彰著なる事實なり。

日本は同一血統より成れる民族の一大團體

日本帝國は同一血統より成れる民族の一大團體なり、全民族の宗家たる皇統を元首に拜戴するが故に本朝は血統團體の上に成れる君主國にして其の政體は立憲君主制なり。　唯一無比の國體が何故に偶々我日本帝國に存在するやの問に答ふるは甚だ簡單なり、他なし、此の國體は日本國民が同一民族より成り、其同一民族の宗家が國初より現今に至るまで綿々として統御者の地に立ち給へることに依りて有たるゝなり、國家成立の由來を見れば我國體は明瞭になるべきなり。

永瀬壯策天皇即國家論

と、九月、永瀬壯策は「天皇即國家論」を公にして、國家の統治權は君主の固有せる權力にして君主即ち國家なり、とて加藤房藏と同一意見を發表せり。

斯の如く、國體の一主要問題たる統治權の問題に就きて議論の沸騰せるは、之より先き國法學者の間に統治權の主體の皇位なりや國民なりやに就きて意見を異にするあり、事國體に關係あるの故を以て一時論壇の大問題とせられたるが故なり。

統治權の主體に關する論爭

今少しく其顚末を叙すべし。

事の起りは明治四十四年七月、美濃部達吉が文部省、教員講習會に於てなせる憲法の講演筆記(憲法講話として公にす)に「皇位は統治權の主體にあらず」とある事が我國體を破壞するものなりとて、穗積八束の學說を繼承する上杉愼吉が之を反駁せるに始まる。

美濃部達吉憲法講話

上杉愼吉の主權に關する學說は三十八年十月に公にせる「帝國憲法」(日本大學講義)に詳なり、大要に曰く、

上杉愼吉帝國憲法

統治權の主體は國家の組織が如何なるものにありとも常に國家たるは觀念の上疑ふ可らず。

君主國體に在ては君主は國家の機關たることは之を忘る可らず、君主國體と云ふが故に君主を統治權の主體たりとなすに非ず、國土人民を以て君主の私產と爲し、國家と君主とを同一視し、國家の外、又は上に君主を置かんとする思想は

日本は純粋の君主國

君主國體なる語の內に當然包含する所にあらず。君主國體と云ふは國家の人格と相排斥する語に非ず。國家は統治權を有する人格にして其最高機關たるものが唯一人たるを君主國體の國家と云ふなり。

大日本帝國は純粹なる君主國體なり、唯一の自然人たる天皇を以て統治權の總攬者と爲す純粹なる君主國體なり。天皇は一人に統治權を統べ、之と統治權を分有する者あることなし、國家統治權の活動皆一人の天皇に源泉し、天皇の外に統治權の出づる所なく、天皇なければ國家は活動の本源を失ひ、國家亡ぶ、天皇は國家の最高機關にして一切の國家の意思に就て最高最終の決定力を有す、天皇は一切の國家機關の上に立てり。

帝國の君主國體たるは建國の初より定まるところ、千古變らざる所なり。天皇は二十二年二月十一日發布の憲法によりて統治權の總攬者たる地位を附與せられたるにあらず、祖宗の威靈に依り、天祖の御位に居るの天津日嗣たり、固有に獨立に大八洲天皇たり。

議會は天皇の統治權を行使するに參與するのみ、獨立に國家の意思を發表することを得るものにあらず。

天皇は國家の根本機關

天皇を國家の機關と見るの學理は理論上實驗上疑なき所にして予が常に主張する所たり。此く天皇を以て國家の機關たりと爲すは唯り今日の日本帝國に就ての説に非ず、建國の初めより今に至る迄、天壤と共に窮りなきの末に至る迄、天皇を以て國家の機關たりと爲すなり。機關とは其意思が國家の意思とせらるゝ地位に在るものを云ふなり。而して天皇は國家の根本機關にして國家と其生命を同じうし、天皇無ければ國家あること能はざる地位に在ること實に我純粹なる君主國體にして建國の初より變らざるところなり。

次に天皇が國家の機關たりと云ふは天皇を以て國家の使用人、事務員とするの意に非ざることも明瞭にせざる可らず、即ち天皇は最高機關にして其天皇の意思が國家の意思となるが故なり。

と、其説斯の如くなるが故に、美濃部達吉の、天皇の統治權の主體たる事を排斥したるを目して、國體の觀念を否認せるものとし、又美濃部が君主國と共和國とは必ずしも明瞭なる區別あるものにあらず、君主國たるも共和の要素含まるとし、又立憲政體は君民同治の組織なりと斷言せるを目して、之我が建國の體制を無視し憲法の明文を抹殺したるものなりと難じたる論を「太陽」に掲げたり。之等に對して、國

穂積八束の反駁

家學會雜誌其他に於て甲乙の論あり。穂積八束の如きも、東亞之光四十五年八月の號に美濃部の論を駁して、「皇位は統治權の主體にあらず」と述べたるは固有の國體に反する斷言にして、我國體は皇位を以て統治權の主體とすること、憲法第一條に明白なり、統治權は保護權なりと云ふを曲解して美濃部博士は統治權は國民を保護する權力なるが故に君主の權力にあらずと云ふなり、親權は未成年なる子の利益の爲めにする權なるが故に父母の權にあらずして子の權なりと云ふと同じく不合理なり」と評せり。然れども、今、夫等傍系の議論は暫く措く、美濃部達吉も當時、上杉の駁撃に對して種々辨じたるが、大正二年三、四、五月に涉りて東亞之光に「所謂國體論に就て」と題して最も詳細に其意見を述べたり。其概要に云ふ、

美濃部達吉「所謂國體論に就て」

此頃國體論殊に國體擁護といふ事の盛に唱へらるゝは我邦の如き堅固なる國體ある以上無用の如く思はるゝも實は此は反立憲的思想に外ならぬなり。即ち憲法布かれて政治上大變革の起りたるに對して一部人士の保守的反動に過ぎず、此反動思想が國體論の名を藉りて世を騷がすに至れるなり。國體に就ての論爭にあらずして立憲思想と反立憲思想との爭なり。其論する所二點に分る、一は國家の本質及統治權の主體に就ての學理的の問題にして、國家の本質

を解して國家は統治權を固有する團體なりとし、隨て統治權の主體は國家自身なりとする國法學上の見解に對して、彼等は我國體を破壞するものなりと云ひ、我が帝國の國體は君主御自身が統治權の主體なりと解するに非ざれば之を維持する事能はずとするものなり。第二の點は政治の實際上の運用に關するものにして、政黨政治、議院內閣政治を以て我國體の容れざる所なりとし、殊に近時の政治上の動搖を目して我が國體の危機なりとするものなり。

實は何れも國體に關係なき問題なり。

余の憲法講話に對して反對論の起れるは統治權に就てなり。即ち余は國家は統治權を固有する團體なりとし、隨て統治權の主體は永遠不變の團體たる國家なりとせるに反し、反對論者は、我が帝國の國體に於ては統治權の主體は君主なりとするなり。

然るに反對者の一人穗積博士は憲法提要に、主權は國家が固有すと記し、又上杉博士も其著憲法綱領に國家が統治權の主體なりとせり。

我國は萬世一系の天皇之を統治する國體にして之は動す可らず。而して問題は天皇國家を統治すといふ事の解說にかゝるものにして毫も國體に觸れず、之を觸れたりとするは誣妄なり。

國家の本質の問題は國體論とは無關係なり

世の國體論者の中には日本の國家は外國の國家とは全く異なれるものと考えて、日本の國家にのみ特別の見解を取らんとする者あるも甚しき誤なり。國家の本質の問題は國體論と無關係なり。國體は一國特有なり、國家の性質は各國共通なり、故に憲法の明文に拘泥して國家の本質を解せんとするも誤なり。國家を以て一人の持ち物の如く考ふる事は君主專制の時代に於て行はれたる思想なり、然れども無論誤れり。君主は統治權の主體にして國家は君主の統治の目的物なりとの考は國家を君主の私有物とするものなり。我邦の國體に於て此の如き思想は容す可らず、君民上下の同心一體を爲し和衷協同、共に國家の進運を輔翼し、其間に些の障も無し、之れ我が國體なり。

上の私有思想に相對するものは國家は單に一人の持物にあらずして君主も臣民も皆國家を組織したる一員にして其全體を以て永久的の結合體となし相共に共同の目的を達するものなりとする見解なり。

次に統治權の主體とは統治の權利の主體といふ事なり。權利とは自己生存の目的の爲めに或る事を爲すことが法律上に正當と認められ居る範圍なり。

然らば權利主體たる者は人間なり、同時に個人を代表する所の團體をも權利の主體とし得るなり。然し直接其權利を行使するは其機關又は代表者なり。例へば村に村長、村會議員等あるが即之なり。然し之は其權利の主體にあらず、主體は何所までも村其ものなり、村全體の一團なり。國家の場合にも同樣なり、何となれば、一國の政治は國全體の利益を目的とし居るが故なり。もしも主體が君主なりとすればすべての政治は君主一個の利益の爲めにするといふ事となる、豈斯の如き事あらんや。

此に云ふべきは主權と統治權との區別なり。主權は最高權といふ意味を正しとす、統治權とは別なり、即ち此意味にて主權は我邦の場合は君主に屬すること無論なり。

と、要するに論點は天皇御一人を保持する爲めに國家が存在するか、國家全體を保持する爲めに國家が存するやに歸するが如し。天皇が主權を有し給ふ事は何れにも異論なき所なれば、美濃部の論が憲法第一條に背くとの穗積八束の評語は其何の意たるを解する能はず、又上杉愼吉の說が其著「帝國憲法」に現はれたる如く天皇機關說なりとすれば、國家の存在が國家全體の利益を目的とするとの美濃部の説と同歸にして、獨り美濃部の論を以て我國體に反すと云ふ評語は解する能はず、夫とも上杉は其以後に於て天皇機關説を改めたるものか否か。

さて再び本路に立ち歸るべし、

筧克彦 國家の研究

大正二年十一月に筧克彦は「國家の研究」を著はす、著者は先きに「古神道」なるものを唱道せるが我が、國體に對する考は本書に於けると共通なるが如し。 其大要に云ふ、

國體とは建國法に依り定まりつゝある國家の體裁

政體と國體の區別

皇國は表現人たる神聖の自主者總攬者を戴くことを離れずに成立存在しつゝある一心同體なり。 此意味を以て君臣の分定まり、古來動搖せる事なし。 之れ皇國の國體なり。 國體とは建國法に依り定まりつゝある國家の體裁なり。 此國體は政體といふ事と嚴格に區別せざる可らず。 政體とは社會各般の事情に應じ變遷するものにして憲法等の如く、建國法より下の法に依りて定まりつゝある國家の體裁なり。 今日の立憲制度は憲法によりて定まり居る政體なり、此政體は益々變化發展することを要するものにして國體は益々不動强固ならざる可らず。 皇國の精華なる所以は其國體の健全なるのみならず、歴史上不動なりしが故にして、歴史上御國の國體の不動なりしは其健全なるが爲めなり。

而して何故健全なるかと云ふに、御國の國體は隨神（カンナガラ）道即ち古神道の大理想大信仰に基けるが故なり。

皇國の此國體は各自の眞情に存する和魂を主義として生活するにあり、荒魂を滅却するにあり、皇國の國體は現世の秩序を尊重し之を通じて其中に其爲めに愈々眞ならしめ美ならしめんとするを精神となす、皇國の國體は此博大なる和魂及び其現はれたる仁忠と離れずに存する本來の一心同體の發揚を旨とす、本來の一心同體を首體とする事を以て皇國の國柄となす。

近藤トメ
皇家の御爲
天津乙女會

と、次で三年四月に近藤トメは「皇國の御爲」を公にす、著者は天津乙女會なるものを組織して所謂新しき女に對する反抗運動を試みたる人なるが、本書に於て、我國家の成立及國體に就て論じて曰く、

我國の所謂神は皇室の御先祖にして國家成立の根本は即ち皇祖即ち神なり、故に此神を國家の外に置く事能はず、即ち我國の神は國祖なり。

抑も我國家は皇祖天照大神の詔命に淵源し、人民を綏撫統御し給ふ歷代の天皇は即ち此の詔命を履踐し給ふに外ならず、然らば皇祖即ち神と皇孫即ち天皇とは一體にして二ならざる關係なり。　隨て皇室と云へば其內には皇祖皇宗も

包含するものと見て差支なきも、人皇以前の皇統は凡て神として崇め奉り、尚ほ皇統以外にも國家の發造、發達に功勳ありし神祇あれば之を神祇として皇室と共に崇敬するなり。

國家組織の五要素

要するに我日本の國家組織は神祇、皇室、人民、國土、歴史の五要素より成るものにして、歐米各國の神を國家の外に置く組織とは全然根本を異にす、是れ國體の上に於ける重大なる相違にして我が日本が眞に萬國に超越したる國體の下に發達し來りしと云ふことは最も著明なる事實と云はざる可らず。例へば神祇は根本にして皇室は其幹、人民は枝葉、國土が地盤、歴史は樹齡なり。

日本の國家が上掲五要素の上に成立する事は皇祖天照大神の詔命に基くものなり、我皇統連綿萬世を貫き、君位の動かざること儼乎として天日を仰ぐにも等しきは一に大神の詔命が實現せられ居るに外ならず。

荻村金三郎天皇崇拜論

と、四月に荻村金三郎は「天皇崇拜論」を著はし、我國體上に於ける天皇の神聖を論じて曰く、

世界一般の皇帝神聖觀は多くは帝王その人の偉大なる人格を見て、その一代一人の聖德を謳歌する上に存したるものなるが、吾人日本人の天皇神聖觀は有

日本國民活動の目的忠は百行の基

限なる相對的の聖體(歴代の至尊)を個々別々として崇拜するに止らず、萬世一系天壤と共に窮りなき無限の系體たる絶對的聖位即ち連綿たる皇系を唯一の神聖格として崇拜するなり。我國に於ては如何なる道德も天皇神聖觀を基礎とせざれば日本道德と稱するを得ず、日本民族は個人的にも家族的にも社會的にも天壤無窮の皇運を扶翼することを根本目的として活動す。日本道德に於ては忠が百行の基なり。皇道は神意人心の合一より生じ來れる萬代不變の日本道德なり、吾日本人は此特種の人生觀即ち天皇神聖觀を以て安心立命の基礎とすること天長地久決して渝るべきにあらず、又此人生觀はその內容に於て宇宙觀、世界觀、國家觀、社會觀、家族觀、個人觀などを融合せるが故に永劫に亘りて動搖することなけん。憲法の一條と三條には、明かに天皇神聖觀が道破せられあり。此に我國の國體及び憲法の由來に就て回顧する必要あり。我國建國の初めは高祖天之御中主神の嫡流なる皇祖天照大神が御孫なる瓊々杵尊に大詔を給はりて豊葦原云々と仰せられたるに基づく。爾來神子神孫皆此旨に基きて國を治め給へり、臣民亦其旨を體して終始せり。教育勅語にある國體の精華は之を指せるものなり。忠を最高理想とする國民道德は此所より來れるなり。以上

理性より見たる天皇神聖觀

は理性の方より見たる天皇神聖觀なるが又之に加ふるに高尙なる感情活動の合力によりて意的生活を實現するなり、それは血脈的天皇神聖觀なり、即ち祖先敎を以て結合せられたる國家、換言すれば君臣一家四海同胞の觀念より來れる天皇神聖觀なり、皇室の御祖先は即ち日本民族全體の祖先なりといふ事なり。

東郷吉太郎御國體及其淵源

と、翌五月、東郷吉太郎は「御國體及其淵源」を著はして君臣一體忠愛一本の理を詳說す。大要に云ふ、

君臣一體忠愛一本の國體

我が大日本帝國は天地開闢の初めより絶對靈妙の神慮に從ひ多くの年所を經歷し、崇高幽玄なる天祖の稜威を繼承せられたる皇祖皇宗の神聖なる御遺訓に依り、皇統連綿として萬世一系の天皇を戴き、君臣一體忠愛一本の御國體なり。されば敬神、尊皇、愛國は我が帝國の生命にして皇祖皇宗の天祖の神慮を奉じ君臣の大義と父子至親とを以て天地の間に我が國家を創立されたるは是れ我が國體の精華にして萬邦に冠絶する所以も亦茲に存す。即ち我國體は我が國の道義にして天祖より皇祖皇宗を通じて其大御心を傳紹し、今日我が帝國を統治し給ふ、天皇は即ち祖神より一貫したる現人神に在します、而して我が帝國臣民が天皇を神視するの觀念は是れ日本人の外意識す可らざる幽妙なる獨特の道

義的信念なり。

諸冉二神國土經營を終るや、天下に主たる者を生まさんとて天照大神を生み、天に送りて天上の事を授くべしと詔し給ひしは決して一場の神話として看過す可らず、實に尊き崇高の神慮にして國體の基礎根源は玆に胚胎す。天上の事とは天下を統治すべき天子の天業として之を授け給ひたるものなり、我が日本帝國の上に其統治者たるべき君主は實に天照大神に定まりたるものなり。我が皇室に於て天神地祇も奉祀せらるゝ事なれども特に宗統の大御神として天照大神を奉祀せらるゝ所以なり。

熟々天照大神の神勅を拜するに、天神既に國土を經營せられ、而して之を統治するの主なかる可らずと皇祖を生ませられ、皇祖は天孫に此豐葦原千五百秋の瑞穗國は吾が子孫の王たるべきの地なりと天命の儘に、一天無上の天位を確立せられ、而して汝皇孫就まして安國と知食せ、寶祚の隆へまさん事天壤と共に窮りなかるべしと、帝國臣民に臨みては圓滿普遍の大仁德を垂れらるゝを期し、萬々世動きなき君臣の大綱を確定せられ、皇祖の子々孫々は皇祖の系統を以て皇祖の御遺業を嗣がれ、皇祖の御遺訓を奉じて其御遺德を修められ天壤と共に窮りなき萬々世不易の皇道を確立せられたるものにして、天皇の萬世一系の大統を繼承せらるゝも亦帝國臣民が萬世一系の天皇を奉戴するも即ち、是れ皇祖の神代に定められたる御遺訓なり。

夫れ天皇を神視する日本人の信念は神々の經造し給へる御國を統治し給ふ天皇は神裔にして人間の上に超越し、至高無上の神靈に等しき神性を保有せらるゝを以て斯く信仰するところにして古來天皇を現神、現御神、遠津神、或は現人神と稱したる所以なり。

猶細かに國體に起因して大和民族の信條を察するに、祖皇祖宗の天の心を以て大御心として神を愛敬し、下を慈愛し給ひ、天業の下に其撫育を受けたる我民族は天皇を敬し、國を愛し、人々一切己れを沒却し之を擴張し眞實に天皇に誠意を致すの信念は吾が幽妙なる國體の下に養はれたる獨特の大精神にして即ち忠孝一本の外何物も民族の心裡に存せざるものあるを見るべし、即ち君臣一體は玆に存し、忠愛一本は其條理なり。

と、九月には宮地猛男は敬神崇祖神道精義を著はして、上下三千年の間國民の思想を統一し、その元氣を鼓吹し、絶えず大和魂の涵養と發揮に努力したる根本動力は神道

宮地猛男敬神崇祖神道精義

國民思想の根本動力は神道

にして此神道は我國のあらゆる國粹の根源、忠君愛國、樂天主義、簡潔主義、膨脹主義、祖先崇拜等即ち之より出づと論ず。

丸山正彦國體史論我國體の善美なる所以七箇條

同月、丸山正彦は國學院雜誌に「國體史論」と題する論を載せ我國體の善美なる所以七箇條を掲げたり、即ち

一、皇統萬世一系なること
二、建國遠き神代にある事
三、君臣の分義萬古不易なること
四、國家の組織一大家族制なること
五、肇國以來國家の獨立を失はざること
六、君臣共に祖先を尊崇し、子孫を愛撫し、系統世襲を重ずる事
七、忠孝一致君民輯睦、國內一團となりて活動すること

之なり。嘗て公にしたる「大日本は神國也」に論じたる所を要約したるものなり。

木林法運大正安國論

四年一月に木林法運は國體擁護大正安國論一名「母の心」を著し、我國體の尊嚴なる所以を論じて忠孝一本、君民同祖に依ると述べ、此國體と一致して相戻らざる宗教は

國體と法華宗

現世に於ける活動主義、生々主義なる法華宗なりと結べり。

徳川達孝「御大禮と國民道徳」

次で同年十一月、御大禮の盛典擧げらるゝや、多年國民道徳鼓吹に努め來れる弘道會々長徳川達孝は「御大禮と國民道徳」なる一文を「弘道」二百八十四號に掲げ、中に國體に論及して曰ふ、

天地剖判の初めに當り、既に高天原に天御中主神、高御産巣日神、神産巣日神、の三柱の御神座せり。後數世を經て伊弉諾尊、伊弉冉尊の二柱の御神生座し給ふ、茲に高天原に在せる諸神は諾冉二尊に仰せて未だ幼く漂へる國土を修理固成せしめ給へり。斯くて二尊は淤能碁呂島を始め大八洲を生成させ給ひ、諸々の神々を生ませ給ひて最後に日神、月神、素神を生ませ給ふ。日神此土を治め給ふ。更に天孫の降臨に當りてかの神勅あり、是に我邦は獨り皇祖の子孫に在す萬世一系の天皇が之を統御し給ふことゝなり、三種の神器は皇位の表徴となれり、而して我醇乎として醇なる君主國體の淵源は亦實に茲に存すといふべし。

と、此外此類二三に止まらざるも今省略せん。

（九）現代

（歐洲大戰勃發以後）

歐洲大戰と思想の動搖

御大典の擧行に先つ事數箇月、大正四年夏、久しく歐洲の天を覆へる戰雲遂に破れて前古未曾有の大亂を起し、引て其戰渦世界に及び、我國も亦其慘劇の中に投ぜざる能はざるに至れり。　人類に及ぼせる慘禍の狀態今更此に說くを要せず、只記さゞる可らざるは此大慘禍が齎せる思想界の大動搖なり。　大戰初期より漸く動き始め、末期に近づくと共に益々表面に現はれ、最先に其犧牲となれるものは露國皇室にして其悲慘なる末路は云ふに忍びざるものあり。　而して其國は全然無秩序、無節制、殆ど阿鼻叫喚の修羅場と化し、今に及びて、秩序回復し、國民塗炭の苦より救はるゝの何時の日なるを知らざるの狀態にあり。　其國をして導いて爰に到らしめたる所謂過激思想なるものは今や漸く世界の各方面に擴充せんとし、我國の如き直接に戰禍を被れる事は殆ど云ふに足らざるものにして寧ろ國を利したる事情尠からざるの有樣にありと雖も、其思想動搖の禍害を免るゝ事を得ず、近時漸く動搖を來せる事は到底覆ふ事能はず、其所謂民本主義なるもの必ずしも不可ならずとするも、思想の淺劣なるもの或は其眞意を誤り解して我數千年來の國粹に禍するもの無しと云ふ能はざるやも知る可らず。此に對抗して識者は一層聲を大にして我國粹、國體の眞相を宣明し、以て國民の歸向、萬一に誤なからしめざる可らず。而して此思想上最も緊要の時機に際して、所謂識者とも云ふべきもの如何なる努力を盡しつゝありやを見るもの本項の目的にして、そは必ずしも從來と異なれる國體說を見る能はずと雖も、對照たるべき一般思想界が其大變の危期に臨めるを以て、此に假に一期を立てたる所以なり。而して其動搖し始めたる思想は今日猶其歸結點を發見せるにあらず、其何れに嚮ふやを見るは今後を待たざる可らず、之れ現代と稱する所以なり。

今大戰勃發以後に於て發表せられたる國體關係の論を概說せん。

從來多年國體思想宣傳に努力しつゝありし佐藤範雄は逸早く「世界の大亂と吾帝國」を著はし、我國體の尊嚴を說いて曰く、

佐藤範雄
世界の大亂と我帝國

大日本帝國の國體は地球上一あつて二なき無比の國體なり、上に萬世一系の皇室を戴く國柄なり。皇室は民の總本家の如く、民は皇室の支家分家の如く、天

建國の精神

皇は民の父、民は天皇の子として立てる國柄なり。此芽出度き君臣の情誼は何に因りて得られたるか、そは一に我建國の大精神に基くなり。其精神は天神の三大神勅に現はれたり。

天神の三大神勅

天照大神皇孫に勅り給はく、豐葦原千五百秋之瑞穗國は是れ吾子孫の主たるべき地なり、爾皇孫就て治むべし寶祚の隆えん事天壤のむだ窮りなかるべし。

天照大神御手に寶鏡を持たして天忍穗耳命に授けて宣はく、吾兒此寶鏡を視まさんこと吾れを視るが如く、同じ床に共つ殿に座せて齋の鏡とし給ふべし。

高皇産神因りて勅り給はく、吾は天津神籬また天津磐境を樹てゝ皇孫の御爲めに齋き奉らん、汝天兒屋根命、天太玉命は天津神籬を持ちて豐葦原中つ國に降り、亦皇孫の御爲めに齋ひ奉れ。 と、此三大神勅は皇祖天照大神より天忍穗耳命に傳へ天忍穗耳命より皇孫瓊々杵命に傳へ次々に神武天皇まで傳へたるものなり。

廣池千九郎

伊勢神宮と我國體

と、九月には廣池千九郎は、嘗て著述せる「伊勢神宮」に神宮中心國體論なるものを附加して、「伊勢神宮と我國體」と題して之を公にす。 即ち、神宮と我國體との關係を論じて曰く、

萬世一系の國體の生ぜし最大原因

我天壤無窮、萬世一系の國體を生ぜし最大原因は天祖の慈悲寛大、自己反省の偉大なる御聖德に在る事と、次には即ち吾人日本國民の國民性にして、此國民性の發展の如何は將來我國運の消長に關係するものなり。

斯く我天壤無窮、萬世一系の國體は天祖の御聖德に本づく國民の信念の結果なるが故に、我日本帝國憲法は素より純然たる欽定的性質を有する御定憲法にして、其降下改廢皆勅命に依る。　天照大神が天の岩戶籠りの際に現はされたる御心事狀態は正しく慈悲寛大自己反省の宗教的大聖德の御發現にして、之れ即ち我日本魂及び武士道の根本觀念、教育勅語、戊申詔書に現はれたる國民公私道德の基礎、祖宗の遺訓、我萬世一系の國體の精華、教育の淵源なり。

亘理章三郎國民道德序論

國體の廣狹二義

市村光惠帝國憲法論

と、十月に亘理章三郎は「國民道德序論」を著はし其第一編第二章に國體を論じたり。先づ國體とは國家組織の體制を云ひ、之に廣狹二義あり、廣義に於ては國體とは一定の有樣を以て存立せる國家組織の全體をいふと述べ、又國體の語は古來樣々の解釋ありと說き、又狹義に於ては國家組織に於ける主權存立の體をさしていふとなし、我國の君主國體なるを說けり。　十一月に市村光惠は「帝國憲法論」を著はし、國體とは何ぞやの問題を述べて曰く、國體とは國家の形體(Staatform)を云ふ、故に國體の區別と云へば國家の種類と云ふ事を意味す。

國體の區別は國家と他の社會現象とを區別すべき特徴即ち國家が特有する統治權を基礎として之を爲さゞる可らず。然らば統治權の如何なる方面を標準として國體の區別をなすべきかと云ふに、「統治權の總攬者の區別」によるものなり。

國體の區別は統治權の總攬者の區別

我國に於ては從來國體の區別を統治權の主體の區別に求め、政體の區別を統治權行使の形式に求むること一般の通說たり。穗積博士、淸水博士、上杉博士等皆此說を採る。我國の學者中、君主を統治の機關なりとし、統治權の主體は國家自身なりと云ふ事を說明するに汲々たる結果、遂に國體の區別を抹殺して國體に區別なし、唯政體の區別あるのみと云ふものあるは曲れるを嬌めて直きに失するものなり、美濃部博士は此種の論者なり、然れども採らず。

然らば國體を區別する標準となるべき統治權の總攬者の特質如何、此特質は次の二點に存す、一は夫れが國家の最高機關たる地位を固有することなり。最高機關とは國家に原動力を與ふる機關を意味す。例へば君主國に於ては君主が官吏を任命し、議會を召集して始めて議會も開會し、官吏も亦就職して其職務を執るを得るが故に、君主は國家に原動力を與ふる機關なり。　民主國に於ては人民は原動機關なり。　右の意味に於ける統治權の總攬者が一人なるか、數人なるか、又は國民全體なるかに從ひて君主國、貴族國、民主國の三國體を區別するものにして又其以上に國體の區別を認むる必要なきを信ず。

國體の三種

と、而して、天皇に就て定義を下して曰く、「天皇は統治權を總攬す、天皇は最高の國家機關なり、天皇は國家の機關なり、天皇は神聖にして犯す可らず」と、

大隈重信我國體の精髓

十二月には國民叢書第十卷として大隈重信の「我國體の精髓」公にせられ、祭政一致が我國體の根本にして其礎石は神武天皇が神の遺詔を奉じて天下を平らげ、鳥見山に天神地祇を祭り給ふにありと述ぶ。

小野德吉國民道德の原理

翌五年三月に、小野德吉は「國民道德之原理」を公にし、國民道德は教育勅語に據らざる可らざるを述べ、國體を說きて曰く、

世界に比類なき萬世一系の皇室を戴き、忠孝不岐の美風を成し、所謂凝て百錬の鐵となり、發して萬朶の櫻となるてふ日本魂は世々皇室の仁風慈雨に沐浴して覆育せられしものなれども四圍の風景に感化誘掖せられて絪縕釀熟一種特

殊の美風を薫し、茲に世界無比の國體を創立したるものなり。

忠君愛國併立の國體

世界廣しと雖も忠君愛國の併立して岐つべからざるは我日本より外無く、萬國無比の國風を陶冶し、萬世一系の皇室を戴き、之に臣事し之に子事し忠孝不岐と同時に忠君愛國併立の國體を創立せし所以なり。

千家尊福國家の祭祀

深作安文國民道德要義

と、四月には千家尊福「國家の祭祀」を著して、我が國體の本義は大方の儀式典禮を悉く祭祀を中心として行はせ給ふにありとて、諸種の國家的祭典を説明し、七月に深作安文は「國民道德要義」を著はし、國家の形式及び我國體の特色を説くこと詳密なり。大要に曰く、

我國は自然的國家

國家に二形式あり、一は自然的、他は人爲的のものなり、前者は家族より氏族、氏族より部族、部族より國民又は國家と進むを以て其模範的のものとす、我邦は即ち之なり、我國は一の大なる家族なり、國家組織の體裁を國體といふ。 即ち國柄なり、國風なり、國體は主として主權の所在に依りて定まるものにして其内容を限定するものは主として建國の事情と、其國の歴史となり。

我邦の如く古より國體論の論議せられたる國家は他に無し、之れ國を建てゝ此方、皇室が國民の尊崇の焦點となりて君臣の分一定せるが故に、苟も指を此國

大權の獨立

體に染めんとする者出づれば直ちに之を抑壓せざる可らざるが故なり。

我國は自然的に構成せられたる皇室本位の國家なり。隨て上御一人の大權は如字的に大權なり、我國憲法學者の「大權は親裁專斷の權力なり」といふもの即ち之なり。故に國務大臣が之を輔弼し奉るとも、之等機關の意志を採用するとせざるとは自由なり、即ち我國の君主の大權は毫末も制限せられず、又我國には議會あるも其權力は微塵も大權を左右し得ず、之れ大權の獨立なり。

家に於て父と子とを同一視する能はざる限りは、國に於ても君主と警察官とを同一視する能はず、之を一成員として同一視するは機械的に量的に考へたるものにして其本質は別問題なり。所謂天皇機關說は必ずしも誤らざるやも知れず、然れどもそは我國の君主我國の國體を說明し盡すには大に不備なり。

何となれば國體の內容を限定するものは專ら其國の事情と國家の歷史となればなり、從て我國の主權を解するに西洋諸國のそれの說明原理を以てするは一概に誤れりと云ふ能はざるも不十分なるを免れず。

世界中眞に君主國體と稱し得べきものは我國あるのみ、我國に於て國家統治權の總攬が畏くも君主の大權に存するはいふまでも無し。兵馬の統一、陸海軍の編成、宣戰講和何れも大權に屬して議會は之に容喙するを得ざるなり。　又法律は君主を責問する力を有せず、議會は立法に參贊する權能を有するも、そは決して主權を分割するにあらず。　故に議會は國法を議するも之を定むる權なし、且つ議會の參贊の權能は憲法に限定する範圍內に止まるものにして決して無限絕對のものにあらず。　議會會期の延期、臨時議會の召集、衆議院の解散後新議員の選擧、皇位の繼承、皇室典範の改正等皆臣民の容喙を許さず。

我國體成立の淵源五項

我國體の斯の如くなるを得たるは何によるか、之を大要左の五項に歸すべし。

皇位一系、君先民後、君民一家、君國一體、君民一德。

我國體には此五つの特色ありて、歷史上昭々の跡を示せるものなり。

佐伯重夫「國體講演護國の叫」

と、國體論の横議斯の如く盛なるに當り、五年十月に、佐伯重夫が「國體講演護國の叫」と題して國體に關する講演をなさんとする者の爲めに專門の書を公にするに至れるは偶然にあらざるなり。　之より先き、夏七月、塚本神社局長は、地方官會議席上に於て、「敬神思想の根本及び國體との關係」を說く、大要に云ふ、

塚本清治敬神思想の根本及國體との關係

我國家が祖先を同うせる子孫より成る血族團體なることは今更云ふまでも無し。　始め同一祖先より出でたる子孫の中、本家を襲ふもの以外は各幾多の氏

族となり、各氏は又分れて多數の小氏となり、玆に本家分家の關係を結んで各其所在に繁衍せり。而して小氏は大氏に、分家は本家に屬し、大氏、本家は又共同の總本家に統御せらるゝといふ組織を以て創始せられたるものなり。爾來此の總本家の直系の御子孫は萬世一系相承けて天皇の御位に在らせられ、他の氏族、家族の子孫は世々天皇に統御せられて皇室に臣事す。

家族本位の國家

抑も日本國家は家族を單位として成立し、個人を單位とせず、其結果家を重んじ、祖先を尊ぶの思想を醸成し、其頗る旺盛を見るに至れり、即ち建國の當初より祖宗を神として奉祀し、報本反始の禮を盡し、以て血族の繁榮、即ち國家の發展を期するの信念を有すること頗る鞏固となれり。是れ即ち神社奉祀の起源にして各氏は其祖先を氏神として崇敬の誠を致し、氏神を中心として一族相率ゐて活動す。同時に又各氏の總本家の御祖先は總ての氏族即ち國民全體の共同の祖先なるが故に、之を總氏神として奉祀するの習俗馴致す、即ち以て我尊嚴無雙の國體を今日に傳へたるものなり。

植木直一郎「國體の基本」

と、同十一月、植木直一郎は國學院雜誌に「國體の基本」と題して、我國體の特殊なる所以を論じて曰ふ、我國體の特殊無比なるは、上に萬世一系、平和と仁慈とを以て國民を統治し給ふ天皇在し、下に忠良誠實永久に絶對の服從を保つ臣民ありて君臣の分儼然明確、而かも君臣同心、上下一致して天祖の示し給ふ大理想に向つて進み、一貫不變萬古渝ること無きこと是れ實に我に世界無比の國體ある所以なり。

建國理想の行はるる所以

世界中獨り、我が日本に於てのみ建國肇造者たる天祖大御神の絶大なる理想が完全に、實現せられて天地と共に窮極するところ無きは抑も何故ぞや、其主なる理由は、

一、天祖の宏大無邊なる神德と、

二、天祖の定め給へる國家統治の大主義と、

三、歷代の天皇がこの天祖の神德と、其定め給へる大主義即ち天祖の大遺訓を奉體維紹して以て我等國民を愛撫し給へることゝ、

四、我等國民が先祖以來子々孫々決して絶對的臣服隷從の信念を渝へざることと、

小野淸秀神道哲學

なりと、同月小野淸秀は「神道哲學」を公にし、其第二編に國體の眞義を說いて曰く、

國體の神聖は其中に我皇統の神聖なること、天皇の神聖不可犯事、統治權の不

可分なることの三項を含むものにして之等は孰れも歷史上より之を解釋し得べく、又法理上より論定し得べく、而して事實上より國民一般の信念に訴へて以て證明し得べきものにして、吾人は今や之を前記の三項に分ち歷史的、法理的、信念的の三方より其大體を概論せん、

祭政一致を以て國體の眞髓となすものあり、之れ歷史的には眞に然り、然れども法理上よりすれば論外たるべきものたり。蓋し祭政と云ふと雖も法理的に考察すれば祭事は政治の一部若くは政治上の首位に居る事柄とも見るべく、彼の露國皇帝が天主教々長を兼ぬる如きとは自ら別にして、祭事を以て一般の布教救濟的の宗教とは看做し居られず。故に政治と祭事とを區別して此は政治なり、此は祭事なりと分離すべきものにあらずして祭政一致といふこと既に語弊あり、祭事も政治も均しく大權の發動にして孝道を以て云へば政治即祭事たり得べく、法理的に云へば祭事、亦政治なりと云ふべし。

天祖の天孫に降し給へる神勅は天孫瓊々杵尊直系の血統にあらざれば大日本帝國の君主たることを得ざるを明示せられたると同時に、皇統が我國家臣民と倶に永遠に發展すべきことを豫言せられたる大詔なり。

明治天皇の欽定憲法と「皇室典範とは之を明示せるなり、

天孫降臨の際の威儀に依りて君臣の分は炳然として明かに、天皇の神聖なるは皇統の侵す可らざると其致一なり、帝國憲法又此事を明示せり。

統治權とは國家を支配する一切の權力を指すものにして今帝國憲法に依り、其大要を擧ぐれば、天皇は國の元首にして統治權を總攬し、此の憲法の條理に依り、之を行ふとあり、されば統治權は天皇の大權なり、立法行政司法の大權は悉く元首の掌握に在るものにして之を分割す可らず。

二種の國體

國體に二あり、君主國體、民主國體之なり、政體に三あり立憲政體、專制政體、共和政體之なり、民主國體は共和政體と伴ふ、君主國體は專制と立憲との二に分る、我國は君主國體にして今日は立憲政體を採用しつゝあり。

白鳥庫吉「國體と儒敎」

と、翌六年一月白鳥庫吉は國學院雜誌に「國體と儒敎」と題して、我國の國體と儒敎との異同する所を述べて曰ふ、

建國の悠久が堅固の原因

日本の國の仕組の堅固にして萬國に卓越せるは種々の理由あるべけれど、主として國家を組織したる事が非常に悠久なる昔にある事も起因なるべし、換言すれば國民の戴ける皇室の起源の極めて悠遠の昔にある事を示すものなり。

皇室の神聖と國體の尊嚴も亦其原因

皇室の神聖なること、從つてまた國體の尊嚴なることが世界に比類なきも一大原因なり。然れども我邦は孤島に國したる爲め常に文明の後れたる短所あり。之を補ふ爲めに常に外國の文化を輸入するに努力したり、一は儒教、二は印度の佛教、三は西洋の文明なり。

儒教と國教との異同點

儒教にありても禪讓の如きは我國體と矛盾するが故に取る能はざるも採るべき點少からず、日本の社會組織は大に支那と似たる點あり、從て道德にも似たる點あり。　彼に忠あれば我に忠あり、彼孝を重んずれば我又之を重んず、彼に祖先を崇ぶ風あれば日本人にも同じ風あり。　只共通ならぬ點もあり、そは世界觀なり、支那人は橫の平面觀のみを有し、我邦には上中下の縱の世界觀を有す。　即ち高天原夜見國と現（ウツ）し國と之なり。　而して人間以上の神を認めたり、其關係より吾人は天照大神を崇敬す、天照大神は高天原の天つ神なり、其の天照大神の皇孫が現世界に降りて皇室の基を築き給へり。　これが國體の淵源なり。

國體の淵源

かゝる思想は儒教に無し、我が日本の國體の尊嚴皇室の神聖といふ考の中には皇室が天つ御神の後裔なりと云ふ觀念を包含す、人間として現實の世界に於て尊きばかりにあらず、神として天つ神の後裔として尊しといふ考あり。　此考は儒教には無し、故に日本國民は敬神の念深し、其精神より皇室を神の如くに尊ぶ、即ち敬神崇祖といふ事は吾國民性なり。

約言すれば儒教と我國の精神とは合する所と合せざる所とあり、採るべきは採るを要す。

市村瓚次郎「國體と忠孝」國體の定義

と、同時に市村瓚次郎も「國體と忠孝」を同誌に載せ國體の定義を、

國家の體系及び來歷の具體的表現なり。

とし、進みて日本の國體を、

一定の國土に同化せる民族が萬世一系の皇室を戴きて獨立を永續すること、とし、此日本の國體の精神は既に天皇の皇孫に賜へる神勅にも明かに現はれ居り、葦原の瑞穗國といふは所謂一定の國土を指したるにて、吾が子孫の王たるべしと云ふは萬世一系の皇室なり、寶祚の隆なること天壤と與に窮りなしと云へるは獨立と永續とを意味す。 斯の如き體系と來歷とを具備したる國家は世界の上に古今を通じて他に類例なく、之れ我世界無比の國體なりと結べり。

河野省三「我國が體」

八月國學院雜誌に、河野省三は「我が國體」を載せて曰く、

國體といふは嚴密に云へば國家組織の上に於ける主權存在の主義を指すも、

嚴密なる丈けにそは抽象的に失す、一國の國體の特色を言ひ現はす能はずか丶る定義は法律學者には必要なるも國體といふ語の現はす內容、その歷史的用例の含む性質竝にその語と國民との間に起る一種の感情を味ふ能はず。

國體觀察の三方面

國體に就きては種々の學者が種々の意見を發表せるが余は之を歷代の詔勅、三種の神器及び國民精神の三方面より觀察すべきものと信ず。

歷代の詔勅

第一歷代の詔勅を見るに、一、皇位を神聖視すること、二、皇祖皇宗の遺業を恢宏すること、三、國民を赤子の如く愛撫することの三點に歸し、我が神社の祭祀が皇室を首として國家的に行はれつ丶あるは全く如上の三つの大御心より出でたるなり。

三種の神器

第二に三種の神器に就きては神鏡は其出現の來歷が君臣一體の表章たり、劍は尙武を現はし玉は五百箇御統(イホツミスマル)の連綿として斷えざるを表章するものなり。

國民の精神

第三の國民精神は一に忠孝愛國にして別に說明するまでも無し。此三者合して我國體を固成せるものなり、と。

國民道德史論

翌九月又「國民道德史論」を著はし、第四章に我が國體と題して一層具體的に說明して曰く、

神勅は皇統連綿の本源

我が建國の歴史は極めて宏遠幽久にして諸冉二神の修理固成に始まる。二神は此に神聖なる主權者を定めんとて天照大神を得給へり。大神は皇孫瓊々杵尊に神勅と三種の神器とを授け給へり。其神勅は實に我が國の主權者なる天皇が皇統連綿萬世一系なる所以の本源なり、神璽は連綿として斷えざる國家統治の主權を表象するもの、神鏡は天祖の大御心に對する人民の歸一に由る所の君臣一體の至誠を表象し、神劍は主として武力に依りて確保せらるゝ領土を表象するもの、相俟つて完全無缺なる統治の大權を形成せるものと信ぜらるゝなり。

斯くして國體の基礎は確立せるが、更に神武天皇に及んで國家統一の大業益々恢宏し大化の改新を經て國家の組織愈々緊密となり、中大兄皇子が「天に双日なく、國に二王なし、是の故に天下を兼併して萬民を使ふべきは唯天皇のみ」と奏上せる一言は善く大權の絕對を闡明し、次いで記紀二典の編纂によりて國體の淵源、皇室の神聖自ら明白となれり、而して最もよく我國體の概念を表はしたるものは大祓詞なり。

平安朝に於ける國體觀念の最も著しき發現を爲したるものは神國てふ語に

神國とは神祇の建設せる國

於て之を見る、神國とは神祇の建設せる神聖なる國家てふ意義を有し、深く國體を重んじたる尊稱にして、我が國民が此國體を自覺したるとき、自ら其唇頭に發する語たるなり。 三代實錄にある貞觀十一年新羅の兵船が筑紫に迫れる際、伊勢神宮に上れる告文中に見ゆる「神明の國」なる語之なり、平安朝以後に於て我が國は神國なりといふ觀念を表す語多く見ゆ、と。

西川玉壺「皇統萬世一系の內容と其新しき理解」

「我が國體の第一事實と其最先前提事實」

同月、西川玉壺は國學院雜誌に「皇統萬世一系の內容と其新しき理解」と題して、從來國體を說けるもの皆外形に過ぎず、內容は、一、君主出現の形式、二、皇室萬世一系天壤無窮の神詔と其內容に歸せざる可らず、と論じ、十月、又「我が國體の第一事實と其最先前提事實」と題して、

今日まで普通に謂ゆる研究家なる人々は天祖天照大神の豐葦原の瑞穗の國に皇孫を降臨せしめ給ひ、赫々たる大宣布を發して寶祚之隆天壤無窮の光彩稜威を確立あらせたまへるより已來、幾千年來永遠悠久に萬世一系の皇室を戴き奉り、未だ曾て寸地も外敵の侵奪に委せず、一日だも國家の獨立を毀損せられし事なく、我同胞は神胤神孫としての尊貴を失はず、我が本土は神國としての森嚴を保ち、以て今日に至るまで斯の大光彩、かつて銷磨することなく、斯の大稜威、か

つて失墜すること無き最大靈異の事實を見て、即ち之を以て同胞日本民族の有する第一事實となし、之を以て我が秋津洲の日本國の根本事實となすにあらざるは無し。之れ誠に然り、然れども之には大なる原因なかる可らず。

之は諾冉二神の國造りと、夫婦の大倫を定めて諸神を生成し、更に力を盡して不逞を平らげて以て此國土の美を完成せしめ給へる事即之なり。

と論ぜり。

岡泰雄日本神祇史

十一月に岡泰雄は日本神祇史を著はし、我國體と神祇道との關係に論及す、大要に云ふ、

國體の完美は神祇道に基く

我が國體の萬國に秀でて優美に、完全に、健强なるも一に此神祇道の存在するが故なり。我が國は遼遠の古に天津神たちが此國土を經營せられ、天照大神國家の基礎を定め給ひ、神武天皇が、愈々天業を成就せられて以來、皇統は連綿、君臣の分は正しく、德風上下に充滿して實に金甌無缺の國體なり。

日本は一家族の發展したる國家

抑も我が日本帝國は一家族の發展したる國なり、互に相攻伐し、壓迫し、與奪し、併呑して成れる國とは全然異なれり。始めて此國土に居住せられたる神は國史の傳ふる所に依れば國常立尊なり。即ち一戸の家なり。之に數多の子を生

氏族

ず、其長兄が宗家を繼ぎ他は分家す、かくして數多の家を生じたるものなれば悉く同一血族なり。此團體を氏族と名づく。就中長兄の家を宗家とす、其宗家を中心として國は統一せらるべきものなり、此大宗家は卽ち皇室なり。

以上は形の上に顯はれたる建國の由來なるが、其他に精神的方面を逃べざる可らず。家長が一家族を統治すれば家族は其旨を體し、氏上が氏族を治むれば氏人は之に服從す、天皇が億兆に君臨すれば億兆は忠誠を捧げて臣事す。斯くして我國家の團結が鞏固なるを得るなり、之が我が國體の精神的方面にして最も肝要なる所なり。我が國民がよく天皇に臣事する所以、氏上に服從する所以、家長の旨を體する所以は我が民族の精神的に健實にして一種奪ふ可らざる一大勢力を存在するが爲なり。此勢力の存する所、聽て我が國體が神祇と大なる關係の存する所以なり。其大勢力とは何ぞ父母に對する孝敬の念則ち之なり。

國體の基礎は孝心なり

日本國民は親に孝なり、此孝は直接の父母より更に遡りて祖先に及ぶ、之が祖先崇敬の念となり、更に移つて氏上を尊敬して之に服從するに至るなり。日本民族と稱する大なる血族團體を以て建てたる大日本帝國も亦此の理を大きく用ゐるまでの事なり。日本民族の大宗家たる皇室は、國民共同の遠き祖先の直系に在して其遠祖と最も緣の近き家柄なり。故に天皇は國民を代表して祖先の祭祀を營み、祖先の御身代りとして國民を愛撫し、教養し、國家を統治し給ふ。國民は又遠祖を追慕するの情を以て皇室を尊崇し、忠誠を天皇に捧げ奉るものなり。此の上の慈愛と下の忠誠とがありて國家の協同團結が非常に鞏固なり。要するに國家も氏族も家族も皆一の孝敬の念によりて固めらる。

神祇道は國體の神髓

家族は父母が中心となり、氏族及び國家は祖先が中心となり居る事は前に述べたるが如し、其所に國體と神祇との關係は現はる。家長が父母祖先の祭祀を厚うして家族齊ひ氏上祖先の祭祀を厚うして氏族治まり、天皇祭祀を厚うして國家隆盛なり。斯く祖先の神靈の存在を認めて之に對して孝敬尊崇の至誠以て奉祀するが神祇道なり。之が國體と神祇と密接なる關係ある所以なり。此祖先の靈といふ觀念と、孝敬尊崇の念と、祭祀といふ行爲とを取り除けば殘る團體は薄弱なり、實のなき國體なり、神祇道ありて國體は優秀なり、神祇道は國體の神髓なり、と。

加藤玄智 我國體と神道

八年二月に至り、加藤玄智は「我が國體と神道」なる書を著はし、主として宗教上の立場より見たる神道と又我國體と外國とのそれの差を論ぜり、大要に曰く、

天皇は神

日本に於ては天皇は即神にして、支那人の天、猶太人のヤヱーの位置を占め給ふ、之れ皇室が天壤と共に無窮なる所以なり。

承久の役北條義時の逆臣を以てして尙一天萬乘の君そのものを敵とする意無し。之れ全く我國體の然らしむる所なり。御即位式に於ても西洋諸國の如く神の代表者に依りて加冠せらるゝにあらずして天皇親ら祖宗を祭らるゝなり。神話に於ても西洋にては神が天地萬物を生ぜるも、我國は天皇の祖先が之を創造せるなり。

糅合家族制

日本臣民が萬世一系の皇室を奉戴するに至りたる他の一因は又我が獨特なる社會組織に由るものにして、そは即我が獨特の國家的家族制是れなり。之を糅合家族制といふ。國家に於ける此二大主義は車の兩輪、鳥の双翼なり。

日本に於ては個々の家族は、更に皇室をその共同の宗家と奉戴せる糅合家族制なるものに發達し來り、之が天皇神位の我が建國精神と相俟ち相輔けて以て我特殊の國體を作れるなり。

此く我國體に在りては家族制度の重んぜざる可らざる所以を主張するや、之に反對する者は則ち曰く、現代の新日本の如く、臺灣に樺太に滿洲に將た又朝鮮にその領土を擴張し、異民族の漸次我國籍に加はり來るに至れば家族制度の上に成立てる道德の如きは頗る陳腐の舊道德にして民族膨張の新日本の新時代に適すべくもあらず、我國民が天皇に子來して天皇を父と仰ぐ所以のものは全く天皇の懿德に由るものにして歷代の天皇が克く下人民を統治せられたる結果なり。臺灣に滿洲に樺太に朝鮮にその新附の民を悅服せしむるに足る所のものは一に帝澤に由るものとす、德は四海共通にして萬國に亘りて變らざるものなり、此原理の下に天下を治めんか、獨り東洋のみならず、西洋諸國の民人亦我帝國に子來するに至らんと。

帝王唯有德說

余は之を名けて假に帝王唯有德說といふ、此說の眞理なるは明なるも而も此點のみを極端に鼓吹し、帝王唯有德說を論理的に推し進むるときは遂に支那の國體の如く禪讓放伐是れ尊ぶに至るべく、我が國體の精華は此に根本的破壞を見るに至らん。

余を以て是を見るに今日の新附の民も亦我が大和民族の中に來りて恰も家風に合へる養子となり養女となるべき事は、三韓支那の蕃別が我太古に於て爲しゝと同一轍に出づべきものなり、而して擴大せられたる一大家族的國家を現出すべし。

我國民は熱心なる信仰者が身心を神に任せて之に盡すと同一の心を以て天皇に對するなり、即ち忠孝は我が國に於ては單なる道德にあらずして一の宗教的信仰なり。

要するに神道の信仰は我國民の國體觀念の背景ともいふべきものなりと。

佐伯重夫 國體論纂

五月に、佐伯重夫の編纂せる「國體論纂」出づ、諸家の國體に關係ある意見を輯めたるものにして早く既に發表せられたるものを採れるあり、又新に成れるものあり、古きを採れるは素より、新に成れるものも、其人が既に發表せるものと說の重複する所あるは止むを得ざるなり、今之が大要を掲げん、只予が既に掲記して出したるまゝのものは之を略せり。

筧克彦 御國體の意義

「御國體の意義」 筧克彦

國體とは總攬者(天皇)と被總攬者(臣民)との根本的性質、竝に其君臣間の根本關係により定まりつゝある國家根本の體裁(或は態樣)をいふ。 日本國體は模範的のものなり、萬古不變にして而も其間に進步發展あるが故なり。 さて御國體とは何ぞやと云へば

「總攬者の根本的の性質竝に其形式（即天皇の御本質竝に其存在せらるゝ形式）臣民（日本人民）の本質竝に其存する形式及び其間（天皇と臣民との間）の根本的關係の體裁」なり。

第一に天皇は世界に無比なる御方なり、皇國にては天皇は法律政治のみの意味を以て存在せらるゝにあらずして、宗教上にも道德上にも特殊の意味を有せられ、之と同時に日本臣民の性格としては、世界に唯一なる天皇の御光により特殊の有り難き性質を有し得、加之、現に有することが皇國臣民の本來の性質なり、日本國體の特色は此天皇と臣民と一心同體なるにあり。要するにすべての要素が調和的に存在し居り、根本的に動きなき體裁を國體といふなり、斯の如きは日本の國體に於て始めて見得るなり。

金子堅太郎五條の御誓文由來

「五條の御誓文の由來」　金子堅太郎

五條御誓文は我が國千古に亘りて變ぜざる國體の精華の表現なり。

穗積八束憲法の由來と國體の自覺維新とは國體の自覺

「憲法の由來と國體の自覺」　穗積八束

維新とは國體の自覺なり。我が千古の國體は萬世に動くものにあらず、維新とは政體の維新にして唯だ我が國有の國體の自覺に基き其名實を正さんとする政體の維新なるのみ、即ち明治維新の由て來る所は國體論にありき、當時稱して勤王の論といふも今吾人の所謂國體の自覺に外ならず。

清水澄 立憲の聖旨と御國體

「立憲の聖旨と御國體」 清水澄

「義は即ち君臣にして情は猶ほ父子の如し」と云ふもの實に我國體の精華なり、大日本帝國は萬世一系の天皇之を統治すとあるもの我國體の根本義なり。國體は統治權の所在に依つて定まるものなれども此統治權運用の形式如何に依つて更に政體の區別を生ずるなり。

國體は歷史の成果

抑も國體は歷史の成果にして國民の確信に依りて定まり、憲法の規定に依りて定まるものに非ず、憲法は國體を定むる效力を有するものにあらずして唯だ建國の精神を明かにし國體を宣明して紛亂なからしむるにあるのみ。

佐々木高行 御國體と日本魂

「御國體と日本魂」 佐々木高行

我國體は天照大神が皇孫瓊々杵命に賜へる神勅、及び大國主神が其統率の國を擧げて唯々として皇孫に奉れる事實に依りて定まれるものなり、即ち君臣の大義に依りて我國體は始まれるなり。

苟も國家をなせる所には必ず其國特殊の國民性即ち其國の精神あり、されど我國の如く立國の精神が古今一貫せる國は他に無し我國體が既に宇內に比類無きを見れば其立國の精神も亦我が國の一大特色なりと斷定せざるを得ず。

筧克彦 皇國精神と御國體

「皇國精神と御國體」筧克彦

建國法によりつゝある國家の體裁

皇國は表現人たる神聖の自主者總攬者を戴くことを離れずに成立存在す、此意味を以て君臣の分定まり古來動ける事無し、之が皇國の國體なり、國體とは建國法によりつゝある國家の體裁なり。

我國體の根底は「天地の大生命、最も深き眞心」の表現として萬物を照し給ふ、世界の天照大神が其和魂を主として高天原の永遠の理想を確定せられ天孫邇々藝命をして此理想を豐葦原に實現せしめ給ふ事が根底なり、而して忠孝一致忠本主義は其要素の一なり。

井上頼圀 立國の皇謨と國體

「立國の皇謨と國體」井上頼圀

忠君愛國一途

天照大神の殘し給へる神勅が實に國體精華の源泉なり、日本國民の祖先が君主には克く忠を盡し、父祖には克く孝を盡し、上下心を一にして此美しき御國體を美にして來れる事は即ち我國體の精華特長にして是ぞ御國精神の根元なる國家を愛すればそれが天皇陛下に忠勤を盡すことゝなり、天皇陛下に忠勤を盡せばそれが又國家の爲めになるといふ事が日本の國體の眞髓なり。

金子堅太郎 日本の國體と教育の基礎

「日本の國體と教育の基礎」　金子堅太郎

建國以來二千五百餘年間萬世一系の皇統を戴き奉り、連綿たる天皇陛下を仰ぎ奉つて赫々たる國威を世界列强の間に輝かして居る者は即ち日本帝國の外宇内に比類無し、之が我邦の特色ある國體なり。

佐々木高行 國體の淵源と皇祖皇宗の宏謨

一國の最高權威と國體

「國體の淵源と皇祖皇宗の宏謨」　佐々木高行

各國皆其國民が最高權威と認むるものあり、此權威即ち主權の淵源なり、其權威と認むるものに依つて其國の國體定まる、支那にて天を以て權威とし、西洋にて「ゴット」を以て權威とせる如き是なり。我邦に於て無上の權威は皇室なり。詳しく云へば皇祖皇宗なり、萬世一系の國體は之に依りて始まり之に依りて無窮に傳はるなり、我が皇室が此の如き絶對の權威を有し給ふ所以は開闢以來此國土に君臨して臣民を子愛し給へる歴史に基くものなり、我國體は頭は頭、手足は手足と確然其分限の定まれる國體なり。

佐藤鐵太郎 外敎と御國體

「外敎と御國體」　佐藤鐵太郎

日本の建國の精神即ち「我が御子の知らさん國と言依さしたまへり」の神勅と皇孫に授け給へる三種の神器とが我國體を明示したるものなり。

世人或は皇國の御國體を以て家族的觀念の向上となし、之を支那思想と同一視するものあり、然れども我が國體は決して家族主義の轉化したるものにあらずして絕對位(皇室)に向つて奉獻するは我國上世の歷史に於て明に之を示せり。

最も我國體の特色とすべきは其精神的文明に對する吸收力消化力にして朝鮮の敎も儒敎も佛敎も乃至西敎も悉く取つて以て換骨奪胎して我國のものとなし了りぬ之實に我國體の萬國に冠絕する所以なり。

我國民はたゞ大君の御爲めに死し、諸外國の國民はたゞ己れ等の利益の爲めに死するなり。

「國體と名敎」 姉崎正治

神代卷は國體の大本を示し、此大本を實現すべき皇位の正統を明かにし、此に依つて國體の發表なる大義名分を昭々として顯はせり、天壤無窮の寶祚萬世一系の皇統、此は國體の要素なるも國體の實體そのものにあらず、實體の發現なり。書紀に所謂「光華明彩、昭徹於六合之內」の大靈德(天照大神)が高天原を統治ましましてその大權威德に依りて豐葦原の中つ國をその御孫に傳へさせられし所に國體の眞實體は現はる、一言にして盡せば天地化育の德が天人統治の威嚴となりて天祖の御神格に實現せられたるなり、之れ國體の大本なり、此大本は高天原に於ては大御神が親ら之を現はし給へるが、そは云はば天上理想界に於ける國體の實淵源にしてその靈德が事實地上の現世に行はれて人間世界の事實となれるは即ち天孫降臨なり、進みては神武の御建國となり、所謂人皇として此の靈德を人間世界に代表し、實現せさせ賜ふべき皇統となれるなり、國體の體（即ち大本眞實體）は此に於て其宗（即ち中心點）を地上の國家に實現せり、君臣の名分、國民の協同一致は即ち國體の用（事實上の努力）なり。

皇統連綿萬世一系それのみを以て國體とし、其發表と中心とのみを見て、その實體の淵源を考へざるが故に世の淺薄なる國體論となり、形の上の萬世一系は之を仰いでも其靈に接せず、所謂佛作つて魂入れずの愚を見るに至るなり、家族主義を以て國體の究竟説明にせんとするが如き淺見に支配せらるゝも之が爲めなり。

皇室は國體の中心として臣民は之を仰ぎ、之を奉行する手足として君臣共に一體となりて此靈德を發揚するは此國の天職なり。

三寶とは佛教にては佛法僧なるが、之を日本の國體に應用すれば天祖の御靈徳と其神勅竝に祖宗の遺訓と而して之を仰ぎ之を奉行する皇室竝國民の協力同心の團結となり、我國體の實體即大御神の御靈德は萬事を超絶したる靈位なり、國體の體、宗、用、敎は渾然たる一にして其一を破壞しても他も亦大なる危害を受く、而して此四を總括すれば則ち此の如き國體に成立せる日本といふ名なり。

石川岩吉
皇位の尊嚴

「皇位の尊嚴」 石川岩吉

日本國體の精華は皇位の尊嚴にして天皇が絶對的地位を保ち給ふ所にあり、又君と神との歸一も實は我國體の精華なり、又忠孝一致の國なり、忠君愛國一致の國なり、之等は皆皇室中心主義に歸着するものにして之が實に我國體の根源なり。

徳富猪一郎
國體敎育と
日本魂

「國體敎育と日本魂」 徳富猪一郎

日本の萬國に卓越したる事は只其國體にあり、即ち萬世一系の皇室を奉戴するにあり、日本の國民は忠孝の岐路に迷ふ事なし、一言にして云へば天皇の御位は天津日嗣の天職の知召す所にして御自身の私有にあらずして祖宗傳來の寶祚なり。

木村鷹太郎

「天業恢弘と御國體」 大村鷹太郎

天業恢弘と御國體

諾冉二神天神の勅命を奉じて此土に降り、數多の國を生み、最後に其君として天照大神を生み、大神は天上に昇り長へに高天原の王と爲り給へり、爾來日本の皇位は君主として生れ給へる方のみの位と定まり、其他の神々と人民とは此皇家を中心として日本帝國を組織し、爰に國史の端は發り、こゝに國體は定まり、永遠無窮に動かす可らざるものとなれり。

千葉勉時局感と我國體

「時局感と我國體」 千葉勉

我が國は天照大神の御子孫たる皇統の世々君臨し給ふ所にして、而もこの皇統は一系連綿として萬世不易、皇位は絶對の尊位にして神聖無比、皇運隆々として天壤と共に無窮なり、又我邦は家族主義の社會組織にして、至尊の保有し給へる國家統治の大權は畢竟家長權の發展せるものにして君臣の關係は亦一面に於て實に親子の關係に立つものなり。

井上哲次郎我國體と世界の趨勢

「我國體と世界の趨勢」 井上哲次郎

日本の國體は萬世一系の皇統を中心として來れるもの、日本は君主國にして民本主義を取れり、君主主義と民主主義との調和を保てるものにして其所に我國體の安全は存す。

清浦奎吾 立國の眞髓

「立國の眞髓」 清浦奎吾

神祇を敬ひ祖先を崇ぶは我が立國の眞髓なり。

千家尊福 御大禮と國體

「御大禮と國體」 千家尊福

即位及び大嘗祭の二大禮は實に日本の如何なる國なりやの根本、國體の由て來る所、君と臣との情義、天皇の御仁德、國民世々の盡忠等我が萬邦無比の國體を形成したる次第を明示せるものなり、御即位の當日天皇陛下は新に造り給へる春興殿に於て賢所に謁し給ひて陛下より勅を內閣總理大臣に下し給ひ、大臣は之を拜受したる後國民を代表して壽詞を奉し、午後三時三十分に大臣の發聲にて天皇陛下の萬歲を唱へ、參列員は之に唱和せり、此時刻を以て我國民は一齊に陛下の萬歲を唱和せるなり、次で其十四日に大嘗祭を行はせられたるが、午後六時半より夜を徹しての御神事なり、此御神事は陛下が皇祖天照大神を始め天神地祇を祭り給へるなり。

某 祖先崇敬の御敎訓

「祖先崇敬の御敎訓」 不記記者

我國は皇室を中心として成立せる國にして皇室と日本國とは決して分離すること能はず、而して即位の御大禮は之を國體上より見れば重大なる關係あり、亦道德上より見ても大切なる敎訓を含む。

第一、御大禮は我國天皇の御位の崇嚴に在ます事を國民全體に知らしむる御儀式なり。

第二、御大禮は陛下が我が臣民に對して祖先を崇敬せよとの御敎訓を與へられたるものなり。

第三、君民一致の美風を我々に敎へられたるものなり。

第四、御大禮によりて日本國の神道の精神を充分に伺ふべし。

第五、御大禮は御國の歷史が終始一貫せる事を吾人に告げ、此の優秀なる國體を吾人に示し給へるなり。

佐伯有義 日本の神祇と國體

「日本の神祇と國體」 佐伯有義

日本は神祇の生み成し給ひ、神祇の經營し給ひし國土にして天皇は天祖の嫡流に御座し之を輔佐し奉る諸臣も亦天神の裔孫にして、上下交々一致し君臣克く天祖の遺訓を奉じ敢て國是を改むることなし、此に神勅に依りて萬世一系の基を開き、金甌不缺の國體は成立せるなり。

河崎松一 國體の光輝

「國體の光輝」 河崎松一

我が皇室と國家と國體とは天壤無窮の神勅に依りて無窮なり、歷朝の御聖德、御仁慈、祖先崇拜、祭政一致の風皆我國體の基礎を示せり。

岡崎磐舟 祖先崇拜と國民の精神

「祖先崇拜と國民の精神」 岡崎磐舟

我國立國の基礎たる家族主義は其背後に於ける墳墓の歷史を有し、祖先の關係あるものあつて始めて現在生活せる家族に深遠なる意義を與ふるなり、之よりして吾人は祖先崇拜の觀念を生ず、之に依つて國民統一の大綱を成し、國家の大勢力を生じたるなり。

山田孝雄 國體の宣明

「國體の宣明」 山田孝雄

大日本の國體の宣明は國學の第一要義なり、國民敎育の根本は國體を永遠に保持して失墜なからしむるにあり。

某 國體の由來

「國體の由來」 不記記者

國體の因となるものは國民性なり、而して其外圍の諸勢力、列聖、臣民の之に答へ奉れる誠意も亦具體的に實現せられ居れり、國體是なり。

其外政治經濟等の狀態皆相扶けて我國體を作れるなり。

浮田和民

「國體の研究と人格の價値」 浮田和民

二十世期の今日は君主國體は殆ど絶滅に傾きつゝあり、西洋にて國體の研究といへば主として國法學上の問題、或は廣く云ひて國家學上の問題なり、日本に於ては之を二様に取扱ふ一方には國家學又は國法學上の語として取扱ふ、日本の國體は一面より見れば神代より傳はり來れる國體にして所謂神權主義の國體なり、天照大神以來の傳統なり、所謂正統一系萬世に亘りて變らず、即ち天子は神の權威を以て萬民をしろしめす事となる。

從來の大和民族のみの時は擧國同一祖先を戴くものとして祖先崇拜の觀念を以て國體の基礎觀念としても差支なきも、此頃の如く新附の民が增加すると共に夫等の民族若くは內地人にして耶蘇敎化し或は新思想を受けて宗敎を一切信ぜざる人民にても尙皇室に對して專心一意忠義を盡すことを得る如く國體概念及び國體に關する敎育の基礎を廣くし、其根底を堅くするにあらざれば危險なる時勢に到着せるなり。

今日の場合君主國體として永續する所以は此立憲政體を實行するにあり、日本の國體は先づ吾人の考ふる時間の範圍內にては永久に維持せられざる理なかるべし唯だ社會の權力階級即ち政權を掌握する階級が其權力を濫用して國民全體の利害得失を顧みず、或は憲法を唯だ形式にして更に其實を擧げざるに於ては累を皇室に及ぼす恐あり、此點さへ注意すれば歷史的に純撲なる、殊に進步と保守と、貴族と平民と古來調和し來れる日本國民なれば、予は今日世界に於ける國體の中、日本の國體は最も安固なる國體なりと斷言す。

と、次で八月に至り物集高見は國體新論を公にす。古く國體なる語が極めて廣義に用ゐられ、漠然と我國の他に比して優秀なる點を擧げて以て國體と稱したる傾ありしものが、近時漸く限定せられたる定義を作るに至れる事は前既に云へり、然るに物集の國體新論は再び古に還りて、國體なる語を極めて廣義に用ゐ、普通に用ゐらるゝ所のものは勿論、和歌、風流の道、衣食住の優、庭園の美、勇武、日本刀等皆國體の一端として取扱へり、其大要に云ふ。

此國には上には日神の御裔の天皇おはしまして祭政を執らせ給ひ、下には日神の御裔に供奉せし神孫ありて農工商の業に從事せり、されば此の國は古來君は頭首の如く、民は手足の如く君民一體にして其相離る可らざる事父子の骨肉の如し、世界中一種族を以て國を建たるは我日本あるのみ。

國體とは其國の容樣にて、例へば國民の觀念、思想、言語、信仰、歸依、產業、生活、嫌惡、耆好のさまをいふ。

日本國は古くは大八洲國、大倭浦安國、內木綿眞迮國、細戈千足國、磯輪上秀眞國、玉牆內國、豊葦原瑞穗國と稱へられ、外國よりは日域、神國、禮儀國、君子國なども稱へられたり、此國の主權即ち天皇と申し奉るは、人皇の第一代神武天皇の御詞にも、我は日神の子孫なりと宣はせし如く、天照大神の御子孫なれば現人神なり、天皇は日神の御子として御一人天下を知食す事にてやがて天下をもて家とせさせ給へば別に姓氏といふは無し、日本には國の歷史の上に神代と稱する古史あり、神代とは國民の祖先の世といふ義にて是も亦他國に例なき國體なり。

敬神思想の盛なるは日本の外には多く聞く事なかるべし、日本人は上御一人より下萬民に至るまで神祇を尊敬せざるは無し、日本國民の敬神は神の子孫として開闢以來奉仕し來る業なり、敬神の道は神代よりの事なり、神の穢を惡ませ給ふより祓除といふ事ありて國民之を重んずるも、特有の國體なり、占を行ひて神の御心を窺ひて後、萬事を取行ふも其なり。

惟神の道とは神の爲させ給ひし跡に從ひて神の爲させ給ひし如くするをいふ、更に云へは日本人はみな神の子孫なれば祖先の神の言行を學ぶをいふ、之も亦國柄にて、神祇を敬ひ祖先を崇め氏姓を重んじて家門を賑し嫁娶を愼みて祭祀の繼續を祈り、子弟に教訓して君國に盡さしむるなど、みな惟神の道の自然に行はるゝなり。

孝は百行の基なり、神を敬ふといふも本を忘れざるが爲にて、父母を敬ひ祖先を崇むると專ら同じ心ばへなり、されば篤く神を敬ふ國民は亦必ず篤く、父母祖先に事ふるなり、之れ亦重んずべき我國體なり、家督を重んずるより來れるものにして我特色なり、其外、櫻花、物の音、言語の美、和歌、風流の道衣食住の優、庭園の美、勇武、武藝、武士道、日本刀等皆我國體の一端ならざるなし。

と、

(十) 餘　論

以上主として德川時代以後に於ける國體論の變遷を大略叙述せり、素より國體に觸れたる議論を皆悉網羅せるものにあらず、然れども先哲諸學者の述べたる各種の對國體說の內容は略ぼ此內に盡きたりと信ず、各家の論ずるところ多岐多樣、殆ど應接に苦しむが如しと雖も、之を要約するときは歸向する所略ぼ範疇あり、遠く軌を逸するの說は多からず。

國體なる語に就ても種々の意味に用ゐられたるも、大別して二とすべし、一は歷史的見解にして他は哲學的見解なり、然れども必ずしも劃然其境界を作し得るものは少く、多くは一に據り他を交ゆるを常とす、何れを見るも皆我國の優秀を嘆美す、多くは當れり、然れども吾人今我國體を說かんと欲するもの、人の信ずると信ぜざるとを度外にして一個の祝言嘉詞を述ぶるにはあらず、國民をして之を了解せしめ、之を信ぜしめんと欲するにある以上は、國民が殆ど常識として有する所の科學的智識に抵觸せざる理論の上に立たざる可らず、皇統連綿萬世一系を說く如きは最も良し、然れども諾冉二神が始めて虛空の內に世界を作成したるを如實的に說きて、かゝるが故に人民は素より一木一草に至るまで其御子孫たる皇室の私有なりと說くは如何にや、之れ我國の神話なり、神話は其國民の理想、精神として最も尊重すべし、只それ尊重すべきのみ、之を根據とし我國體の尊嚴を說かんと欲するは危し、先入主として、之等の「國造り說」と相容れざる進化學上の智識を注入せられ居る國民は或は之を信ずる事を得ざるが故なり、固陋なる論者は之を信ぜざるものを以て賊子と稱して攻撃す、斯くして國民の口を鉗するは容易ならん、不忠と呼ばるゝは日本人には最も苦痛なればなり、されど其心を奪ふは不可能なり、之れ其一例を擧げたるのみ、其他すべての點に於て同理なり、我國に於けるあらゆる事情を歎美し、誇張し、何事に關しても世界無比、宇内に卓然として類を絶するものと説くは、一片の儀式的祝嘉詞として述ぶるは可し、國民をして衷心より我國體の優秀なるを了解せしめんとするには何等益なき事にして、もし外國人より冷静に之を見るに於ては妄想誇大狂ならんのみ、要は信じ得る所由を根據として説かざる可らず。

抑も國體とは如何なる意味なりや、予は「一國が國家として存立する狀態なり」と云はんと欲す、廣義に失するが如きも、斯く云はざれば國體なる語の内包を云ひ盡さゞるものと信ず。

從來云ふ所の最狹義の統治權の主體如何といふ如き事は素より、或は建國の事情に依りて定まると云ひ、其他何と云ひ彼といふ如きは、何れも内容の一部のみ、或は今嚴存する我國體(予の所謂)の優秀の原由の一部のみ。

然らば我が所謂「國體」の優秀とは何ぞや、曰く、上下融然として相和し渾然として一體を成し、而も整然たる秩序あり、國家として最も鞏固に存續する狀態なり、頗る簡單明瞭なり、而して我國(暫く新附の領土を除く)は世界の中、此點に於て第一位に居る事を斷言するは敢て不稽にあらざるべし、只此優秀なる國體の成立せる所の由來を、研究するもの即ち吾人の目的なり、從來の學者其由て來る所を目して國體其ものとせると予の見解との異なる所以なり。

一言にして云へば多くの學者が認むる如く、我國の社會の成り立ちに因由す、即ち、上に、國民歸向の中心として有史以前より連綿として今日に繼續せる皇室あり、下、之が支流たる國民之を奉戴して、以て有史以來上下其序を替えずして、今日に及び又幸にして外の侮を受くる事なくして國家常に發展の一方に進める事なり、約言すれば一の中心點に向て國民が蝟集して堅固なる國家を作れるなり。

或種の社會主義者の云ふ如く、國に上下の差別なく、擧國平等にして一の命令なく、一の服從なく、又國際間に爭議なく、相互和衷協同して悠々春日の如き世界を作るといふ事が理論としては云ふに易く、聞くに快き說なりと雖も到底實現す可らざる空想に過ぎずとすれば、吾人は何所までも國を鞏固にし、國內に於て、主權に對する絕對的服從義務の內に正當なる自由の權利を保持し、國家に對する自己犧牲に依りて相互の幸福を享有せざる可らず。

斯かる國家を形成するには、上に、命令者として普く國民を首肯せしむるに足るもの丶存在する事は第一必要條件なり、我皇室は最も此條件に適合し、而も現今世界に於ける唯一のものなり。

我國が悠久の古、此大八洲に國を爲すや少數の所謂天孫民族が其一統相率ゐて來り、夷族を平らげ、荊棘を開き、農を興し以て漸く增殖し、發展して遂に國家を成す、而して其源元を傳說に依りて察すれば、現皇室の祖先が、始めより其首長として一統を率ゐたるは疑ふ可らず、神話に依りても明かなるが如く、其第一宗家の家長が始めより其支族を包含する所の一統に首長として臨めるなり、吾人は現今殘存せる神話を通じて推察を行ふ時此以外の想像を形成する事能はず、又此想像には何等の不合理あることなし。

斯くて宗家の家長を首長と戴ける一族は、支族に支族を生じ、漸次發展して國家を形くり、其發展中の或時期に於て我九州の地に都し、後東に移りて大和に占據し、異族を平らげ、遂に今日の日本帝國の基を開けるものなり、即ち大日本帝國は多くの學者が認むる如く、一大綜合家族ともいふべきものにして（其間に介在する異分子は勢力として云ふに足らざるものなりしかば何時しか融和同化したるもの丶如し）、其始めより宗家の家長として全族に臨めるものは即ち現在の皇室の祖宗なり。

全國民の心に不滿を抱かずして服從せしめ得る首長と云へば是以上の何者をも望む能はざるなり。

されど、俗諺にも「兄弟は他人の始まり」と云ふ如く、始め一家族より出でたりとするも、漸く膨脹して互に相隔たるに於ては其間に骨肉の親みを保持する事は實際に於て不可能なり、理に於て同族なりと雖も情に於て他人となるは免る丶事能はざるなり、然るに幸に其間の総結となれるものあり、祖先崇拜の觀念是なり。

一部少數の人を除きては大抵靈魂の不滅を信す、勿論信ずる程度には種々あり、死後靈魂の存續を確信する人と、果して存續するやは明確ならざるも到底否認する丈けの理論と勇氣とを有せずといふ人との差はあるも、兎に角多くの人は或程度まで此觀念を有す、もし死後靈魂が不滅なりとすれば、其生前自己を愛護したる父祖が、死して靈位に替りたりとするも、自己を愛護する事を止むる理なしと思ふ、又自己が子孫の幸福を希ふの情切なるより類推するも、父祖の靈位は必ず自己及び自己の子孫を愛護すべしと思ふ、之れ祖先崇拜の信仰の存する所以なり、其父祖の靈位に對する信念は自家の遠祖に及び、更に一族の共同祖先に及び、遂に大祖先たる皇祖にも及ぶ、之れ等を總括したるものは渾然たる我神道の根本たり。

或は祖先崇拜を以て報本反始の儀禮に過ぎずとなす、之れ神道を所謂宗敎と區別せる事を曲解せるものにして神道の內容には「儀禮」のみならず、「信仰」ある事は爭ふ可らず、又無かる可らざるなり、もし此信仰を缺如せる儀禮ならんには神道には何等の「力」あることなし、然れども、國民は、祖宗の靈が明かに其子孫及び國家民人を保護すと信ずるが故に神道には「力」あり、祖先の靈位の保護の下に家を成し、族を形くり、更に之を綜合せる宗敎即ち皇室の遠祖即ち皇祖皇宗の靈位の保護の下に、我日本帝國を形くる、渾然として離散す可らざる一大有機體なり、其所に萬世動かす可らざる秩序あり、數千年に涉り此一大事實に依りて馴致せられたる國民は、敎へずとも父祖を敬愛し、又宗家即ち皇室を尊奉す、前者を孝と云ひ後者を忠といふ、學者或は之を忠孝一本と名く、事理同一にして、忠を盡す事はやがて孝道に協ふを云ふなり、斯くて國家として最も自然的に最も鞏固に存在する事を我國體の特色となす。

或は、此國家の綜合家族制なる事を以て立國の根本義とせる事を批難して、斯くては我帝國が現在既に朝鮮、臺灣、樺太を加へ、今後他民族をも加へて益々發展するに當りて支障を生ずべしとする人あり、然れどもそは止むを得ざる事なり、根幹となる所の我大和民族の國家を磐石の安きに置けば、發展と共に漸々附屬し來る所の民族は、之に臨むに權威と恩惠とを以てすれば可なり、若し新附の民族をも同一樣の範型に容れ得べき立國根本義を求めんと欲せば必ずしも難きにあらざるべしと雖も、到底綜合家族の如く堅固なる能はざるは明なり。

或は天孫降臨の神勅によりて我國體は定まるとするもの多し、然れど誤れり、神勅の有無に拘らず、我國家の社會的成因が吾萬世一系の皇位を肯定し、其他を否認するものなり、神勅は只其事實を表明せるものに過ぎず、我神代史は歷史と神話と相半するに似たり、或は神勅を以て、一の神話にして國民の理想を表明すれども歷史事實にはあらずと思考するものあり、然れども我國體論に於ては神勅が眞事實なると、將神話なるとは根本問題にはあらず、神勅が史實なるにもせよ、神話即ち民族的理想の表明なるにもせよ、我社會的事實に變る事なく、我國體論に於ては動くことなきなり。

憲法も敎育勅語も、素より嚴存する所の事實を顯彰せるものにして、我國體之に依つて定まるものにあらず。

最後に統治權の主體に就きて國法學者の間に甲乙の論あり、一は統治權の主體は國家なりとするもの、他は統治權の主體は天皇なりとするものなり、其云ふ意は前者は國家は國家全體（天皇と國民）の利益の爲めに存在し活動すとし、後者は國家は天皇御一人の利益の爲めに存在し活動すとするものなり、而して後說を持するもの、前者を目して天皇の神聖を犯し、惹て國體の尊嚴を危くするものなりとなす、此說或は當理なるやも知る可らず、然れども我國に於て斯る事を宣明する必要ありや、規定せずとも國民の大多數は數千年來養はれたる忠魂を以て身を捨てゝ皇室に盡さん事を希ひ、又歷代天皇は反對に玉體を後にして國民を憐み給へり、是れ實に我國體の善美なる一表章なり、然るに今冷かなる法理に依りて天皇を神聖視する事を規制せんとす、所謂贔負の引き倒しにして、下は國民の皇室に對する忠義の熱情に水を注ぎ、上は御歷代の聖德を無にせんとするものなり。

要は憲法に、神聖にして犯す可らずとあるに依りて說明し盡されたりと信ず。

此上下睦々、而して互に相犯さゞる社會組織即ち、綜合的家族制の結果として、我國體は其優秀を永遠に涉りて發揮するなり。（大尾）

大正十年一月八日印刷
大正十年一月十一日發行

內務省神社局

東京市京橋區瀧山町六七番地
印刷者　小川邦孝

東京市京橋區瀧山町六七番地
印刷所　東京製本合資會社

電話銀座（六五〇番 六五一番 六五二番）
振替東京一七、六九八番

國體論史　　別巻 1240

2019(令和元)年9月20日　復刻版第1刷発行

編述者　清 原 貞 雄

発行者　今 井 　 貴
　　　　渡 辺 左 近

発行所　信 山 社 出 版

〒113-0033　東京都文京区本郷6-2-9-102
モンテベルデ第2東大正門前
電 話　03（3818）1019
ＦＡＸ　03（3818）0344
郵便振替 00140-2-367777（信山社販売）

Printed in Japan.

制作／(株)信山社，印刷・製本／松澤印刷・日進堂

ISBN 978-4-7972-7359-5 C3332

別巻　巻数順一覧【950～981巻】

巻数	書　名	編・著者	ISBN	本体価格
950	実地応用町村制質疑録	野田藤吉郎、國吉拓郎	ISBN978-4-7972-6656-6	22,000円
951	市町村議員必携	川瀬周次、田中迪三	ISBN978-4-7972-6657-3	40,000円
952	増補 町村制執務備考 全	増澤鐵、飯島篤雄	ISBN978-4-7972-6658-0	46,000円
953	郡区町村編制法 府県会規則 地方税規則 三法綱論	小笠原美治	ISBN978-4-7972-6659-7	28,000円
954	郡区町村編制 府県会規則 地方税規則 新法例纂 追加地方諸要則	柳澤武運三	ISBN978-4-7972-6660-3	21,000円
955	地方革新講話	西内天行	ISBN978-4-7972-6921-5	40,000円
956	市町村名辞典	杉野耕三郎	ISBN978-4-7972-6922-2	38,000円
957	市町村吏員提要〔第三版〕	田邊好一	ISBN978-4-7972-6923-9	60,000円
958	帝国市町村便覧	大西林五郎	ISBN978-4-7972-6924-6	57,000円
959	最近検定 市町村名鑑 附 官国幣社 及 諸学校所在地一覧	藤澤衛彦、伊東順彦、増田穆、関惣右衛門	ISBN978-4-7972-6925-3	64,000円
960	鼇頭対照 市町村制解釈 附 理由書 及 参考諸布達	伊藤寿	ISBN978-4-7972-6926-0	40,000円
961	市町村制釈義 完　附 市町村制理由	水越成章	ISBN978-4-7972-6927-7	36,000円
962	府県郡市町村 模範治績　附 耕地整理法 産業組合法 附属法令	荻野千之助	ISBN978-4-7972-6928-4	74,000円
963	市町村大字読方名彙〔大正十四年度版〕	小川琢治	ISBN978-4-7972-6929-1	60,000円
964	町村会議員選挙要覧	津田東璋	ISBN978-4-7972-6930-7	34,000円
965	市制町村制 及 府県制　附 普通選挙法	法律研究会	ISBN978-4-7972-6931-4	30,000円
966	市制町村制註釈 完　附 市制町村制理由〔明治21年初版〕	角田真平、山田正賢	ISBN978-4-7972-6932-1	46,000円
967	市町村制詳解 全　附 市町村制理由	元田肇、加藤政之助、日鼻豊作	ISBN978-4-7972-6933-8	47,000円
968	区町村会議要覧 全	阪田辨之助	ISBN978-4-7972-6934-5	28,000円
969	実用 町村制市制事務提要	河邨貞山、島村文耕	ISBN978-4-7972-6935-2	46,000円
970	新旧対照 市制町村制正文〔第三版〕	自治館編輯局	ISBN978-4-7972-6936-9	28,000円
971	細密調査 市町村便覧(三府 四十三県 北海道 樺太 台湾 朝鮮 関東州)　附 分類官公衙公私学校銀行所在地一覧表	白山榮一郎、森田公美	ISBN978-4-7972-6937-6	88,000円
972	正文 市制町村制 並 附属法規	法曹閣	ISBN978-4-7972-6938-3	21,000円
973	台湾朝鮮関東州 全国市町村便覧 各学校所在地〔第一分冊〕	長谷川好太郎	ISBN978-4-7972-6939-0	58,000円
974	台湾朝鮮関東州 全国市町村便覧 各学校所在地〔第二分冊〕	長谷川好太郎	ISBN978-4-7972-6940-6	58,000円
975	合巻 佛蘭西邑法・和蘭邑法・皇国郡区町村編成法	箕作麟祥、大井憲太郎、神田孝平	ISBN978-4-7972-6941-3	28,000円
976	自治之模範	江木翼	ISBN978-4-7972-6942-0	60,000円
977	地方制度実例総覧〔明治36年初版〕	金田謙	ISBN978-4-7972-6943-7	48,000円
978	市町村民 自治読本	武藤榮治郎	ISBN978-4-7972-6944-4	22,000円
979	町村制詳解　附 市制及町村制理由	相澤富蔵	ISBN978-4-7972-6945-1	28,000円
980	改正 市町村制 並 附属法規	楠綾雄	ISBN978-4-7972-6946-8	28,000円
981	改正 市制 及 町村制〔訂正10版〕	山野金蔵	ISBN978-4-7972-6947-5	28,000円

別巻　巻数順一覧【915～949巻】

巻数	書　名	編・著者	ISBN	本体価格
915	改正 新旧対照市町村一覧	鍾美堂	ISBN978-4-7972-6621-4	78,000円
916	東京市会先例彙輯	後藤新平、桐島像一、八田五三	ISBN978-4-7972-6622-1	65,000円
917	改正 地方制度解説〔第六版〕	狭間茂	ISBN978-4-7972-6623-8	67,000円
918	改正 地方制度通義	荒川五郎	ISBN978-4-7972-6624-5	75,000円
919	町村制市制全書 完	中嶋廣蔵	ISBN978-4-7972-6625-2	80,000円
920	自治新制 市町村会法要談 全	田中重策	ISBN978-4-7972-6626-9	22,000円
921	郡市町村吏員 収税実務要書	荻野千之助	ISBN978-4-7972-6627-6	21,000円
922	町村至宝	桂虎次郎	ISBN978-4-7972-6628-3	36,000円
923	地方制度通 全	上山満之進	ISBN978-4-7972-6629-0	60,000円
924	帝国議会府県会郡会市町村会議員必携 附関係法規 第1分冊	太田峯三郎、林田亀太郎、小原新三	ISBN978-4-7972-6630-6	46,000円
925	帝国議会府県会郡会市町村会議員必携 附関係法規 第2分冊	太田峯三郎、林田亀太郎、小原新三	ISBN978-4-7972-6631-3	62,000円
926	市町村是	野田千太郎	ISBN978-4-7972-6632-0	21,000円
927	市町村執務要覧 全 第1分冊	大成館編輯局	ISBN978-4-7972-6633-7	60,000円
928	市町村執務要覧 全 第2分冊	大成館編輯局	ISBN978-4-7972-6634-4	58,000円
929	府県会規則大全　附 裁定録	朝倉達三、若林友之	ISBN978-4-7972-6635-1	28,000円
930	地方自治の手引	前田宇治郎	ISBN978-4-7972-6636-8	28,000円
931	改正 市制町村制と衆議院議員選挙法	服部喜太郎	ISBN978-4-7972-6637-5	28,000円
932	市町村国税事務取扱手続	広島財務研究会	ISBN978-4-7972-6638-2	34,000円
933	地方自治制要義 全	末松偕一郎	ISBN978-4-7972-6639-9	57,000円
934	市町村特別税之栞	三邊長治、水谷平吉	ISBN978-4-7972-6640-5	24,000円
935	英国地方制度 及 税法	良保両氏、水野遵	ISBN978-4-7972-6641-2	34,000円
936	英国地方制度 及 税法	髙橋達	ISBN978-4-7972-6642-9	20,000円
937	日本法典全書 第一編 府県制郡制註釈	上條慎蔵、坪谷善四郎	ISBN978-4-7972-6643-6	58,000円
938	判例挿入 自治法規全集 全	池田繁太郎	ISBN978-4-7972-6644-3	82,000円
939	比較研究 自治之精髄	水野錬太郎	ISBN978-4-7972-6645-0	22,000円
940	傍訓註釈 市制町村制 並ニ 理由書〔第三版〕	筒井時治	ISBN978-4-7972-6646-7	46,000円
941	以呂波引町村便覧	田山宗堯	ISBN978-4-7972-6647-4	37,000円
942	町村制執務要録 全	鷹巣清二郎	ISBN978-4-7972-6648-1	46,000円
943	地方自治 及 振興策	床次竹二郎	ISBN978-4-7972-6649-8	30,000円
944	地方自治講話	田中四郎左衛門	ISBN978-4-7972-6650-4	36,000円
945	地方施設改良 訓諭演説集〔第六版〕	鹽川玉江	ISBN978-4-7972-6651-1	40,000円
946	帝国地方自治団体発達史〔第三版〕	佐藤亀齢	ISBN978-4-7972-6652-8	48,000円
947	農村自治	小橋一太	ISBN978-4-7972-6653-5	34,000円
948	国税 地方税 市町村税 滞納処分法問答	竹尾高堅	ISBN978-4-7972-6654-2	28,000円
949	市町村役場実用 完	福井淳	ISBN978-4-7972-6655-9	40,000円

別巻　巻数順一覧【878 ～ 914 巻】

巻数	書　名	編・著者	ISBN	本体価格
878	明治史第六編 政黨史	博文館編輯局	ISBN978-4-7972-7180-5	42,000 円
879	日本政黨發達史 全〔第一分冊〕	上野熊藏	ISBN978-4-7972-7181-2	50,000 円
880	日本政黨發達史 全〔第二分冊〕	上野熊藏	ISBN978-4-7972-7182-9	50,000 円
881	政党論	梶原保人	ISBN978-4-7972-7184-3	30,000 円
882	獨逸新民法商法正文	古川五郎、山口弘一	ISBN978-4-7972-7185-0	90,000 円
883	日本民法鼇頭對比獨逸民法	荒波正隆	ISBN978-4-7972-7186-7	40,000 円
884	泰西立憲國政治攪要	荒井泰治	ISBN978-4-7972-7187-4	30,000 円
885	改正衆議院議員選擧法釋義 全	福岡伯、横田左仲	ISBN978-4-7972-7188-1	42,000 円
886	改正衆議院議員選擧法釋義 附 改正貴族院令,治安維持法	犀川長作、犀川久平	ISBN978-4-7972-7189-8	33,000 円
887	公民必携 選擧法規ト判決例	大浦兼武、平沼騏一郎、木下友三郎、清水澄、三浦數平	ISBN978-4-7972-7190-4	96,000 円
888	衆議院議員選擧法輯覽	司法省刑事局	ISBN978-4-7972-7191-1	53,000 円
889	行政司法選擧判例總覽—行政救濟と其手續—	澤田竹治郎・川崎秀男	ISBN978-4-7972-7192-8	72,000 円
890	日本親族相續法義解 全	髙橋捨六・堀田馬三	ISBN978-4-7972-7193-5	45,000 円
891	普通選擧文書集成	山中秀男・岩本溫良	ISBN978-4-7972-7194-2	85,000 円
892	普選の勝者 代議士月旦	大石末吉	ISBN978-4-7972-7195-9	60,000 円
893	刑法註釋 卷一～卷四(上卷)	村田保	ISBN978-4-7972-7196-6	58,000 円
894	刑法註釋 卷五～卷八(下卷)	村田保	ISBN978-4-7972-7197-3	50,000 円
895	治罪法註釋 卷一～卷四(上卷)	村田保	ISBN978-4-7972-7198-0	50,000 円
896	治罪法註釋 卷五～卷八(下卷)	村田保	ISBN978-4-7972-7198-0	50,000 円
897	議會選擧法	カール・ブラウニアス、國政研究科會	ISBN978-4-7972-7201-7	42,000 円
901	鼇頭註釈 町村制　附 理由 全	八乙女盛次、片野続	ISBN978-4-7972-6607-8	28,000 円
902	改正 市制町村制　附 改正要義	田山宗堯	ISBN978-4-7972-6608-5	28,000 円
903	増補訂正 町村制詳解〔第十五版〕	長峰安三郎、三浦通太、野田千太郎	ISBN978-4-7972-6609-2	52,000 円
904	市制町村制 並 理由書　附 直接間接税類別及実施手続	高崎修助	ISBN978-4-7972-6610-8	20,000 円
905	町村制要義	河野正義	ISBN978-4-7972-6611-5	28,000 円
906	改正 市制町村制義解〔帝國地方行政学会〕	川村芳次	ISBN978-4-7972-6612-2	60,000 円
907	市制町村制 及 関係法令〔第三版〕	野田千太郎	ISBN978-4-7972-6613-9	35,000 円
908	市町村新旧対照一覧	中村芳松	ISBN978-4-7972-6614-6	38,000 円
909	改正 府県郡制問答講義	木内英雄	ISBN978-4-7972-6615-3	28,000 円
910	地方自治提要 全　附 諸届願書式 日用規則抄録	木村時義、吉武則久	ISBN978-4-7972-6616-0	56,000 円
911	訂正増補 市町村制問答詳解　附 理由及追輯	福井淳	ISBN978-4-7972-6617-7	70,000 円
912	改正 府県制郡制註釈〔第三版〕	福井淳	ISBN978-4-7972-6618-4	34,000 円
913	地方制度実例総覧〔第七版〕	自治館編輯局	ISBN978-4-7972-6619-1	78,000 円
914	英国地方政治論	ジョージ・チャールズ・ブロドリック、久米金彌	ISBN978-4-7972-6620-7	30,000 円

別巻　巻数順一覧【843 ～ 877 巻】

巻数	書　名	編・著者	ISBN	本体価格
843	法律汎論	熊谷直太	ISBN978-4-7972-7141-6	40,000 円
844	英國國會選擧訴願判決例 全	オマリー、ハードカッスル、サンタース	ISBN978-4-7972-7142-3	80,000 円
845	衆議院議員選擧法改正理由書 完	内務省	ISBN978-4-7972-7143-0	40,000 円
846	戇齋法律論文集	森作太郎	ISBN978-4-7972-7144-7	45,000 円
847	雨山遺稾	渡邉輝之助	ISBN978-4-7972-7145-4	70,000 円
848	法曹紙屑籠	鷺城逸史	ISBN978-4-7972-7146-1	54,000 円
849	法例彙纂 民法之部 第一篇	史官	ISBN978-4-7972-7147-8	66,000 円
850	法例彙纂 民法之部 第二篇〔第一分冊〕	史官	ISBN978-4-7972-7148-5	55,000 円
851	法例彙纂 民法之部 第二篇〔第二分冊〕	史官	ISBN978-4-7972-7149-2	75,000 円
852	法例彙纂 商法之部〔第一分冊〕	史官	ISBN978-4-7972-7150-8	70,000 円
853	法例彙纂 商法之部〔第二分冊〕	史官	ISBN978-4-7972-7151-5	75,000 円
854	法例彙纂 訴訟法之部〔第一分冊〕	史官	ISBN978-4-7972-7152-2	60,000 円
855	法例彙纂 訴訟法之部〔第二分冊〕	史官	ISBN978-4-7972-7153-9	48,000 円
856	法例彙纂 懲罰則之部	史官	ISBN978-4-7972-7154-6	58,000 円
857	法例彙纂 第二版 民法之部〔第一分冊〕	史官	ISBN978-4-7972-7155-3	70,000 円
858	法例彙纂 第二版 民法之部〔第二分冊〕	史官	ISBN978-4-7972-7156-0	70,000 円
859	法例彙纂 第二版 商法之部・訴訟法之部〔第一分冊〕	太政官記録掛	ISBN978-4-7972-7157-7	72,000 円
860	法例彙纂 第二版 商法之部・訴訟法之部〔第二分冊〕	太政官記録掛	ISBN978-4-7972-7158-4	40,000 円
861	法令彙纂 第三版 民法之部〔第一分冊〕	太政官記録掛	ISBN978-4-7972-7159-1	54,000 円
862	法令彙纂 第三版 民法之部〔第二分冊〕	太政官記録掛	ISBN978-4-7972-7160-7	54,000 円
863	現行法律規則全書（上）	小笠原美治、井田鐘次郎	ISBN978-4-7972-7162-1	50,000 円
864	現行法律規則全書（下）	小笠原美治、井田鐘次郎	ISBN978-4-7972-7163-8	53,000 円
865	國民法制通論 上卷・下卷	仁保龜松	ISBN978-4-7972-7165-2	56,000 円
866	刑法註釋	磯部四郎、小笠原美治	ISBN978-4-7972-7166-9	85,000 円
867	治罪法註釋	磯部四郎、小笠原美治	ISBN978-4-7972-7167-6	70,000 円
868	政法哲學 前編	ハーバート・スペンサー、濱野定四郎、渡邊治	ISBN978-4-7972-7168-3	45,000 円
869	政法哲學 後編	ハーバート・スペンサー、濱野定四郎、渡邊治	ISBN978-4-7972-7169-0	45,000 円
870	佛國商法復説 第壹篇自第壹卷至第七卷	リウヒエール、商法編纂局	ISBN978-4-7972-7171-3	75,000 円
871	佛國商法復説 第壹篇第八卷	リウヒエール、商法編纂局	ISBN978-4-7972-7172-0	45,000 円
872	佛國商法復説 自第二篇至第四篇	リウヒエール、商法編纂局	ISBN978-4-7972-7173-7	70,000 円
873	佛國商法復説 書式之部	リウヒエール、商法編纂局	ISBN978-4-7972-7174-4	40,000 円
874	代言試驗問題擬判録 全 附録明治法律學校民刑問題及答案	熊野敏三、宮城浩蔵 河野和三郎、岡義男	ISBN978-4-7972-7176-8	35,000 円
875	各國官吏試驗法類集 上・下	内閣	ISBN978-4-7972-7177-5	54,000 円
876	商業規篇	矢野亨	ISBN978-4-7972-7178-2	53,000 円
877	民法実用法典 全	福田一覺	ISBN978-4-7972-7179-9	45,000 円

別巻　巻数順一覧【810～842巻】

巻数	書　名	編・著者	ISBN	本体価格
810	訓點法國律例 民律 上巻	鄭永寧	ISBN978-4-7972-7105-8	50,000円
811	訓點法國律例 民律 中巻	鄭永寧	ISBN978-4-7972-7106-5	50,000円
812	訓點法國律例 民律 下巻	鄭永寧	ISBN978-4-7972-7107-2	60,000円
813	訓點法國律例 民律指掌	鄭永寧	ISBN978-4-7972-7108-9	58,000円
814	訓點法國律例 貿易定律・園林則律	鄭永寧	ISBN978-4-7972-7109-6	60,000円
815	民事訴訟法 完	本多康直	ISBN978-4-7972-7111-9	65,000円
816	物権法(第一部)完	西川一男	ISBN978-4-7972-7112-6	45,000円
817	物権法(第二部)完	馬場愿治	ISBN978-4-7972-7113-3	35,000円
818	商法五十課 全	アーサー・B・クラーク、本多孫四郎	ISBN978-4-7972-7115-7	38,000円
819	英米商法律原論 契約之部及流通券之部	岡山兼吉、淺井勝	ISBN978-4-7972-7116-4	38,000円
820	英國組合法 完	サー・フレデリック・ポロック、榊原幾久若	ISBN978-4-7972-7117-1	30,000円
821	自治論 一名人民ノ自由 巻之上・巻之下	リーバー、林董	ISBN978-4-7972-7118-8	55,000円
822	自治論纂 全一册	獨逸學協會	ISBN978-4-7972-7119-5	50,000円
823	憲法彙纂	古屋宗作、鹿島秀麿	ISBN978-4-7972-7120-1	35,000円
824	國會汎論	ブルンチュリー、石津可輔、讃井逸三	ISBN978-4-7972-7121-8	30,000円
825	威氏法學通論	エスクバック、渡邊輝之助、神山亨太郎	ISBN978-4-7972-7122-5	35,000円
826	萬國憲法 全	高田早苗、坪谷善四郎	ISBN978-4-7972-7123-2	50,000円
827	綱目代議政體	J・S・ミル、上田充	ISBN978-4-7972-7124-9	40,000円
828	法學通論	山田喜之助	ISBN978-4-7972-7125-6	30,000円
829	法學通論 完	島田俊雄、溝上與三郎	ISBN978-4-7972-7126-3	35,000円
830	自由之權利 一名自由之理 全	J・S・ミル、高橋正次郎	ISBN978-4-7972-7127-0	38,000円
831	歐洲代議政體起原史 第一册・第二册／代議政體原論 完	ギゾー、漆間眞學、藤田四郎、アンドリー、山口松五郎	ISBN978-4-7972-7128-7	100,000円
832	代議政體 全	J・S・ミル、前橋孝義	ISBN978-4-7972-7129-4	55,000円
833	民約論	J・J・ルソー、田中弘義、服部徳	ISBN978-4-7972-7130-0	40,000円
834	歐米政黨沿革史總論	藤田四郎	ISBN978-4-7972-7131-7	30,000円
835	内外政黨事情・日本政黨事情 完	中村義三、大久保常吉	ISBN978-4-7972-7132-4	35,000円
836	議會及政黨論	菊池學而	ISBN978-4-7972-7133-1	35,000円
837	各國之政黨 全〔第1分册〕	外務省政務局	ISBN978-4-7972-7134-8	70,000円
838	各國之政黨 全〔第2分册〕	外務省政務局	ISBN978-4-7972-7135-5	60,000円
839	大日本政黨史 全	若林清、尾崎行雄、箕浦勝人、加藤恒忠	ISBN978-4-7972-7137-9	63,000円
840	民約論	ルソー、藤田浪人	ISBN978-4-7972-7138-6	30,000円
841	人權宣告辯妄・政治眞論一名主權辯妄	ベンサム、草野宣隆、藤田四郎	ISBN978-4-7972-7139-3	40,000円
842	法制講義 全	赤司鷹一郎	ISBN978-4-7972-7140-9	30,000円

別巻　巻数順一覧【776 ～ 809 巻】

巻数	書　名	編・著者	ISBN	本体価格
776	改正 府県制郡制釈義〔第三版〕	坪谷善四郎	ISBN978-4-7972-6602-3	35,000 円
777	新旧対照 市制町村制 及 理由〔第九版〕	荒川五郎	ISBN978-4-7972-6603-0	28,000 円
778	改正 市町村制講義	法典研究会	ISBN978-4-7972-6604-7	38,000 円
779	改正 市制町村制講義 附 施行諸規則 及 市町村事務摘要	樋山廣業	ISBN978-4-7972-6605-4	58,000 円
780	改正 市制町村制義解	行政法研究会、藤田謙堂	ISBN978-4-7972-6606-1	60,000 円
781	今時獨逸帝國要典 前篇	C・モレイン、今村有隣	ISBN978-4-7972-6425-8	45,000 円
782	各國上院紀要	元老院	ISBN978-4-7972-6426-5	35,000 円
783	泰西國法論	シモン・ヒッセリング、津田真一郎	ISBN978-4-7972-6427-2	40,000 円
784	律例權衡便覽 自第一冊至第五冊	村田保	ISBN978-4-7972-6428-9	100,000 円
785	檢察事務要件彙纂	平松照忠	ISBN978-4-7972-6429-6	45,000 円
786	治罪法比鑑 完	福鎌芳隆	ISBN978-4-7972-6430-2	65,000 円
787	治罪法註解	立野胤政	ISBN978-4-7972-6431-9	56,000 円
788	佛國民法契約篇講義 全	玉乃世履、磯部四郎	ISBN978-4-7972-6432-6	40,000 円
789	民法疏義 物權之部	鶴丈一郎、手塚太郎	ISBN978-4-7972-6433-3	90,000 円
790	民法疏義 人權之部	鶴丈一郎	ISBN978-4-7972-6434-0	100,000 円
791	民法疏義 取得篇	鶴丈一郎	ISBN978-4-7972-6435-7	80,000 円
792	民法疏義 擔保篇	鶴丈一郎	ISBN978-4-7972-6436-4	90,000 円
793	民法疏義 證據篇	鶴丈一郎	ISBN978-4-7972-6437-1	50,000 円
794	法學通論	奥田義人	ISBN978-4-7972-6439-5	100,000 円
795	法律ト宗教トノ關係	名尾玄乘	ISBN978-4-7972-6440-1	55,000 円
796	英國國會政治	アルフユース・トッド、スペンサー・ヲルポール、林田龜太郎、岸清一	ISBN978-4-7972-6441-8	65,000 円
797	比較國會論	齊藤隆夫	ISBN978-4-7972-6442-5	30,000 円
798	改正衆議院議員選擧法論	島田俊雄	ISBN978-4-7972-6443-2	30,000 円
799	改正衆議院議員選擧法釋義	林田龜太郎	ISBN978-4-7972-6444-9	50,000 円
800	改正衆議院議員選擧法正解	武田貞之助、井上密	ISBN978-4-7972-6445-6	30,000 円
801	佛國法律提要 全	箕作麟祥、大井憲太郎	ISBN978-4-7972-6446-3	100,000 円
802	佛國政典	ドラクルチー、大井憲太郎、箕作麟祥	ISBN978-4-7972-6447-0	120,000 円
803	社會行政法論 全	H・リョースレル、江木衷	ISBN978-4-7972-6448-7	100,000 円
804	英國財産法講義	三宅恒徳	ISBN978-4-7972-6449-4	60,000 円
805	國家論 全	ブルンチュリー、平田東助、平塚定二郎	ISBN978-4-7972-7100-3	50,000 円
806	日本議會現法 完	増尾種時	ISBN978-4-7972-7101-0	45,000 円
807	法學通論 一名法學初歩 全	P・ナミュール、河地金代、河村善益、薩埵正邦	ISBN978-4-7972-7102-7	53,000 円
808	訓點法國律例 刑名定範 巻一巻二 完	鄭永寧	ISBN978-4-7972-7103-4	40,000 円
809	訓點法國律例 刑律從巻 一至巻四 完	鄭永寧	ISBN978-4-7972-7104-1	30,000 円

別巻　巻数順一覧【741 ～ 775 巻】

巻数	書　名	編・著者	ISBN	本体価格
741	改正 市町村制詳解	相馬昌三、菊池武夫	ISBN978-4-7972-6491-3	38,000 円
742	註釈の市制と町村制　附 普通選挙法	法律研究会	ISBN978-4-7972-6492-0	60,000 円
743	新旧対照 市制町村制 並 附属法規〔改訂二十七版〕	良書普及会	ISBN978-4-7972-6493-7	36,000 円
744	改訂増補 市制町村制実例総覧 第１分冊	田中廣太郎、良書普及会	ISBN978-4-7972-6494-4	60,000 円
745	改訂増補 市制町村制実例総覧 第２分冊	田中廣太郎、良書普及会	ISBN978-4-7972-6495-1	68,000 円
746	実例判例 市制町村制釈義〔昭和十年改正版〕	梶康郎	ISBN978-4-7972-6496-8	57,000 円
747	市制町村制義解　附 理由〔第五版〕	櫻井一久	ISBN978-4-7972-6497-5	47,000 円
748	実地応用町村制問答〔第二版〕	市町村雑誌社	ISBN978-4-7972-6498-2	46,000 円
749	傍訓註釈 日本市制町村制 及 理由書	柳澤武運三	ISBN978-4-7972-6575-0	28,000 円
750	鼇頭註釈 市町村制俗解　附 理由書〔増補第五版〕	清水亮三	ISBN978-4-7972-6576-7	28,000 円
751	市町村制質問録	片貝正晉	ISBN978-4-7972-6577-4	28,000 円
752	実用詳解町村制 全	夏目洗藏	ISBN978-4-7972-6578-1	28,000 円
753	新旧対照 改正 市制町村制新釈　附 施行細則及執務條規	佐藤貞雄	ISBN978-4-7972-6579-8	42,000 円
754	市制町村制講義	樋山廣業	ISBN978-4-7972-6580-4	46,000 円
755	改正 市制町村制講義〔第十版〕	秋野沆	ISBN978-4-7972-6581-1	42,000 円
756	註釈の市制と町村制 市制町村制施行令他関連法収録〔昭和4年4月版〕	法律研究会	ISBN978-4-7972-6582-8	58,000 円
757	実例判例 市制町村制釈義〔第四版〕	梶康郎	ISBN978-4-7972-6583-5	48,000 円
758	改正 市制町村制解説	狭間茂、土谷覺太郎	ISBN978-4-7972-6584-2	59,000 円
759	市町村制註解 完	若林市太郎	ISBN978-4-7972-6585-9	22,000 円
760	町村制実用 完	新田貞橘、鶴田嘉内	ISBN978-4-7972-6586-6	56,000 円
761	町村制精解 完　附 理由 及 問答録	中目孝太郎、磯谷郡爾、高田早苗、両角彦六、高木守三郎	ISBN978-4-7972-6587-3	35,000 円
762	改正 町村制詳解〔第十三版〕	長峰安三郎、三浦通太、野田千太郎	ISBN978-4-7972-6588-0	54,000 円
763	加除自在 参照条文　附 市制町村制　附 関係法規	矢島和三郎	ISBN978-4-7972-6589-7	60,000 円
764	改正版 市制町村制並ニ府県制及ビ重要関係法令	法制堂出版	ISBN978-4-7972-6590-3	39,000 円
765	改正版 註釈の市制と町村制 最近の改正を含む	法制堂出版	ISBN978-4-7972-6591-0	58,000 円
766	鼇頭註釈 市町村制俗解　附 理由書〔第二版〕	清水亮三	ISBN978-4-7972-6592-7	25,000 円
767	理由挿入 市町村制俗解〔第三版増補訂正〕	上村秀昇	ISBN978-4-7972-6593-4	28,000 円
768	府県制郡制註釈	田島彦四郎	ISBN978-4-7972-6594-1	40,000 円
769	市制町村制傍訓 完　附 市制町村制理由〔第四版〕	内山正如	ISBN978-4-7972-6595-8	18,000 円
770	市制町村制釈義	壁谷可六、上野太一郎	ISBN978-4-7972-6596-5	38,000 円
771	市制町村制詳解 全　附 理由書	杉谷庸	ISBN978-4-7972-6597-2	21,000 円
772	鼇頭傍訓 市制町村制註釈 及 理由書	山内正利	ISBN978-4-7972-6598-9	28,000 円
773	町村制要覧 全	浅井元、古谷省三郎	ISBN978-4-7972-6599-6	38,000 円
774	府県制郡制釈義 全〔第三版〕	栗本勇之助、森惣之祐	ISBN978-4-7972-6600-9	35,000 円
775	市制町村制釈義	坪谷善四郎	ISBN978-4-7972-6601-6	39,000 円